Marcel Monnier

Le Tour d'Asie

✯

Cochinchine
Annam
Tonkin

Librairie Plon

958

LE TOUR D'ASIE

L'auteur et les éditeurs déclarent réserver leurs droits de reproduction et de traduction en France et dans tous les pays étrangers, y compris la Suède et la Norvège.

Ce volume a été déposé au ministère de l'Intérieur (section de la librairie) en juin 1899.

DU MÊME AUTEUR :

Un Printemps sur le Pacifique (îles Hawaï), ouvrage couronné par l'Académie française.

Des Andes au Para (Équateur-Pérou-Amazone), ouvrage couronné par l'Académie française.

France Noire (Côte d'Ivoire et Soudan — Mission Binger)

Sous presse :

LE TOUR D'ASIE ** *L'Empire du Milieu*

LE
TOUR D'ASIE

★

COCHINCHINE, ANNAM, TONKIN

PAR

MARCEL MONNIER

*Ouvrage accompagné de 38 gravures d'après les clichés
de l'auteur et d'une carte-itinéraire*

PARIS

LIBRAIRIE PLON

E. PLON, NOURRIT ET Cⁱᵉ, IMPRIMEURS-ÉDITEURS

RUE GARANCIÈRE, 10

—

1899

A Monsieur A~DRIEN~ *HÉBRARD*

Directeur du « Temps ».

Le « Tour d'Asie ». Tel naguère le « Tour de France ».

Le voyage est un peu plus long. Où l'on comptait par mois, nous compterons par années. C'est là toute la différence. Les fatigues, les dangers de la route, de Paris à Péking et retour, ne seront pas beaucoup plus terribles que les tribulations endurées stoïquement par nos pères, dans les hasards des coches, entre la capitale et la province.

Aussi, mon cher ami, lorsque vous m'avez demandé de l'entreprendre, ce grand tour, l'offre parut-elle tentante à celui que dix années passées à vagabonder sur toutes les mers, sur tous les continents, n'avaient pu rassasier de mouvement et de plein air, ramener las et contrit à l'existence reposée, paisiblement vécue en face des horizons familiers.

Aujourd'hui plus que jamais les hommes et les choses d'Asie fixent l'attention du monde occidental. Les événements qui s'accomplissent dans le Céleste Empire, ébranlé chaque jour davantage sous la poussée des ambitions européennes, empruntent à l'ardeur des convoitises et surtout aux rivalités de races un caractère de gravité exceptionnel. Peut-être même conviendrait-il d'envisager la question chinoise à l'égal d'un de ces troublants problèmes internationaux dont la solution marque dans l'histoire le commencement d'une ère nouvelle et peut exercer une influence décisive sur le groupement des sociétés humaines.

La situation occupée par la France en Extrême-Orient donne désormais pour chacun de nous un puissant attrait d'actualité à tout ce qui concerne ce monde jaune si lointain, si différent du nôtre, demeuré si longtemps impénétrable derrière sa grande muraille, aujourd'hui encore si mal connu du plus grand nombre, en dépit des renseignements fournis par une bibliographie déjà riche, mais un peu sévère, en dépit des remarquables travaux de nos missionnaires et des explorateurs. Vous avez pensé que, dans une enquête de cette nature, les plus petits détails avaient leur importance, que le trait de mœurs noté par le voyageur éclairait parfois d'un jour singulier des mobiles jusqu'alors obscurs et la pensée intime — d'aucuns diraient l'état d'âme — d'une nation.

Celui qui veut emporter de ces contrées une impression tant soit peu correcte doit renoncer aux allures du touriste pressé. Il lui faut se résigner aux longs séjours, pénétrer au cœur du pays, loin des concessions européennes, parmi les populations des bourgs et des campagnes, mêlé à elles durant des mois, vivant de leur vie dont la rude simplicité est trop souvent rebutante pour l'Occidental. A ce prix seulement il peut espérer jeter sur son album autre

chose que des silhouettes de pure convention, Célestes
de paravent ou de potiche, donner de la Chine ou, plus
exactement, d'une parcelle de la Chine, un croquis
fidèle.

Vous ne serez donc point surpris que ce « Tour
d'Asie » ait duré tout près de quatre ans. Sur ces
quatre années, trente mois furent consacrés à parcourir
l'Empire du milieu. Des dix-huit provinces
formant la Chine proprement dite, mon itinéraire
très sinueux en a sillonné neuf.

Dans un circuit de cette étendue, embrassant des
régions si diverses d'accès plus ou moins facile, le
hasard joue forcément un grand rôle, le programme
est modifié souvent par l'imprévu. Nous avons abordé
l'Extrême-Orient par ce qu'on pourrait appeler son
portique principal : l'Indo-Chine française, Cambodge
et Cochinchine, Annam et Tonkin. Puis, touchant
le Japon au lendemain du traité de Simonoseki,
alors que, d'un bout à l'autre de l'archipel, ce peuple
impétueux, mais charmant, célébrait à grand fracas sa
facile victoire, prêt à défier le reste du monde, nous
allions observer, tout d'abord dans sa capitale, la
Chine affairée, laborieuse, absorbée par les soucis
matériels, étrangère à tout sentiment national, presque
inconsciente de sa défaite. De Péking le voyage,
tour à tour fluvial et terrestre, se poursuivait vers
le bassin du Yang-Tsé Kiang, pour atteindre à travers
gorges et rapides l'opulent Sé-Tchouèn, le joyau de
l'Empire, et les sanctuaires fameux du Far-West
chinois, les soixante monastères étagés sur la montagne
sainte d'Omei où des milliers de pèlerins vien-

nent chaque année contempler, au seuil du Thibet, la gloire de Bouddha.

Ce grand arc de cercle décrit du nord-est au sud-ouest de l'Empire me ramenait enfin par les montagens du Yun Nan jusqu'à la vallée du fleuve Rouge et à la frontière tonkinoise.

Le retour vers l'Europe s'est effectué en coupant en diagonale le continent asiatique, de la presqu'île de Corée à la péninsule d'Asie Mineure, de la Manche de Tartarie au golfe Persique, du bassin de l'Amour au bassin du Tigre et de l'Euphrate, de Séoul à Bagdad, à travers la Sibérie orientale, les hauts plateaux de Mongolie, les passes de l'Altaï, les steppes kirghizes, le Turkestan et la Perse; route historique entre toutes, qui fut jadis celle des grandes invasions.

Lorsque, le 27 mai 1898, à la nuit close, après avoir retraversé l'Iran, du sud au nord cette fois, par Bunder Boushir, Shiraz, Persépolis, Ispahan, je mettais pied à terre sur la grève de la Caspienne devant le golfe d'Enzéli, je venais de parcourir sur le sol d'Asie, en usant des modes de transport les plus divers, mais très primitifs pour la plupart, près de trente-deux mille kilomètres, dont dix mille environ sur la selle mongole, à franc étrier.

Quatre ans!... Presque un exil. A notre époque de vie hâtive et fiévreuse, c'est là, semble-t-il, plus qu'il n'en faut pour faire de l'absent un oublié, un disparu. Et cependant, au cours de ce long voyage, il m'était réservé de n'éprouver qu'à de rares intervalles cette mélancolie de l'éloignement et de la solitude. Si quelque chose peut réconforter le voyageur perdu dans ces immensités, au milieu de populations parfois hostiles, toujours étranges, c'est de songer qu'il communique encore, de loin en loin, avec ceux qu'il a laissés dans la patrie, que les siens peuvent en quelque sorte l'accompagner pas à pas, l'entendre dire : « Je suis là. Telle chose m'advient. »

C'est à vous, mon cher ami, que je dois cette sensation consolante, et je tiens à vous en remercier de tout cœur. Grâce à vous je n'étais point seul. Les lecteurs du *Temps* qui ont déjà consenti à me suivre si loin, dans le continent noir avec Binger, plus tard dans l'Amérique du Nord, des Grands Lacs à Alaska, ont bien voulu cheminer avec moi sur cette terre d'Asie féconde en contrastes, évocatrice de grands souvenirs. Il y avait là de quoi faire oublier les aspérités de la route. Il est doux de se dire que des notes dont l'unique mérite est la sincérité, que ces pages écrites à la volée, dans la brousse parfois, à la clarté des feux de bivouac, parviendront jusqu'à la France lointaine, seront lues à l'heure exquise où le bruyant Paris s'illumine et dans certains coins de province où des visages amis sont groupés autour de l'âtre hivernal ! L'explorateur, si désolé que soit son gîte, se persuade alors que des voix familières l'encouragent ou le plaignent. Et il n'est jamais désagréable d'être plaint. Car il faut bien admettre que les voyageurs sont à plaindre. Pascal n'affirme-t-il pas que « les plus grands malheurs des hommes viennent de ce qu'ils ne savent pas se tenir tranquilles dans une chambre » ?

M. M.

LE TOUR D'ASIE

✢

PREMIÈRE PARTIE
COCHINCHINE-CAMBODGE-SIAM

CHAPITRE PREMIER

SENSATIONS D'ARRIVÉE. — COCHINCHINOISERIES. — UNE SÉANCE DU CONSEIL COLONIAL. — SAÏGON DE JOUR ET AUX LANTERNES. — LA BAISSE DE LA PIASTRE.

Bien qu'il soit presque de tradition de consacrer les premiers feuillets du journal de voyage à la description du bâtiment et de ceux qui l'habitent, à relater l'état de la mer et du ciel, les couchers de soleil et les aurores, les lenteurs de la route et les escales trop brèves, on ne m'en voudra pas de supprimer ce genre de variations sur un air connu. Il vous suffira de savoir que nous sommes, hélas! près de quatre cents sur notre hôtel flottant, en comptant l'équipage.

La plupart de mes compagnons de route sont des « coloniaux », et, de prime abord, la composition de cette majorité semblerait donner raison au dicton si souvent répété au sujet des colonies françaises, lesquelles, à entendre les mauvaises langues, seraient surtout peuplées de fonctionnaires. Résidents, vice-résidents, commis de résidence ou de chancellerie, conseillers, juges et procureurs voyageant avec leurs familles, constituent sur ces planches un groupe imposant de cent cinquante à cent soixante personnes à destination de la Cochinchine, de l'Annam et du Tonkin. C'est à se demander si l'envoi de cette légion a réellement pour objet de compléter le personnel administratif, déjà considérable, de la péninsule indo-chinoise, et s'il ne s'agirait point plutôt de pourvoir à l'organisation d'une terre nouvelle récemment découverte ou à découvrir sur les océans bleus. Ainsi partait naguère le conquistador ibérique, emmenant avec lui de quoi suffire au gouvernement de la cité qu'il fonderait au premier jour, le municipe entier avec le gobernador et les alcades. Il semble que nous soyons parés pour une telle éventualité. Vienne à paraître sur l'horizon l'île ignorée, nous sommes en mesure d'y installer dans la minute les services multiples et complexes indispensables au bonheur des sociétés humaines, dans les colonies comme dans la métropole.

Quelques heures encore, et nous toucherons terre après une traversée que la violence de la mousson et les avaries de machine ont allongée de trois fois vingt-quatre heures. Il y a un mois, jour pour jour, que le *Varra* a quitté Marseille, et depuis bientôt cinquante heures la marche est devenue plus lente encore et plus pénible. A peine sortis de Singapore, la mousson de nord-est nettement établie nous assaillait, de face cette fois, avec une véritable furie. La dernière nuit a été particulièrement mauvaise. Contre la mer démontée le grand paquebot luttait, secoué comme barrique vide, embarquant à chaque coup de tangage des lames énormes qui s'écroulaient sur le pont avec un bruit de tonnerre.

Au jour cependant, la mer est un peu tombée; nous approchions de la côte. Invisible encore, on la devinait au brusque changement de couleur de l'eau, maintenant rougeâtre, où flottaient pêle-mêle des herbes, du bois mort, épaves apportées par le Mékong et par le Donnaï. Vers midi, le cap Saint-Jacques était signalé, et une heure plus tard, à l'entrée de la rivière, à l'abri du promontoire pelé que domine le phare, le bateau stoppait pour prendre le pilote.

Lorsqu'on a encore dans les yeux la vision des dernières escales, l'enchantement de Ceylan et du détroit de Malacca, la rade si animée de Singapore, rien n'est plus triste que le premier aspect de la terre cochinchinoise : du sable, des dunes et, à l'arrière-plan, la monotone verdure des palétuviers.

En rivière, pendant des heures, le paysage est non moins désolé. Le palétuvier, toujours; une végétation tortueuse, étriquée, amphibie, dissimulant des abîmes de vase aux haleines pestilentielles; la terre ferme cherchée en vain, se dérobant sans cesse, à peine marquée par quelques contours indécis, flottants; des mamelons isolés, de forme conique, là-bas, très loin. Et, succédant soudain à la saine brise du large, un calme inquiétant, une atmosphère pesante de serre.

Pas un bruit dans l'air; dans les feuillages pas un frisson, si ce n'est le battement d'ailes d'un cormoran ou d'une aigrette qu'alarme le clapotis de l'eau fouettée par l'hélice. Le fleuve est presque désert, aucun navire en vue : de temps à autre seulement, près de la rive, une embarcation de pêche, un sampan blotti sous les branches, une jonque dont l'équipage fait la sieste dans la paillote, en attendant la marée.

Après les agitations de la traversée, les clameurs de l'Océan, étrange est l'impression produite par ces solitudes baignées de lumière, par ce silence, cette immobilité de toutes choses. Chez plusieurs, cette sensation d'accablement ne s'efface pas dès l'arrivée : elle explique dans une certaine mesure les appréciations aussi décourageantes que peu justifiées formulées souvent au sujet de la Cochinchine et de sa capitale. A en croire certains globe trotters, Saïgon ne serait qu'une escale, trop longue à leur gré, sur la route de l'Extrême-Orient, quelque chose comme trente-six heures passées dans une chambre de chauffe. Pour nombre de nos compatriotes, qui n'y sont point venus et n'y mettront jamais les pieds, le nom sonne comme un glas funèbre : terre maudite, ciel de feu, climat meurtrier où les fièvres, les dysenteries, l'insolation, que sais-je encore? guettent le nouveau venu.

Jamais, certes, âme qui vive, fût-ce l'être le plus enclin au paradoxe, ne songera à faire l'apologie de ce climat et à présenter Saïgon comme l'idéal d'une station d'hiver. Vaille que vaille, on peut y vivre cependant, ni plus ni moins qu'à Nice ou à Menton, surtout en cette saison où la température diurne ne dépasse guère 30 degrés à l'ombre et descend parfois — bien rarement — au-dessous de 20, pendant la nuit. En réalité, la ville a grand air : c'est, sans conteste, une des plus belles cités de l'Asie intertropicale, la plus charmante peut-être. Il en est de plus vastes, où les affaires sont autrement actives : il n'en est pas de plus coquette ni de mieux parée. A cet égard, bien que née d'hier, elle ne le cède en rien à ses rivales, plus anciennes, des Indes anglaises et néerlandaises. Bref, c'est une des créations qui font le plus d'honneur à la France. J'ajouterai, sans vouloir médire de nos autres villes coloniales, qu'il n'existe, à mon avis, quoi que ce soit de comparable dans nos possessions d'outre-mer,

— l'Algérie et la Tunisie mises à part, — bien entendu !

Tel m'était apparu Saïgon, lorsque je le vis pour la première fois, en 1885, tel je le retrouve, embelli encore, percé de nouveaux boulevards, plus pimpant que jamais, en dépit de ses ennuis présents, de la baisse de la piastre et de la gêne du commerce, faisant contre mauvaise fortune bon cœur.

La laideur même des approches, les lenteurs d'une navigation maussade, sont une heureuse préparation au coup de théâtre de l'arrivée.

Il y a plus de trois heures que nous suivons les méandres de ce fleuve sans berges, parmi les archipels à demi submergés que forme le labyrinthe des arroyos. Le chenal tour à tour s'élargit, donnant l'illusion d'un grand lac, puis s'étrangle en passes sinueuses. Les lacets, par moments, sont tellement rapprochés, les courbes de si court rayon que l'arrière du navire est près de s'engager sous les branches, tandis que l'avant effleure la rive opposée. A l'un de ces coudes, un accident s'est produit : la chaîne du gouvernail cassait et, en vertu de la vitesse acquise, nous allions nous échouer dans la forêt. Aucun danger, du reste : nous étions entrés là dedans sans secousse, comme un couteau dans du beurre. Une heure d'arrêt, la drosse est rafistolée : machine en arrière, nous repartons. Moins que jamais on se croirait dans le voisinage d'une ville : la nature est aussi sauvage, rien ne trahit la présence de l'homme. Le soleil décline. Sous ces latitudes, il n'y a point de crépuscule ; dans une demi-heure, il sera nuit close. Nous voici parvenus au confluent de la rivière de Saïgon et du Donnaï. A peine avons-nous laissé sur notre droite l'imposant cours d'eau issu des montagnes d'Annam, que soudain le décor change. Le rideau de broussailles qui voilait les deux rives se déchire, et c'est, déroulée jusqu'à l'horizon, la plaine cultivée, la rizière onduleuse, d'un vert tendre, la terre désormais féconde, conquise sur le palétuvier. Dans le jour mourant ces campagnes ont un aspect très doux. Les bouquets d'arbres qui, çà et là, marquent l'emplacement d'un village ou d'une paillote isolée, deviennent autant de masses sombres où se fondent les formes et les feuillages. A cette heure trouble, ce coin d'Asie fait songer à l'Europe lointaine, à un soir de juin tombant sur les blés prêts à mûrir.

Sur la gauche apparaissent des constructions massives, des hangars, des docks, les hautes cheminées des usines à décortiquer le riz; plus loin, des frondaisons de haute futaie au-dessus desquelles pointent des mâtures, des signaux et les clochers d'une cathédrale neuve. Un dernier tournant, nous découvrons le port : les bâtiments de guerre à l'ancre au milieu de la rivière, semblables, avec leurs coques toutes blanches luisant au clair de lune, à de grands oiseaux de mer au repos, les silhouettes noires des vapeurs de commerce — trois ou quatre, pas davantage; — puis une flottille d'embarcations chinoises, chaloupes, jonques, chalands, se pressant à l'entrée de l'arroyo de Cholon; enfin les petits sampans annamites, leur falot piqué à la proue, le feu de leur cuisine flambant à la poupe dans un vase de terre, allant, venant pêle-mêle, tourbillonnant comme un essaim de lucioles.

Sur l'appontement des Messageries maritimes, une foule attendait, de blanc vêtue. En arrière, une cohue de coolies, de saïs, de cochers; et des véhicules de tout style : chars, charrettes et charretons, voitures à bras et voitures à bœufs, équipages de maîtres et guimbardes de louage, attelés de poneys à tous crins, nerveux, rageurs, se démenant avec force hennissements et ruades.

Et me voilà, roulant bon train, le long des quais, sous les grands arbres de la rue Catinat où la profusion des réverbères — de simples lampes à pétrole — fait illusion et donnerait à croire que Saïgon a déjà abandonné le gaz pour la lumière électrique. Des cafés, beaucoup de cafés, projettent sur la chaussée leurs clartés crues; au centre d'un jardin aux pelouses bien peignées où les touffes de palmes, les lataniers géants alternent avec les buissons de roses, un mignon théâtre à péristyle odéonesque que l'on prendrait pour un casino. Devant les hôtels, la corporation des marchands de fleurs : bambins de six à huit ans offrant par brassées les hibiscus, les gardénias bleus et roses; fillettes trimbalant, en équilibre sur leur tête, des bouquets grands comme des parasols. Il n'est pas jusqu'aux échoppes des Chétis, à la fois changeurs de monnaies, débitants de tabac et de mercerie, types aryens venus des côtes de Malabar ou de Coromandel; jusqu'aux bazars où la Chine et le Japon fraternisent, réconciliés dans un commun étalage de bronzes et de potiches, qui ne rappellent les exotismes de station thermale, les magasins de *souvenirs* hétéroclites, accessoires obligés des villégiatures à la mode. Il ne manque, hélas! que la source bienfaisante et limpide. A cela près, le décor est le même, vu de jour ou aux lanternes.

Je comparerais assez volontiers Saïgon à un beau décor planté dans un cadre trop vaste pour la pièce en cours de représentation : la scène de l'Opéra occupée par des personnages qui tiendraient à l'aise entre deux paravents. Cela est bien grand et bien vide à certaines heures, quoique, à d'autres moments de la journée, cette population européenne de deux à trois mille âmes, rassemblée dans l'endroit *select*, donne par son animation, ses élégances de ville d'eau et son papotage, l'illusion d'une agglomération beaucoup plus dense.

Une jolie ville en vérité, dont Joanne ou Bædeker ne manqueraient pas de vous énumérer les beautés par le menu. Comme je n'ai ni le désir, ni surtout le loisir d'écrire un *Guide de l'étranger à Saïgon,* on me pardonnera d'être plus bref et de ne point décrire avec complaisance des architectures de caractère officiel ou utilitaire. Vous ne connaîtrez donc ni le plan de la cour d'appel, ni le style du sanctuaire affecté au culte de l'Enregistrement et du Domaine ; vous ignorerez également le nombre des volumes que renferme la bibliothèque. Du palais réservé au gouverneur général de l'Indo-Chine, palais rarement habité depuis quelques années et qui ferait envie à un vice-roi des Indes, je dirai simplement, comme au grand siècle, qu'il est « le plus beau du monde ». De musée, il n'en est point ou plutôt il n'en est plus. Saïgon s'était offert le luxe d'un musée colonial supérieurement aménagé ; mais lorsqu'il eut été bien constaté que la meilleure part de ses collections disparaissait régulièrement des vitrines pour aller enrichir celles de la métropole, on prit le parti sage de ne pas pousser plus loin l'expérience, et le local fut offert comme résidence au lieutenant-gouverneur. Nul ne s'est plaint du changement ; car l'édifice est disposé à souhait pour les réceptions et les fêtes, et la bonne grâce de ses hôtes actuels ne saurait être oubliée de ceux que le hasard des voyages a conduits et retenus, fût-ce seulement quelques jours, sur ce coin de France tropicale.

Du reste, tous les services publics, les bureaux, — et Dieu seul en sait le nombre, — les différentes administrations, civiles et militaires, sont aussi largement installés, parfois même avec un confort auquel le personnel n'est point accoutumé en Europe. Le climat l'exigeait, et je ne pense pas que jamais, sous les latitudes chaudes, architectes aient plus ingénieusement combiné l'emploi du fer et de la brique. Je vous recommanderai en particulier le bâtiment des postes et télégraphes, un hôtel des postes qui n'a point son pareil dans aucune de nos grandes villes de France, Paris excepté. Il n'y a guère qu'aux États-Unis que j'aie remarqué ces aménagements si pratiques, ce vaste hall où les murailles, égayées de cartes et de plans en couleurs, de tableaux et de graphiques, donnent au public, sur un simple coup d'œil, les renseignements obtenus ailleurs au prix d'interminables démarches, d'enquêtes poursuivies péniblement de guichet en guichet. Américaine aussi, la réunion près du bâtiment principal et dans la même enceinte, sous l'œil du directeur, de tous les organes de la machine, laboratoires, ateliers, forges, nécessaires à l'entretien et à l'extension d'un réseau télégraphique qui dépasse déjà six mille kilomètres.

Des casernes, il suffit de dire que les Anglais, bons connaisseurs en matière d'installations coloniales, n'ont pas cru pouvoir choisir meilleurs modèles lorsqu'il s'est agi de créer de nouveaux cantonnements à Singapore et à Hong-Kong.

Non moins remarquable est l'Hôpital avec ses pavillons indépendants l'un de l'autre, son parc ombreux, ses pelouses; il n'apparaît point comme un lieu de souffrance. N'était la blanche cornette d'une sœur entrevue de loin en loin dans la pénombre des vérandas, on se croirait plutôt dans une retraite préparée pour le repos de l'esprit et le plaisir des yeux, pour abriter des existences très douces, très calmes, partagées entre le travail et la rêverie, loin des bruits de la ville, parmi les verdures et les fleurs. L'illusion est plus complète encore à cette époque de l'année. L'hivernage est la saison clémente : peu ou point de grands malades; quelques groupes de convalescents arpentant les allées, le pas déjà ferme et devisant gaiement; d'autres allongés sur leurs chaises longues, le livre ou le journal à la main. Tout cela très paisible, mais point lugubre. Et je me dis que le pauvre être miné par la fièvre doit entrer ici sans angoisse, rafraîchi et réconforté dans ce milieu tranquille où la douleur s'assoupit au chant des oiseaux toujours en fête sous les futaies toujours vertes. Il est en Extrême-Orient deux sites dont le nom seul, semble-t-il, invite à la mélancolie, où cependant le visiteur s'attarde avec plaisir, sans une tristesse au cœur : le cimetière anglais de Hong-Kong et l'hôpital de Saïgon.

J'ai réservé pour la fin un local de dimensions moins grandioses, que n'environne aucune poésie, mais où se réunit et discute, non sans éloquence, un Parlement au petit pied, le premier corps élu du pays, le conseil colonial. Ce n'est pas que le style et l'ornementation présentent rien de particulier. A part les grands *pankas* suspendus au plafond et mollement balancés par une main invisible, l'ameublement est à peu près identique à celui qui décore la plupart des enceintes réservées aux assemblées délibérantes. La salle oblongue, toute blanche, sans arabesques ni moulures, ouvre sur deux galeries latérales où prend place le public. Il y a certes des Parlements plus mal logés. J'ai assisté à l'une des séances, et je ne regrette pas mon après-midi. La discussion, à vrai dire, n'offrait qu'un médiocre intérêt. On n'a guère, ce jour-là, expédié que des broutilles : pétitions, demandes de subventions et de secours — beaucoup de demandes. — Il fut aussi vaguement question de nouveaux impôts, d'une augmentation des droits de sortie sur les *paddys*, et le débat devint plus animé. Mais l'engagement n'eut pas de suites; on en revint aux pétitions. Autour de la table en fer à cheval, les conseillers français de blanc vêtus, alternant avec leurs collègues annamites en tuniques sombres, se détachaient sur le tapis vert comme les dés d'un jeu de dominos; les indigènes, très sérieux, très corrects, écoutant sans comprendre, mais décidés à ne pas perdre une syllabe. Seulement, au moment du vote, un interprète les mettait au courant, leur traduisait les conclusions du rapporteur.

Et, chose singulière, si développées que fussent lesdites conclusions, l'interprète trouvait toujours moyen de les transmettre suivant le procédé expéditif du truchement dans le *Bourgeois gentilhomme*, réduites à trois ou quatre onomatopées, proches parentes des *Belmen* et des *Marababa sahem,* ce qui m'inclinerait à croire que la langue annamite a les mêmes propriétés que la turque, laquelle, vous ne l'ignorez pas, dit beaucoup de choses en peu de mots. Là-dessus, messieurs les conseillers indigènes opinaient gravement du turban, et l'on passait à d'autres exercices.

Mais la caractéristique de cette assemblée, ce par quoi elle se recommande essentiellement à nos sympathies, c'est que très simplement, sans fausse honte ni réticences, de la meilleure grâce du monde, elle tient compte de la faiblesse humaine et des rigueurs de la canicule. A l'inverse de ce qui se passe dans les autres enceintes parlementaires où l'atmosphère étouffante voile trop souvent la voix des orateurs, on débite ici tout ensemble des discours... et des rafraîchissements. Non pas le traditionnel verre d'eau sucrée avalé goulûment, en égoïste, par le monsieur qui occupe la tribune, mais des coupes pour tout le monde, les membres du conseil colonial ayant, eux aussi, le droit imprescriptible de ne point mourir de soif. Chacun a devant lui le tonique de son choix dilué dans la glace et le « soda water ». De temps à autre, le boy de service circule, emplit les verres, présente aux amateurs un assortiment de cigares et de cigarettes. Si des censeurs moroses voulaient protester contre ces innovations, je les inviterais à venir au préalable légiférer pendant une couple d'heures sous ce ciel implacable; leurs vains scrupules fondraient comme neige au soleil. En ce qui me concerne, je déclare que la chose ne m'a point choqué. Tout au plus hasarderai-je un vœu, en demandant au conseil d'en étendre la mesure aux simples spectateurs, de leur offrir désormais autre chose que la vue de la boisson fraîche et le parfum des cigares.

La ville est agréable en somme, bien que la vie y soit décousue. A l'inverse de ce qui se passe dans les autres cités tropicales, éveillées dès l'aube, endormies de bonne heure, Saïgon se couche tard et fait la grasse matinée. Jusqu'à neuf heures, sauf dans les quartiers habités par les indigènes et aux abords du marché, les rues sont mortes, les persiennes closes. Seuls les Chétis et les Chinois donnent signe de vie : les premiers, accroupis dans leurs échoppes de six pieds carrés, apurent leurs comptes; les seconds, tailleurs, cordonniers, menuisiers, dans les étroits rez-de-chaussée désignés ici sous le nom de « compartiments », commencent à jouer de la machine à coudre, du poinçon et de la varlope. Entre neuf et dix seulement les vestons blancs et les uniformes se montrent dans la rue Catinat. A onze heures précises on déjeune. Puis de nouveau, de midi à trois heures, les magasins ferment leurs portes. C'est le moment de la sieste : la rue et les cafés se vident, Saïgon retombe à sa quiétude.

De cinq à sept, l'usage veut qu'on se rende à la musique ou à la promenade du *Tour d'inspection*. La musique se fait entendre tantôt au Jardin botanique — une merveille, — tantôt devant le cercle des officiers sur le boulevard Norodom, non loin de l'emplacement où se dresse un Gambetta de bronze, le plus extraordinaire Gambetta qu'il ait été possible d'imaginer pour ces contrées brûlantes, le Gambetta du siège, drapé dans une ample houppelande en fourrures que les indigènes contemplent avec stupeur. Le « Tour d'inspection » correspond à ce que la province appellerait le « tour de ville ». Par exemple, c'est un beau tour d'une dizaine de kilomètres par des routes incomparables, enjambant les arroyos où se croisent les sampans et les jonques, filant à travers les onduleuses rizières, les cocotiers échevelés. On s'y donne rendez-vous comme aux Lacs ou aux Acacias. C'est un joyeux va-et-vient d'équipages, depuis les attelages de poneys bien mis enlevant aux grandes allures les victorias où se prélassent des femmes en toilettes claires, des gentlemen la boutonnière fleurie, jusqu'au vulgaire « sapin » sonnant la ferraille. Cavaliers et bicyclistes y luttent de vitesse. Mais, bien que le cycle compte ici d'assez nombreux adeptes, ce genre de sport n'est pas encore très bien vu. Il lui reste à se faire consacrer par les gens qui donnent le ton. Pédaler, fût-ce aux heures fraîches, n'est point de mise pour le tout-Saïgon. Le passe-temps lui semble un peu vulgaire et trop démocratique. Cela sent son Paris d'une lieue.

Quatre fois la semaine, il y a spectacle de neuf heures à minuit. De toutes les cités des Indes et de l'Extrême-Orient, deux seulement, Saïgon et Batavia, possèdent un théâtre. Les salles sont, à peu de chose près, disposées de même. Le bâtiment (1), situé au milieu d'un square, sous les arbres, peut contenir un millier de spectateurs, ce qui est très suffisant. La décoration intérieure est sobre, mais non sans élégance, la salle admirablement appropriée aux exigences du climat. Les loges ne sont séparées du promenoir donnant sur le jardin que par des cloisons très basses au-dessus desquelles l'air circule librement. Dans ces conditions, le drame est peu menaçant, l'opérette sans douleur. Le mal est qu'on rentre au logis fort tard, et, comme le besoin de sommeil est autrement impérieux ici que sous les latitudes tempérées, force est de s'abandonner le lendemain aux douceurs de la sieste. Bref, l'existence, ainsi hachée, n'est pas des plus saines; elle n'est point de

---

(1) Ce coquet théâtre a récemment été démoli pour faire place à un édifice beaucoup plus monumental, mais peut-être moins pittoresque.

nature à stimuler les énergies, à favoriser la prompte expédition des affaires.

Les affaires ! Il faut avouer qu'elles ne sont guère brillantes, ce qui suffirait à expliquer ces apparences de vie oisive. D'abord le colon constitue ici une minorité infime. A cela rien d'étonnant, pour peu que le terme soit pris dans son sens étroit. Ce n'est point évidemment dans la capitale qu'il faut chercher le véritable colon, l'homme qui s'adonne à la culture ou à l'élevage. J'ai remarqué pourtant, sur la promenade de l'Inspection, une sorte de ferme modèle, un petit haras subventionné par le budget local et, dans la ville même, un domaine assez étendu, concession accordée, immédiatement après la conquête, à un de nos troupiers qui, son congé terminé, préféra rester dans le pays. Le père Colombier, comme l'appellent familièrement les Saïgonnais, n'est jamais retourné en France ; il vit à l'annamite, dans une paillote, et ne se montre guère dans les rues, tout entier à son jardinage et à ses greffes. Il a tenté avec succès l'acclimatation des diverses espèces de caféiers, de cacaoyers, de cotonniers, et récolte dans son clos les meilleures bananes, les mangues les plus savoureuses. C'est un type intéressant et point banal, à coup sûr. Le bonhomme, à ses heures, fait largesse et joue les petits manteaux bleus. La ville ayant récemment décidé d'acquérir une partie de la propriété pour exécuter je ne sais quels travaux d'utilité publique, il lui offrit le lot purement et simplement, à titre gracieux. Le terrain, naguère banlieue, enclavé aujourd'hui dans l'un des plus beaux quartiers, avait singulièrement augmenté de valeur depuis trente ans ; c'était là un cadeau de quinze à vingt mille piastres. Saïgon serait heureux de compter beaucoup de colons tels que le père Colombier.

Quant au commerce, le centre des transactions n'est point ici, mais chez les Chinois, à Cholon. Les mai-

CULTURE MARAÎCHÈRE CHINOISE.
Banlieue de Saïgon.

PETITE PAGODE DANS LES BOIS.
Environs de Saïgon.

sons européennes de réelle importance sont en très petit nombre : quatre ou cinq, pas davantage. La plus ancienne et la plus puissante est une maison allemande. Le reste se compose de négociants au détail : papetiers, libraires, modistes, coiffeurs, auxquels il convient d'adjoindre l'imposante corporation des débitants de boissons plus ou moins apéritives : restaurateurs, cafetiers et maîtres d'hôtel.

Saïgon est avant tout un centre administratif. Les commerçants y sont, vis-à-vis des fonctionnaires, dans la proportion d'un à vingt. La Cochinchine est divisée en vingt et un arrondissements confiés à autant d'administrateurs. Or, j'en vois figurer sur les cadres soixante, ni plus ni moins. Il me semble que c'est beaucoup. On me réplique, il est vrai, que le titulaire du poste est assisté parfois d'un collègue : c'est ce qui a lieu dans quelques arrondissements, six ou sept, pas davantage. Le service pourrait donc être assuré avec vingt-huit administrateurs? Sans doute, mais vous oubliez les administrateurs-conseils. — Combien sont-ils? — Trois. — Vingt-huit et trois... — Pardon! mais il y a aussi les administrateurs absents, malades, ou en congé... — Je vous en accorde une douzaine pour les vingt et un arrondissements. Vingt-huit et treize ne font jamais que quarante et un. Que faites-vous des dix-neuf autres?

Mon Dieu, c'est bien simple, on n'en fait rien. On les placera au fur et à mesure des vacances. C'est ainsi qu'il y a en ce moment à Saïgon cinq ou six de ces messieurs, arrivés de France depuis peu, et attendant, — sans impatience du reste, puisque leur solde reste entière, — le moment d'être casés. D'autres sont annoncés et débarqueront du prochain paquebot.

J'ai cependant rencontré une personne — une seule — laquelle m'a déclaré très sérieusement que la Cochinchine avait un personnel trop restreint. Et comme je m'exclamais, mon interlocuteur me fit observer que ce pays de deux millions d'habitants possédait *seulement* douze cents fonctionnaires de tout ordre, alors qu'en France l'écart entre le nombre des salariés de l'État et le chiffre de la population était moins considérable. Cela tendrait à prouver, aurais-je pu répondre, non que la Cochinchine manque de personnel, mais que la métropole en est peut-être surabondamment pourvue. J'ajoutai seulement que l'administration de l'Inde et de ses deux cents millions d'âmes n'exigeait pas beaucoup plus de monde. Pour ne citer qu'une catégorie de fonctionnaires, les collecteurs de taxes, l'Inde britannique en compte exactement soixante-dix, la Cochinchine un par arrondissement, c'est-à-dire vingt et un. Cette dernière, sur ce point, n'a donc pas à se plaindre. Mais j'ai bien vu que l'argument ne portait pas. Ce qui précède est la simple constatation d'un fait connu de tous, pas autre chose. Je n'ai point la moindre envie de partir en guerre contre l'abus du fonctionnarisme et la phalange toujours croissante des budgétivores. D'abord cela ne servirait à rien ; ensuite, ne faut-il pas que chacun vive ?

Si les grandes maisons de commerce européennes sont peu nombreuses, Saïgon n'en était pas moins naguère une place de transit et d'échange des plus actives. Je me souviens d'avoir vu les navires ancrés sur plusieurs rangs, l'espace faire défaut et quelques-uns obligés d'aller mouiller à un mille et demi en amont du port de guerre, près du pont de l'Avalanche. Aujourd'hui, à part les grands courriers bimensuels et les vapeurs des Messageries fluviales, le port est à peu près désert. Il ne retrouve son ancienne animation que pendant deux ou trois mois de l'année, au moment de l'exportation des riz. Alors, le voyageur non prévenu qui arriverait d'Europe pourrait se croire sur l'une des rades les plus encombrées de l'Extrême-Orient. Mais, juillet passé, les bâtiments deviennent de plus en plus rares. Le port reprend son aspect morne.

Pourquoi ce changement? Tous ceux que j'interroge me donnent la même réponse : les nouveaux tarifs douaniers qui, du jour au lendemain, ont fait le vide sur rade; ensuite, les droits multiples et exorbitants : droits de phare et d'ancrage, droits de pilotage maintenus et surélevés, bien que l'enlèvement du banc de corail qui barrait le chenal ait rendu désormais l'intervention d'un pilote absolument superflue.

La rivière est libre d'obstacles. Les dangers sont en mer, à deux milles au large. Là s'étendent des bancs de sable inquiétants pour des capitaines peu familiarisés avec ces parages. Mais précisément, les pilotes, prenant au pied de la lettre leur titre de *pilotes de la rivière de Saïgon*, ne dépassent point le cap Saint-Jacques et laissent les nouveaux venus se tirer d'affaire comme ils peuvent. Enfin, et pour comble, voici que la dépréciation de l'argent et la baisse foudroyante de la piastre ont bouleversé la situation économique du pays.

Oh! la baisse de la piastre! On ne parle pas d'autre chose ici. Elle est partout, répond à tout. Vous étonnez-vous de voir le maître d'hôtel enfler sa note? — « La baisse de la piastre, monsieur! » Le boy insiste-t-il pour que vous augmentiez ses gages? — La piastre encore, la piastre toujours. L'unité monétaire diminuant ainsi de valeur, la colonie a fort à faire de joindre les deux bouts; le gouvernement est contraint de recourir aux moyens extrêmes. Et les arrêtés se succèdent, relevant les taxes anciennes ou en établissant de nouvelles : obligation du timbre pour les actes passés entre indigènes, qui jusqu'alors se contentaient de simples sous-seings privés; augmentation du droit de coupe et d'exportation des bois, projet d'un nouveau droit de sortie sur les riz, etc., etc., autant de mesures qui n'ont pas précisément pour effet de ranimer les affaires languissantes.

Enfin, un arrêté du 30 décembre 1894 établissait un impôt sur... les timbres-poste. A dater du 1er janvier, le prix des affranchissements était augmenté d'environ 60 pour 100. Une lettre expédiée en France, et pour laquelle on payait la veille 5 *cents*, en coûtait huit le lendemain. Le plus curieux, c'est que le timbre, vendu dorénavant 8 *cents*, porte sur sa vignette le chiffre 25 ! Le timbre marqué 15 se paye 8 *cents*, et ainsi de suite pour toute la série. La confusion serait moindre si la France, à l'exemple de l'Angleterre, avait adopté pour ses possessions des mers de Chine, où l'on compte par piastres et par *cents*, un modèle spécial de timbre dont la valeur eût été indiquée non en centimes, mais en fractions de piastre. Au début, cela allait tant bien que mal. Lorsque le dollar mexicain ou le *yen* japonais, qui constituent la monnaie courante, étaient au pair, le public n'avait pas besoin d'un grand effort d'imagination pour se persuader que notre pièce de 5 centimes — le *sou* vulgaire — équivalait à 1 *cent*. Mais à l'heure actuelle tout est remis en question. Impossible de s'y reconnaître au milieu de ces chiffres contradictoires. L'achat d'un timbre est une entreprise de longue haleine, un vrai casse-tête indo-chinois. Les malheureux employés suent sang et eau sur leurs nouveaux barèmes, tandis que le public s'impatiente aux guichets. Aussi, dans l'une de ses dernières séances, le conseil colonial a-t-il fort justement protesté contre cet arrêté, lequel, par parenthèse, notifié *par télégramme* le 31 décembre pour devenir exécutoire le 1er janvier, m'a tout l'air de faire bon marché des conventions de l'Union postale et du bureau de Berne. L'expédient, qui plus est, a je ne sais quoi de mesquin pour un pays où flottent les couleurs françaises.

Le pis est que la baisse ne semble pas devoir s'arrêter de sitôt. On annonce, en effet, que le gouvernement britannique vient de sanctionner un arrangement conclu entre la *Chartered Bank of Australia and China*, la *Hong-Kong and Shanghaï corporation* et la Monnaie de Bombay, aux termes duquel cette dernière est autorisée, pour un an, à frapper 4 millions de dollars, d'un type spécial (*british dollars*), mais du même titre que le *yen* japonais. Avec ce nouvel afflux d'argent, il ne faut pas désespérer de voir avant peu la piastre tomber de 2 fr. 50, son cours actuel, à 2 francs et même au-dessous.

Le Trésor, il est vrai, maintient pour son usage un taux particulier et absolument fictif. Pour lui — mais pour lui seul — la piastre vaut encore 2 fr. 70. C'est à ce taux qu'il la compte en réglant les appointements des fonctionnaires. Mais lorsque celui qui vient de toucher à raison de 2 fr. 70, au guichet A, se présente au guichet B pour envoyer de l'argent en France, on lui réclame, en plus des frais du mandat, un droit de 6 pour 100 représentant la balance entre le taux du Trésor et le taux du commerce. Les officiers et soldats des armées de terre et de mer, dont la solde est établie en francs devraient, en bonne justice, bénéficier du change. Loin de là; le taux arbitraire adopté par le Trésor équivaut pour eux à une perte d'environ 5 1/2 pour 100 sur la somme qu'ils recevraient s'ils étaient en France.

Il y a mieux. Pour les contingents indigènes (tirailleurs annamites), la piastre a été maintenue à... quatre francs! L'homme auquel il est dû vingt francs touchera en conséquence, non pas l'équivalent au cours actuel, c'est-à-dire huit piastres, mais seulement cinq. En vain répondra-t-on que, pour l'indigène, le prix de la vie n'a pas augmenté dans des proportions appréciables. Il n'en est pas moins vrai que plusieurs se sont déjà plaints de cette différence de traitement. Comment les en blâmer? On n'eût pas été obligé de recourir à cet expédient, d'une dignité douteuse, si, dans notre manie d'assimilation, nous n'avions pas établi la solde des indigènes de la même façon que celle des troupes métropolitaines, je veux dire en francs. Si le prêt eût été fixé en monnaie du pays, les intéressés auraient subi la baisse comme tout le monde, sans qu'il leur fût possible de crier à l'injustice.

Ces explications n'ont rien de folâtre. Si je m'y suis attardé, au risque d'être peu clair, c'est qu'elles étaient indispensables pour comprendre le caractère de la crise et comment une colonie belle et prospère entre toutes, dont les réserves s'élevaient à cinq millions de dollars, s'est trouvée momentanément dans l'embarras. Il n'est plus aujourd'hui question de réserves, mais d'un déficit que l'on peut évaluer à trois millions de francs en chiffres ronds (1). Hâtons-nous d'ajouter que ce déficit est plus apparent que réel. En effet, la moins-value de l'argent n'a pas été, tant s'en faut, la cause unique de ces mécomptes. L'équilibre budgétaire s'est surtout ressenti des lourdes charges résultant du fait de l'union indo-chinoise, union si longtemps réclamée par la Cochinchine. Il est clair que le jour où la colonie récupérerait les dépenses faites pour le Laos et surtout les avances consenties au Tonkin, sa situation serait immédiatement des plus florissantes. En réalité, l'écart entre les recettes et les dépenses, auquel il a fallu parer au moyen de taxes nouvelles, paraît bien

---

(1) Depuis que ces lignes ont été écrites, la situation financière, grâce aux efforts successifs des gouverneurs généraux, s'est modifiée du tout au tout, en Cochinchine comme au Tonkin et en Annam. Alors que les exercices de 1895 et 1896 se clôturaient encore en déficit, l'exercice 1897 se liquidait avec un sérieux excédent de recettes. Au 1er septembre 1898, la plus-value se chiffrait pour la Cochinchine par 1,826,000 piastres ou 4,383,000 francs.

peu de chose, si on le compare au montant de la créance tonkinoise que la Cochinchine serait en droit d'inscrire à son actif. On se tromperait étrangement si, dans une appréciation portée sur ce pays, on s'exagérait la gravité de ses embarras passagers au point de méconnaître ses ressources et son incontestable vitalité. Une contrée qui exporte, bon an, mal an, environ 10 millions de piculs de riz, plus de 100,000 piculs de poivre, et qui dispose encore, dans les terres élevées du Nord et de l'Est, d'immenses espaces cultivables, dont enfin la richesse forestière est considérable, n'est point de celles sur lesquelles il soit permis de s'apitoyer.

Lorsque l'on considère ce qui a été fait ici en un laps de temps relativement court, — trente ans à peine, — on ne peut se défendre d'un sentiment d'admiration pour un pays aussi favorisé de la nature et pour les hommes qui le mirent en valeur. Il y a dix ans, le chiffre global du budget (budget local et budget d'arrondissements) ne dépassait pas dix millions de francs : il atteint, à cette heure, près de quarante millions, la répartition de l'impôt au prorata de la population donnant une moyenne de vingt francs par habitant. C'est là un gros chiffre. Mais l'Annamite est le plus accommodant des contribuables. Les taxes sont acquittées intégralement, le plus souvent dès le premier trimestre. Où trouver mieux?

L'aisance même avec laquelle le cultivateur semble supporter ses charges atteste la fécondité du sol. L'énorme plus-value acquise par les terres n'est pas moins probante. J'ai vu des rizières, qui valaient il y a dix ans tout au plus 24 piastres l'hectare, se vendre récemment 150. Aucune autre terre, peut-être, ne produit autant pour si peu de travail. Alors que le paysan de France peine huit mois sur douze, l'Annamite n'est occupé à ses rizières que pendant quatre mois. Songez aussi que ses besoins sont très limités, ses dépenses d'entretien insignifiantes, ses plaisirs simples et peu dispendieux. Quelques gorgées de *chum-chum* (alcool de riz), la chique de bétel, voilà de quoi le satisfaire. Il est joueur, il est vrai ; mais ce n'est guère que de loin en loin, à des dates soigneusement déterminées, — les fêtes de la nouvelle année, par exemple, — qu'il peut en toute liberté risquer ses économies sur les tables de *bacouan*. Si la fortune lui est contraire, il en prend allégrement son parti. Ses congénères ont l'âme compatissante, le prêt facile. C'est à qui dans le village, sinon de sa bourse, du moins par des dons en nature, viendra en aide au décavé et lui fournira, à charge de revanche, de quoi faire bouillir la marmite. Dans ces conditions la lutte pour la vie perd de son âpreté, les exigences fiscales sont moins dures à cet Asiatique qu'au travailleur d'Europe. D'ailleurs, l'impôt lui fait retour en partie, sous la forme de travaux, routes, canaux d'irrigation, constructions de marchés couverts. D'intelligence vive, il a parfaitement conscience, lorsqu'on lui présente la carte à payer, que les sommes dépensées lui profitent, qu'il en a, comme on dit vulgairement, pour son argent. Néanmoins, je crois qu'il serait imprudent de forcer la note et de trop compter sur la bonne volonté indéfinie du contribuable. A continuer de la sorte, on risquerait de le décourager. L'Annamite, le jour où il croirait s'apercevoir que le profit n'est plus proportionné à la peine, pourrait fort bien, à l'exemple du Cambodgien, cultiver juste de quoi vivre et laisser le reste de ses terres en friche. Là est le danger. Ne tuons pas la poule aux œufs d'or.

Je ne saurais mieux conclure qu'en confessant une impression éprouvée dès l'arrivée, devenue plus profonde après cinq semaines de séjour. Il me semble que, dans le mouvement d'opinion dont bénéficie notre empire indochinois, on oublie un peu la Cochinchine. Lorsque vous parlez en France de l'Indo-Chine, votre interlocuteur vous répondra infailliblement : Tonkin. La splendeur naissante de Hanoï fait tort à Saïgon. Les faits de guerre, plus tard l'ardeur des polémiques, les enthousiasmes aventureux et les dénigrements trop souvent injustes, ont appelé de ce côté l'attention du grand public. Là est l'avenir, le coin dans le flanc du vieil empire chinois, la voie d'accès la plus courte vers les provinces du Sud-Ouest : c'est plus qu'il n'en faut pour attirer les âmes généreuses, les hommes d'initiative et d'action qui se sentent à l'étroit dans le pays natal et rêvent d'horizons nouveaux. Au reste, on ne saurait établir de comparaison entre les deux contrées, exalter l'une au détriment de l'autre. Le caractère du peuple et des institutions, le sol et le climat, tout diffère. Ce me sera, certes, une joie de poursuivre, avant qu'il soit longtemps, ma route vers le nord. Mais si pénétrante que doive être la sensation éprouvée en présence des montagnes d'Annam, des populeuses et fertiles campagnes du Delta, elle n'effacera point de mon souvenir la Cochinchine, mère nourricière de notre jeune empire asiatique, la terre inépuisable et mouvante, à peine émergée de l'Océan, où les blondes rizières ondulent dans le limon des fleuves.

CHAPITRE II

PAYSAGES DE BANLIEUE. — SUR LE DONNAÏ. —
LES RAPIDES DE TRIAN.

Janvier.

Ce n'est point à Saïgon, ni même peut-être en Cochinchine qu'il convient d'observer l'Annamite, la vie intime, les allures, les caractères distinctifs de la race. L'influence du climat et du milieu, le voisinage de l'Européen et surtout des immigrants Célestes n'ont pas peu contribué à modifier le type original. C'est plus à l'est, sur l'étroite et longue bande de terre déroulée pendant près de deux cents lieues, de la rade de Qui-Nhon au delta du fleuve Rouge, qu'il faut l'aller chercher. Au dire d'un chacun, ce que j'entrevois ici n'est que le frontispice du livre, un croquis de fantaisie, un Annam de pacotille. Je le croirais volontiers, renonçant à me faire une opinion avant d'avoir franchi les montagnes de Hué et visité les populations du littoral. Toutefois, si dans le tableau que j'ai maintenant sous les yeux les figures manquent de relief, les tonalités sont quelque peu éteintes, l'ensemble n'est pas dénué d'intérêt.

Mais quel pêle-mêle! Une promenade d'une heure à travers la ville et les faubourgs donnerait à réfléchir à un ethnographe; le plus habile aurait fort à faire de déterminer, à première vue, fût-ce de façon très approximative, les parentés et les origines. Oh! le joli bébé chinois, la mine plus éveillée, le regard plus vif que ne l'ont d'habitude ses congénères. — Un métis, voulez-vous dire. Le père est ce gros marchand cantonnais que vous apercevez là-bas, au seuil de sa boutique, assis sur sa haute escabelle, les jambes croisées, fumant sa pipette; la mère, une Annamite. — Mais cette bonne dame en tunique puce qui vient de descendre d'un « pousse-pousse » et semble avoir tant de mal à se maintenir en équilibre sur ses petits pieds. Une vraie Chinoise celle-là? — Par le costume et la coiffure. En fait je gagerais qu'elle a vu le jour pas loin d'ici, et que son seigneur et maître, séduit par ses grâces, l'a acquise moyennant un nombre respectable de piastres, de quelque besogneux chef de famille dont la marmaille pullulante prend ses ébats dans la vase, autour d'une paillote de dix pieds carrés, entre les rizières et l'arroyo. — Pour celui-ci, du moins, il n'y a pas à s'y tromper. Ce teint bistré, cette épaisse chevelure relevée en chignon; le foulard roulé en manière de turban, enfin la tunique sombre boutonnée sur le côté et l'ample pantalon de cotonnade blanche... Nous avons affaire cette fois à un fils du pays. — N'en croyez rien. Ce garçon-là a vu le jour au Cambodge : la mère devait être une Malaise (les Malais sont établis en nombre le long du Grand-Fleuve), à moins qu'elle ne fût du Laos.

Dans les villages seulement, on a chance de rencontrer l'Annamite authentique, pur de tout mélange, les formes graciles, un peu frêles, la démarche souple qui, étant donné l'accoutrement presque identique pour les deux sexes, ne permet pas de discerner de prime abord si la personne se promenant, le parasol à la main, ou cheminant trotte-menu, l'épaule de travers, avec ses paniers de légumes suspendus aux deux extrémités d'un bambou, est un homme ou une femme. Population intelligente et délurée, dure à la peine en dépit de sa petite taille, menant à bien les plus rudes besognes, grâce à l'association patiente des efforts; docile, maniable, d'humeur joyeuse, avec cela accueillante et polie, mais point belle.

Ce n'est pas que les physionomies soient précisément désagréables. Le type, pris dans son ensemble, n'est pas disgracieux : le regard a de la malice, les traits parfois ne manquent pas de finesse. Mais sur toutes ces faces l'odieux bétel a mis son stigmate. Chacun en use, y compris les marmots. Chez les femmes surtout, cette friandise nationale, mâchonnée pendant des heures avec le mouvement de mastication particulier aux ruminants, a quelque chose d'odieux. C'est rareté extrême d'entrevoir des dents blanches, des lèvres que ne macule point une bave sanguinolente. Aussi, le premier aspect d'une de ces jeunesses est-il de nature à faire hésiter le plus intrépide. Terrible, dans ces contrées, l'idylle exotique, le duo d'amour roucoulé avec une Rarahu d'Annam. Rarahu chique, ses quenottes sont laquées de noir, ses gencives saignent, brûlées par la chaux, déchiquetées par la noix d'arec : son sourire est une plaie. Des personnes bien renseignées m'ont affirmé que ce dégoût n'était pas insurmontable. Affaire d'habitude. « A la longue, on s'y fait », ajoutaient-elles avec une philosophie résignée. Peut-être disaient-elles vrai : à la longue... surtout si l'on a le bonheur d'être myope.

Ils sont charmants, ces villages : Gia-Dinh, Tan-Dinh, Govéap, et plus loin, vers l'est, dans la direction de Bien-Hoa et de Thu-Dau-Môt, les centres plus importants dénommés Tu-Duc, Binh-Giao, An-Tan. Qui en a vu un les connaît tous : une double rangée de cases minuscules, semblables moins à des habitations humaines qu'à des cages d'oiseaux; un marché couvert, puis, un peu à l'écart, la petite pagode à toit surbaissé, aux arêtes décorées de capricieuses figurines en faïence de Cholon, avec un autel où trône parmi les toiles d'araignée quelque bouddha ventru, avec son tigre à la gueule menaçante, grossièrement peinturluré sur le mur de fond; parfois, entourée d'une haie fleurie, une chapelle, un modeste presbytère près desquels s'est groupée une chrétienté naissante. Voilà le décor. Les maisonnettes sont en mauvais état, les chaumes ébouriffés, les frêles charpentes noircies par la fumée : par les brèches des clôtures de perches, la marmaille et la basse-cour font irruption pêle-mêle. Mais la végétation des tropiques jette sur ces pauvretés ses festons et ses draperies; et de la route sablée de grès rouge, sous le piétinement des gens et des bêtes, monte lentement une poussière d'or.

15 janvier.

Excursion d'une semaine jusqu'aux rapides du Donnaï en amont de Bien-Hoa. Distance de Saïgon, une soixantaine de kilomètres, en ligne directe, mais plus du double par les sinuosités du fleuve. Le voyage se fait assez rarement, en raison des difficultés de communication. La région, couverte de forêts, presque déserte, est un paradis pour le chasseur; mais l'abondance même du gros gibier, notamment des tigres et des panthères, y rendrait le campement d'une sécurité très relative pour le voyageur isolé. Cheminer par terre n'est donc pas très commode, bien qu'une route ait été récemment taillée à travers bois, route coupée d'ailleurs par d'innombrables marigots dont les gués sont impraticables pendant la saison des hautes eaux. C'est donc avec joie que j'avais accepté l'offre gracieuse de la Compagnie des Messageries fluviales, laquelle mettait à ma disposition une de ses chaloupes à vapeur, l'*Aigrette*, pour me conduire jusqu'à Trian, à moins de deux heures de marche des rapides.

J'avais pour compagnons de route deux aimables Saïgonnais, et nous devions, à Trian, trouver un excellent abri dans l'habitation d'un négociant, M. Epardaud, qui possède d'importantes exploitations forestières dans la vallée du haut Donnaï. Retenu à Saïgon par la fièvre, il avait bien voulu donner des ordres pour que, même en son absence, la maison nous fût ouverte. La chaloupe était venue nous attendre à Bien-Hoa, où nous nous rendions de Saïgon en voiture.

Trente-deux kilomètres de route exquise, parmi les plantations d'aréquiers, de cocotiers, de mangoustaniers : çà et là de vastes clairières où des centaines de buffles rôdent dans l'herbe haute; un grand mouvement de portefaix, de vendeurs et de vendeuses de légumes, de chars à bœufs pesamment chargés roulant vers les marchés de Saïgon ou de Cholon; des gamins jouant au cerfvolant, des porcs au pelage noir vautrés dans les fossés, grotesques, d'une race spéciale au pays, à triples bajoues, à l'épine dorsale infléchie au point que la bedaine de l'animal traîne à terre. Tout cela crie, grince, grogne, tandis que silencieux, à pas pressés, des amateurs de combats de coqs escortent les grands favoris du village que leur propriétaire porte vers de nouveaux tournois, un sous chaque bras, les pattes liées, mais toujours fiers, les crêtes hérissées, claironnant des fanfares de défi; tandis que, plus gravement encore, dans leur pousse-pousse que traîne un coureur demi-nu, passent des autorités indigènes, des *phûs*, des *docs* coiffés du turban noir soigneusement roulé, ou quelque scribaillon vénéré à l'égal d'un lettré, reconnaissable à ses ongles démesurés et à ses énormes besicles.

La chaussée, unie comme une allée de parc, court à travers bois et jardins. Parfois, à l'extrémité de l'avenue ombreuse, une coulée de lumière, une nappe d'eau miroi-

tant au soleil ; la route, brusquement coupée, aboutit à
une berge de fleuve, au pied de laquelle est amarré le bac,
deux grandes pirogues juxtaposées supportant une plate-
forme en bambou. En trois minutes les chevaux sont
dételés, embarqués ; le véhicule, délesté de ses voyageurs,
est amené à bras par le cocher aidé des passeurs et solidement amarré sur le radeau. Et l'on vogue, suivant l'état
de la marée et la force du courant, pendant dix minutes
ou une demi-heure, jusqu'au petit hangar-auberge qui,
sur l'autre rive, marque le point d'atterrissage. Le temps
de croquer une banane, de faire ouvrir un coco dont le
lait légèrement musqué a la fraîcheur de l'eau de source,
et notre attelage reposé reprend sa course au galop. Les
lignes du paysage, la végétation d'une vigueur surprenante,
la disposition des villages, la structure des cases, des clôtures de perches et de nattes, la couleur générale des êtres
et des choses, enfin ce voyage en poste où le bruit des
roues, des grelots, les appels de l'automédon enlevant ses
bêtes, s'interrompent soudain pour faire place au chant
monotone des rameurs courbés sur leurs longs avirons,
m'ont rappelé les étapes parcourues naguère en semblable
équipage, dans les Préangres de Java, de Batavia à Sama-
rang.

Un dernier bac pour franchir le Donnaï, large sur ce
point de plus d'un kilomètre, et nous abordons à Bien-
Hoa, chef-lieu de l'arrondissement du même nom. De
ville, peu ou point : la résidence de l'administrateur, toute
blanche au bord de l'eau ; en arrière, un parc immense
découpé dans la forêt ; alentour, des constructions de style
officiel et banal, bureaux, caserne de miliciens, logements
pour les commis, poste, télégraphe, petite église de mission : c'est tout ce qu'on aperçoit. Ce que l'on devine,
dissimulé sous les verdures, c'est l'agglomération de cases
fragiles, avec l'éternel quartier chinois, les boutiques exi-

guës encombrées d'articles disparates où l'on débite à la fois des cotonnades et de l'épicerie, du poisson salé, du pétrole et des articles de toilette, des flacons de parfums à bas prix, d'un arome étrange, à l'aide desquels les élégantes s'efforcent en vain de lustrer et d'assouplir leur rude chevelure.

Ce poste, l'un des plus enviés du fonctionnarisme cochinchinois, en raison de la proximité de la capitale, est relativement sain et d'agréable aspect. Il se déploie en amphithéâtre sur la rive gauche, relevée en une pente si douce que, partout ailleurs, ce mouvement de terrain passerait inaperçu ; dans ces régions d'une platitude infinie, cela peut s'appeler une colline.

L'*Aigrette* était là, amarrée à l'appontement. Mais, vu l'heure avancée et l'impossibilité de naviguer sans péril, après la chute du jour, parmi les roches, assez nombreuses dans cette partie de la rivière d'ailleurs très rarement parcourue par des embarcations à vapeur, il nous parut prudent de ne point faire allumer les feux. Après une rapide promenade dans Bien-Hoa, nous nous installions à bord, où nous trouvions le souper prêt, les couchettes drapées de leurs moustiquaires de gaze, déjà installées pour la nuit. Et depuis mon arrivée sur la terre d'Asie, cette nuit-là est la première qui m'ait semblé véritablement reposante et fraîche. Dans le poste, endormi tôt, pas une rumeur; sur le vaste fleuve, pas un clapotis, rien qu'un murmure très doux d'eau courante glissant contre le bordage ; au-dessus de nos têtes, dans le cadre du panneau grand ouvert pour donner passage à la brise, une bande de ciel pailletée d'étoiles.

Nous repartions au petit jour.

Le Donnaï qui, dans son cours inférieur, se divise en plusieurs bras séparés par des archipels submergés à demi, terres en formation, spongieuses encore et mouvantes, où croît le seul palétuvier, court en amont de Bien-Hoa entre des berges escarpées, creuse son lit tortueux à travers les dernières ondulations de la chaîne d'Annam. Une couche épaisse d'humus couvre ces rives partout à l'abri de l'inondation ; néanmoins, les villages sont rares. Au delà de Tan-Uyen, importante bourgade où les trains de bois sont obligés de faire halte et demeurent parfois plusieurs semaines à l'attache, par longues files, pour subir le contrôle des agents du service forestier chargés de percevoir les droits de coupe, la vallée est presque déserte. Plus rares encore sont les cultures. Un créole de la Réunion, M. Michelet, a défriché d'assez vastes espaces et commencé à planter la canne, le caféier de Liberia, le cacaoyer. Les essais ont donné d'assez bons résultats. Les caféiers notamment sont superbes ; nul doute que ce genre de plantation ne soit appelé à se développer avant peu dans le nord et l'est de la Cochinchine comme en Annam et au Tonkin, où les premières tentatives paraissent avoir réussi au delà de toute espérance. Le cacaoyer, en revanche, ne semble pas devoir s'acclimater aussi aisément, et les plants les mieux venus feraient assez pauvre figure auprès des sujets du même âge qu'il m'a été donné de voir dans les exploitations de l'Amérique centrale, de l'Équateur ou du Para.

Par malheur, les difficultés relatives au recrutement de la main-d'œuvre, certains malentendus survenus entre le planteur et ses associés saïgonnais, n'ont pas peu contribué à paralyser l'entreprise. Les travaux, sans être complètement arrêtés, se réduisent au strict nécessaire pour l'entretien des terres, des bâtiments et du bétail. Enfin, pour comble de malchance, un incendie venait de détruire, peu de jours auparavant, la maison d'habitation. Nous trouvons le propriétaire occupé à rechercher parmi les décombres les vestiges de son mobilier, les ferrures susceptibles d'être utilisées pour une construction nouvelle.

Si le colon, dans ces régions, est trop souvent contraint de faire la part du feu, l'éleveur, de son côté, doit faire la part du tigre, qui prélève, chaque année, en dépit de toutes les précautions, une dîme assez lourde sur les troupeaux et les basses-cours. La nuit précédente, le terrible maraudeur avait réussi à s'introduire dans la porcherie de M. Michelet. Celui-ci nous fit voir la brèche pratiquée sous la clôture de bambous, la terre profondément fouillée à coups de griffes, et suivre, sur une distance de près d'un quart de lieue, la large piste tracée par l'animal entraînant sa proie dans la jungle.

Le tigre devait être de belle taille pour avoir enlevé et remorqué si loin une charge pareille. La victime en effet, masse de graisse informe, représentait un poids de plus de cent kilogrammes. Elle gisait là dans les hautes herbes piétinées et souillées de sang, hideusement mutilée, les entrailles à l'air, assaillie par d'innombrables essaims de mouches violâtres. Tout l'arrière-train avait disparu : le fauve repu s'était éloigné pour revenir, selon toute apparence, prendre un nouvel acompte à la nuit close. En prévision de cette éventualité, un *mirador* avait été installé entre les maîtresses branches d'un arbre voisin, quatre planches assujetties tant bien que mal avec des lianes ; sur ce perchoir veillaient deux Annamites, l'escopette au poing. M. Michelet voulut bien nous offrir de prendre leur place pour peu que nous fussions sensibles au plaisir d'une chasse à l'affût. Quant à lui, se hâta-t-il d'ajouter, il ne se souciait point de nous tenir compagnie, la faction pouvant fort bien se prolonger jusqu'au lendemain à l'aube, à supposer, ce qui était à craindre, que le tigre inquiété par les allées et venues, par le bruit des ouvriers occupés à édifier le *mirador,* ne se hasardât point à reparaître le soir même.

La proposition fut déclinée avec un ensemble parfait. Je me souvenais, pour ma part, d'une veillée analogue passée avec un aimable planteur de Java, dans les forêts du Gedeh, un affût de huit heures d'où nous revînmes rongés par les moustiques, la face et les mains tuméfiées, trempés par la rosée et grelottant de fièvre. Du moins avions-nous vu ou, plus exactement, entrevu le tigre aux premières lueurs de l'aube, fonçant sur la malheureuse chèvre attachée à un piquet, puis se dérobant sous une fusillade si peu meurtrière qu'il fut relevé cinq ou six lieues plus loin par les rabatteurs malais auxquels il tint furieusement tête et qui eurent quelque mal à en venir à bout avec leurs lances. L'expérience me suffisait; dût cet aveu m'attirer la mésestime des chasseurs, j'ai préféré continuer ma route, renonçant du même coup et sans effort à l'accès de fièvre certain et au tigre problématique.

Un peu plus haut, d'autres défrichements d'une étendue assez considérable entrepris par une société allemande qui possède déjà d'importantes plantations dans l'archipel malais et aux Philippines. La compagnie, si les premiers essais réussissent, se proposerait d'acquérir un millier d'hectares, de suppléer au défaut presque absolu de main-d'œuvre indigène au moyen de l'immigration chinoise et de cultiver la canne, le cacao, la vanille. Cette tentative, dont on ne saurait d'ailleurs prévoir encore les résultats, permet du moins d'espérer qu'un jour viendra où les terres élevées de l'Est et du Nord, mises en valeur à leur tour, n'auront plus rien à envier à la basse Cochinchine, à la terre du riz et du poivre. Quelles seront ces nouvelles cultures? C'est le secret de l'avenir. Mais il est intéressant de constater les expériences poursuivies à grands frais sur ces territoires jusqu'ici complètement délaissés, alors même que l'effort émane d'une initiative étrangère.

Au delà, pendant des heures, c'est la solitude, la brousse impénétrable dressée en gigantesque muraille sur chaque berge; la nuit approche, avec le crépuscule rapide une immense tristesse descend sur les forêts, sur le fleuve. Enfin, nous accostons sur la rive gauche, au fond d'une anse où les bancs de rochers et les troncs d'arbres apportés par le courant forment une sorte de quai naturel. Au pied de la falaise, haute d'une dizaine de mètres et fort escarpée, un radeau est amarré prêt à partir, composé d'un cadre de bambous soutenant les énormes pièces de bois très dur qui ne flotte point. Le train, conduit par deux hommes, mettra près d'une quinzaine de jours pour arriver à Saïgon. A terre, les carcasses d'autres radeaux en construction, un enchevêtrement de madriers grossièrement équarris, de perches et de lianes. Par un étroit sentier taillé dans la terre grasse et glissante nous nous hissons au sommet du promontoire où s'élève, à demi cachée par un énorme ficus, l'habitation forestière de M. Epardaud. C'est une simple case, dans le goût cambodgien, en perches juxtaposées, les cloisons et le plancher à claire-voie, mais très grande, très saine, établie sur des pieux à 3 mètres au-dessus du sol, et d'une propreté rigoureuse. Alentour, quelques paillotes; des enclos pour les buffles; le tout défendu par une palissade suffisamment solide pour résister aux assauts des éléphants sauvages et des tigres.

Aux coups de sifflet de la chaloupe, les coolies étaient accourus; leur chef en tête, ils dévalaient sur la pente, débarquaient nos bagages et notre batterie de cuisine; bientôt installés dans la rustique demeure, les barrières soigneusement closes, nous nous allongions sous nos moustiquaires, prêts à nous endormir, dans cet abandon exquis, cette détente de tout l'être, inconnue de ceux qui n'ont jamais reposé dans la paix du désert ou de la forêt

LE DONNAÏ A TRYAN.

CHUTE DE SONG-BÉ. — RAPIDES DE TRYAN.

tropicale. Alors, dans une bouffée de brise soufflant du nord-est, le fracas des cataractes prochaines nous arriva très distinct. Et aussitôt tous les autres bruits s'éteignirent : piétinements du bétail, crépitements des feux allumés devant les cases. Il n'y eut plus dans la nuit que la grande voix du Donnaï.

Deux heures de marche, au jour naissant, sous les futaies ruisselantes de rosée, où passent des vols de paons et de poules sauvages, où des cerfs de haute taille débouchent soudain sur le sentier, arrêtés l'espace d'une seconde, humant la brise, puis détalant à petits bonds, sans trop se presser, nullement inquiets, en bêtes ignorantes encore des pièges et des battues.

Nous voici aux rapides. Il y en a deux, le Ong-Song et le Song-Bé, à un mille et demi d'intervalle.

Le fleuve, au courant furieux, se fraye un passage à travers des centaines d'îles et d'îlots, de blocs épars où s'accroche désespérément une broussaille arborescente que l'eau fouaille et engloutit par moments sans parvenir à l'arracher. Le rapide proprement dit n'aboutit point à une chute unique, mais à une succession de chutes, équivalant tout au plus à une différence de niveau de deux ou trois mètres. C'est peu de chose auprès des abîmes où se précipitent les grandes rivières américaines et certains cours d'eau de l'Afrique équatoriale. Cependant le volume considérable et l'impétuosité des eaux, la solitude environnante donnent au site un caractère de sauvage grandeur que ne possèdent plus au même degré les bords du Niagara et du Saguenay, animés à l'heure actuelle par le vacarme des scieries et des chantiers, par le sifflet strident des machines et le roulement des express bondés de touristes.

Ici aussi, quelque jour, l'homme saura mettre à son service cette grande force perdue. Des usines surgiront, des voies ferrées, des canaux, des câbles électriques sillonneront la forêt. Saïgon s'approvisionnera d'eau pure et de lumière aux rapides du Donnaï. Voilà ce que prédisent les enthousiastes. Le projet, sans avoir rien de chimérique, ne me semble pas près d'être mis à l'étude. Pour moi, l'avouerai-je? je suis heureux d'avoir visité ces parages avant que ce beau rêve devienne une réalité. Le fleuve tumultueux, inutile, dont la puissance s'use en vains tourbillons, en fusées d'écume projetées sur les rives où, semble-t-il, les seuls habitants sont les singes et les oiseaux, est d'une majesté à laquelle ne sauraient prétendre les travaux de l'homme, ni les triomphes de l'industrie sur la nature.

Au retour de notre excursion nous trouvions Saïgon tout à la préparation des fêtes du Têt (le nouvel an annamite). Il s'agissait de les célébrer dignement, de nettoyer les cases, de parer de festons et de banderoles l'autel des ancêtres, de faire ample provision de fusées et de pétards. Et toutes les économies de la famille y passent. C'est le moment de visiter les boutiques de Cholon, la ville chinoise, une Chine tant soit peu européanisée, et dont les larges rues aux alignements impeccables ne rappellent que très imparfaitement, en temps ordinaire, Canton ou Amoy. Mais, à cette époque de l'année, on pourrait se croire transporté dans une des cités les plus affairées du Céleste Empire. Ce ne sont que restaurants en plein vent, chatoyants étalages de soieries et de cotonnades polychromes, assortiment de lanternes peintes, cartes de visite longues d'une aune portant sur fond rouge et or les caractères qui signifient Bonheur ou Longue Vie. Et, des villages, les gens arrivent en files interminables faire leurs achats. C'est une mêlée de chars à bœufs, de voitures à bras, de piétons ployés sous de lourds paniers, de *malabars* à quatre places occupés par toute une famille que remorque un poney maigre. Les emplettes terminées, tout cela s'égrène sur les routes, sur les étroits sentiers entre les rizières, chantant, tintinnabulant pendant une partie de la nuit.

Les maisons se parent : hommes et femmes relèvent leur costume sombre de nuances vives, ceinture cerise ou turban vert. Le deuil lui-même se fait gai. Auprès des affiches rouges où sont inscrits des préceptes de morale ou des souhaits, parfois une bande de papier bleu collée sur la porte indique que la famille a perdu récemment un de ses membres. Au fond de la case, face à l'entrée, à la place d'honneur, l'autel des ancêtres divinisés par la mort et, suivant la croyance populaire, toujours présents dans les tablettes où leur nom est inscrit en lettres d'or : plus que jamais en ces jours-là, ils sont censés participer de nouveau à la vie de la famille et prendre part à ses réjouissances. C'est à eux que l'on présente, avant tous autres, les corbeilles de fruits, les galettes, le thé fumant, la pâtée de riz et de poisson sec. Le même cérémonial se renouvelle à chaque repas, avec d'autant plus d'entrain que les ombres ont en général médiocre appétit et que l'hommage fait aux aïeux ne diminue pas d'une bouchée la part de leurs petits-fils. Puis, du coucher du soleil à l'aube, les girandoles, les feux d'artifice, les pétards et les bombes célèbrent à la fois la mémoire du défunt et l'avènement de l'année nouvelle.

C'est la saison des nuits agitées, des sommeils pénibles et des fiévreux cauchemars. Aussi, pour échapper à ce tapage, vais-je quitter la ville et excursionner dans les cantons moïs, chez les derniers survivants de la race autochtone, décimée naguère par la conquête annamite, chez ceux que l'on appelle ici les sauvages de l'Est.

CHAPITRE III

CHEZ LES MOÏS.

Des populations que la civilisation n'a point encore effleurées, vivant à l'écart au milieu des bois, à peu près libres de tout contrôle, dans une indépendance dont ne jouissent plus les neuf dixièmes des aborigènes des archipels polynésiens ou du continent noir, tels sont les Moïs, ceux qu'on désigne communément en Cochinchine sous cette appellation méprisante : les « Sauvages ». Or ces sauvages, dont nul ne se soucie et que fort peu de gens vont voir, inoffensifs d'ailleurs, comme l'enfant qui vient de naître, il n'est pas nécessaire, pour les atteindre, d'entreprendre une exploration lointaine et hasardeuse. Disséminés dans tout l'Annam ainsi qu'au Cambodge, on les rencontre également à deux journées de marche de Saïgon, dans les arrondissements de Thu-Dau-Mot et de Bien-Hoa. Ils sont là quelques milliers répartis, par petits groupes, dans de pauvres villages fort éloignés les uns des autres, sans relations entre eux et constituant autant d'infimes républiques.

Je dois à l'extrême obligeance de M. Lacôte, administrateur de Thu-Dau-Mot, d'avoir pu visiter quelques-unes de ces communautés très primitives, mais éminemment curieuses. Il avait bien voulu me donner pour guide un des meilleurs agents du service forestier, M. Folacci.

Celui-ci avait occupé durant plusieurs années le poste de Chon-Tan, situé au milieu des cantons moïs; il s'était familiarisé avec l'idiome et les coutumes de ces indigènes qui, très timides de leur nature, se fussent évanouis comme des ombres à l'approche d'un étranger. Accoutumés de longue date à le voir aller et venir sur leurs terres, à faire appel à son intervention pour régler certains litiges de village à village, à subir enfin les justes remontrances et, parfois, les amendes infligées pour leurs incendies de forêt, ils ne s'effaroucheraient point de son retour. Nous avions chance de les observer tout à notre aise dans leurs occupations quotidiennes, de trouver, dans les cases, le mobilier sommaire en place, les familles au grand complet. Je ne pouvais rêver meilleur compagnon.

Les relais préparés, montures et charrettes à bœufs expédiées vingt-quatre heures à l'avance, nous quittions Thu-Dau-Mot le 24 janvier dans la matinée, et parcourrions en malabar une première étape de vingt-deux kilomètres. Trois heures de guimbarde en terrain assez accidenté : des plateaux dénudés où la roche ferrugineuse affleure, où quelques troupeaux cherchent pâture sur d'étroites parcelles couvertes d'une herbe courte, desséchée, cassante comme du bois mort; puis, au milieu de la plaine morne, des dépressions inattendues, des entonnoirs, des cirques aux pentes ravinées au fond desquels luisent des mares, un vallon égayé par un murmure d'eau courante, par la verdure des rizières, des champs de patates et de tabac. Après avoir traversé deux ou trois hameaux de médiocre apparence, nous arrivions au village de Ben-Cât et descendions de voiture sur la place du marché, un petit marché couvert encadré de constructions en brique dont la plupart des compartiments sont loués à des Chinois. Deux bêtes de selle nous attendaient depuis la veille. Le temps de congédier notre véhicule, d'installer le boy, la mince literie, nos provisions sur une charrette qui nous rejoindra dans la soirée du mieux qu'elle pourra, et nous prenons les devants aux grandes allures.

La route que nous suivons, récemment ouverte, mais inachevée, et dont les travaux ne seront peut-être pas repris de longtemps, était destinée, dans l'esprit de ses promoteurs, à établir une communication directe entre la Cochinchine et l'est du Cambodge, entre Saïgon et le poste de Kratié sur la rive gauche du Mékong. La construction de cette route, dont les frais s'élèvent déjà à plus de 200,000 piastres, a donné lieu à d'interminables discussions et à des critiques fort vives. Les partisans du projet alléguaient, non sans quelque apparence de raison, que son exécution s'imposait si l'on voulait hâter la mise en valeur de vastes régions demeurées jusqu'ici improductives. Ils ajoutaient un peu témérairement peut-être que, la chaussée à peine établie, on y poserait des rails. Ce serait, obtenue en quelques mois, la première section de la future grande ligne indo-chinoise destinée à relier un jour la Cochinchine à l'Annam et au Tonkin. Et des centres de population seraient bientôt créés, des exploitations prospères fondées de chaque côté de la voie. C'est ainsi, affirmaient-ils, que les choses se passent en Amérique, où les villes semblent surgir de la Prairie au fur et à mesure que les chemins de fer se multiplient dans le Far-West.

Ces enthousiastes n'oubliaient qu'une chose, à savoir que les conditions ne sont pas les mêmes de ce côté-ci de l'Océan et aux États-Unis. Ceux-ci bénéficient, chaque année, d'un mouvement d'immigration considérable qui assure aux entreprises de transport une clientèle sans cesse accrue. Tel n'est point précisément le cas en Indo-Chine. D'ailleurs, même aux États-Unis, la construction d'une voie ferrée n'a pas toujours eu pour conséquence cette prodigieuse et soudaine poussée de villes nouvelles. Je connais, pour les avoir maintes fois parcourues, la plupart des lignes nord-américaines, à l'ouest du Mississipi. J'en pourrais citer plusieurs qui, en dépit des boniments et des prospectus illustrés, malgré une réclame à grand orchestre, ne parviennent que fort difficilement à attirer et à fixer l'immigrant sur les terres concédées à la compagnie en bordure de son réseau. L'exploitation est souvent très onéreuse. C'est ainsi que j'assistais, il y a dix-huit mois, à la déconfiture d'une des grandes voies transcontinentales, le *Northern Pacific* ; les créanciers, à commencer par le gouvernement fédéral, avaient mis l'embargo sur la ligne. L'ouverture des pays neufs, à l'américaine, à coups de chemins de fer, présente donc certains aléas de nature à faire réfléchir ceux qui assument la lourde tâche d'équilibrer les budgets coloniaux. L'opération n'est pas de celles où il convienne de se lancer à la légère, par emballement : excellente ou désastreuse suivant les circonstances, elle requiert une prudence extrême et veut être mûrement étudiée.

Or, à entendre les adversaires, les études auraient été très superficielles, les travaux conduits avec une précipitation regrettable. L'œuvre était informe, mal venue, conçue et exécutée de verve, dans une sorte de fièvre, sous l'impulsion d'un gouverneur général préocupé surtout de faire grand. Non seulement le fameux chemin de fer, mais la route elle-même étaient sans objet, traversant des régions désertes et insalubres où personne ne se hasarderait jamais à fonder une exploitation quelconque. Ce en quoi ces pessimistes se trompaient. La route à peine commencée, un groupe de capitalistes français se proposait de procéder, dans ces parages, à de vastes défrichements et demandait à cet effet une concession de quatre mille hectares en plein pays moï, à plus de cent kilomètres au nord de Saïgon. Le conseil colonial était appelé, il y a quelques jours, à se proncer sur cette demande. La concession a été accordée, et avant peu la colonie comptera un nouvel établissement agricole de réelle importance. Il est manifeste que la tentative et l'apport de capitaux qu'elle entraîne n'ont été possibles que du jour où une voie de pénétration, si imparfaite fût elle, a permis l'accès de ces territoires.

La vérité est qu'il s'agit là d'une entreprise éminemment utile, mais qu'on eût pu sans inconvénient arrêter provisoirement les travaux à la frontière de la Cochinchine et du Cambodge. Plus tard, il eût toujours été aisé de les pousser au delà, dans la direction du Mékong, suivant les besoins de la colonisation et l'extension plus ou moins rapide des cultures. Et cela, d'autant mieux que le zèle des premiers jours ne devait pas tarder à se ralentir. A l'heure actuelle, les chantiers paraissent définitivement abandonnés ; le chemin s'arrête dans la brousse à dix lieues au plus du point terminus. Après avoir troué la forêt sur une longueur de 270 kilomètres, est-il admissible qu'on ait renoncé à pratiquer la tranchée finale? Cela est à craindre. Les équipes de terrassiers chinois ont été congédiées. Les passerelles et les ponts métalliques, — il y en a deux de quatre-vingts mètres, — déposés il y a bientôt dix-huit mois par les vapeurs du Mékong sur la berge de Kratié, sont encore à la même place, leurs platelages pourris, les fers déjà rongés par la rouille. On parle déjà vaguement de les enlever et de les utiliser ailleurs.

Quoi qu'il en soit, j'ai parcouru avec plaisir cette grande route qui ne conduit à rien. A Saïgon, quelques donneurs de renseignements avaient cru devoir me prévenir que j'aurais peine à m'y frayer passage; elle était déjà en partie détruite, recouverte par la végétation envahissante. Alarmes vaines. J'ai trouvé la route parfaitement dégagée par les soins des Moïs qui sont chargés de son entretien. Leur tâche se borne uniquement à prévenir les empiétements de la forêt. Quelques coups de hache par-ci par-là, moyennant quoi les cantons moïs sont exemptés de tout autre impôt ou redevance, impôts dont la perception serait au surplus irréalisable, étant données les mœurs volontiers errantes de ces populations. Un village moï se déplace aussi facilement qu'un douar arabe; pour un oui ou pour un non, à la suite d'une épidémie, d'une mort subite, d'un présage fâcheux ou d'un mauvais rêve, la tribu plie bagage et va s'installer à quelques lieues de là, généralement au plus épais du bois, loin de la route et des regards indiscrets. Aussi les indications fournies par les meilleures cartes relativement à l'emplacement des villages ne doivent-elles être acceptées que sous bénéfice d'inventaire.

Au galop de nos infatigables petites bêtes, nous suivons l'immense avenue, large de dix mètres, taillée presque en ligne droite à travers la forêt. Bientôt toute trace de chaussée empierrée a disparu; il n'y a plus qu'une piste quelque peu inégale et bossuée, des affleurements de roche, des érosions, des touffes d'herbes folles et des parcelles de terre meuble, pulvérulente, où les chevaux enfoncent jusqu'à mi-jambes; ce qu'en Amérique on nomme un *trail*, une sente praticable à la fois pour les cavaliers, pour les chariots de l'émigrant ou du mineur et pour les légers buggies à roues hautes. Mais ici tout est encore solitude et silence. Pas d'autre bruit que celui du vent, le craquement d'une branche sèche, la chute d'un fruit sauvage et, de loin en loin, un appel de cerf, le cri désagréable d'un paon, la fuite éperdue d'une bande de singes. Sur une distance de près de dix lieues nous n'apercevons pas une âme; aussi loin que la vue peut s'étendre, sur la route indéfiniment déroulée, dans les clairières, dans le creux des vallons près des sources, rien qui révèle la présence de l'homme. Aucun sentier ne s'enfonce sous bois dans la direction d'un hameau ou d'une case isolée; aucune fumée ne monte à l'horizon. Le soleil couché, la désolation prend un caractère plus sinistre encore. Les deux murailles de verdure, devenues subitement d'un noir d'encre, semblent grandir de minute en minute, prêtes à se rejoindre en voûte.

Il y avait bientôt quatre heures que nous chevauchions de la sorte sans autre halte qu'une courte pause dans un bas-fond auprès d'une flaque d'eau pour laisser nos poneys boire et prendre haleine. Maintenant, sur la route, l'ombre était épaisse; on ne distinguait plus les arbres ni le terrain. Rien qu'une étroite bande de ciel vaguement visible; aussi avancions-nous désormais dans une posture plutôt bizarre, regardant non pas droit devant nous, mais le nez en l'air, les yeux fixés sur les étoiles. Impossible d'exprimer l'étrangeté de cette marche dans les ténèbres, les allures fantasques de nos montures qui bronchaient à chaque pas, épuisées, en proie à de subites terreurs, comme hallucinées, s'arrêtant court, secouées de frissons, au moindre craquement dans le fourré, et le sentiment de vague inquiétude communiqué des animaux aux cavaliers devenus soudains taciturnes, échangeant avec effort quelques paroles coupées de longs silences, comme si le bruit de nos voix eût un je ne sais quoi de troublant et d'insolite.

Enfin, nous débouchions sur une espèce de plateau, en terrain découvert; quelques lumières apparaissaient, des baraquements, des lignes de talus, des palissades profilées sur le ciel; le poste de Chon-Tan occupé par une compagnie de tirailleurs indigènes sous le commandement d'un sous-officier français. Cent pas plus loin, l'habitation du garde des forêts, une case assez vaste qu'entourait une haute et robuste barricade en madriers ; puis, à la lisière du bois, sur une petite éminence, les cinq ou six cabanes des coolies annamites employés au service des convois et chargés d'assurer, deux fois la semaine, la correspondance entre le fort et Thu-Dau-Mot. Tout cela également palissadé, barricadé, le bétail et les gens protégés, par un système compliqué de fossés et de retranchements, contre la visite inopinée des seuls ennemis qui fussent à craindre, le tigre et la panthère.

Ai-je besoin de dire si nous fûmes accueillis avec joie par nos deux compatriotes? Les visites sont rares dans ces postes perdus. L'apparition d'un nouveau visage est une bonne fortune pour ces exilés qui fêtent l'hôte inattendu à l'égal d'un messager de la civilisation, comme s'il apportait, mêlées à la poussière de ses vêtements, un peu de terre de France, une bouffée de l'air natal. Le souper fut gai, la veillée prolongée tard à la maison forestière. Et dans la pièce au mobilier rustique, sous le cercle étroit de la lampe laissant entrevoir les râteliers d'armes, les trophées de chasse pendus aux cloisons, tandis que la conversation se poursuivait à bâtons rompus et que les cigarettes piquaient de points d'or la pénombre, j'observais les convives, très jeunes, aux physionomies ouvertes et décidées, mais que les fatigues, l'isolement, avaient tant soit peu pâlies. Le sous-officier, un petit sergent d'infanterie de marine, détaché aux tirailleurs annamites et tout récemment arrivé de France, se ressentait à peine des premières atteintes du climat. Mais sur le visage du forestier qui occupait son poste depuis plus d'un an, les traits tirés, les rides précoces attestaient les ravages causés par la fièvre des bois.

Et ces deux êtres vivaient loin de tout, ensevelis en quelque sorte dans la brousse, remplissant de leur mieux les longues heures, l'un par le labeur habituel et complexe du militaire aux colonies, l'instruction de la troupe indigène, quelques marches et reconnaissances aux heures fraîches, un peu de jardinage; l'autre, souvent absent plusieurs jours de suite, à la chasse ou en tournée de service, soit à pied, le fusil sur l'épaule, précédé de coolies ouvrant au coupe-coupe un passage à travers la broussaille, soit en charrette le long des sentes à peine praticables qui mènent chez les Moïs. Il séjournait dans leurs villages, réglait les différends et surtout s'efforçait de circonscrire le plus possible les dégâts occasionnés par leurs procédés de culture.

Le Moï ne s'attarde pas longtemps sur le même défrichement, ne se doute pas de ce que c'est que de travailler la terre : après les deux récoltes de riz obtenues dans l'année, il va de l'avant, incendie la forêt sur une étendue souvent considérable, le vent aidant, et fait les nouvelles semailles entre les souches calcinées, sans qu'il juge nécessaire de retourner le sol sinon par un simple grattage avec une pioche très rudimentaire, un bambou taillé en biseau et durci au feu. Cette façon d'opérer est sans inconvénient, dans certaines régions couvertes seulement de jungle et de broussaille arborescente. Il n'en est pas de même dans d'autres cantons exclusivement forestiers, où abondent les essences précieuses. Enfin, l'indigène, s'il ne flambe pas des hectares de futaies, s'y livre parfois à des coupes sombres pour le compte des Européens, surtout dans le voisinage des ruisseaux insignifiants qui, transformés en autant d'arroyos lors de la saison pluvieuse, permettent le flottage vers la rivière de Saïgon et vers le Donnaï. Il s'agit de contrôler ces exploitations et de veiller à ce que les coupeurs ne s'attaquent pas à de jeunes arbres n'atteignant point encore le cube minimum déterminé par les règlements. En effet, au train dont allaient les choses, la Cochinchine, en dépit de ses magnifiques forêts, n'eût pas tardé à voir tarir à tout jamais cette source de richesse, si, depuis ces dernières années, on ne se fût avisé d'édicter quelques mesures préservatrices.

Le contrôle, à vrai dire, est d'une efficacité douteuse sur d'aussi vastes territoires presque entièrement dépourvus de routes, où le plus redoutable obstacle provient de la fécondité même du sol et de la végétation qui l'encombre. Il faut que l'agent chargé d'un tel service possède, développées à un haut degré, l'endurance et l'énergie pour que la surveillance ne soit pas tout à fait illusoire.

Et pourtant ces braves gens s'acquittent de leur tâche en conscience; ce genre de vie leur agrée; ils n'en échangeraient point les hasards et les rudesses pour un emploi qui les rapprocherait des autres hommes et des villes. Il y a des êtres spécialement faits, semble-t-il, pour la solitude. J'ai déjà rencontré de ces natures en qui se combinent on ne sait comment les éléments les plus contradictoires, le besoin d'activité et le goût d'une existence en quelque sorte contemplative, ignorée, vécue loin des obligations et des banalités de la vie sociale, loin des regards et des vaines paroles, dans le silence des vastes horizons. Le type se retrouve tiré à un assez grand nombre d'exemplaires, parmi les pionniers du Nort-Ouest américain. Mais nulle part il ne m'a paru plus nettement accusé que chez quelques-uns de ces forestiers de Cochinchine représentant à eux seuls auprès des tribus éparses, épaves des populations primitives, la civilisation conquérante et son organisme complexe, faisant la police des bois et des villages, politiques et diplomates au besoin, à la fois administrateurs, juges et gendarmes.

Mais nous n'étions guère qu'à mi-route; une dernière étape de huit lieues environ restait à franchir pour atteindre le poste de Hong-Seng, situé à peu de distance de la frontière cambodgienne et de plusieurs villages de Moïs indépendants.

A deux heures du matin nous étions sur pied. Trois chars à bœufs étaient rangés devant la porte ; dans l'un, le boy, arrivé à Chon-Tan une heure après nous, s'était installé avec nos cantines et dormait déjà comme un juste. A notre tour nous nous couchâmes sous les paillotes très basses, destinées à nous abriter de la rosée nocturne et du soleil ; cahin-caha nos lits roulants s'ébranlèrent. Et de nouveau tout fut ténèbres. En dépit des cahots, du grincement des essieux et des carillons des grelots en bois de nos attelages, nous ne tardions pas à nous endormir, reprenant parfois connaissance aussitôt que le train devenait plus lent, le charivari des roues et des sonnailles moins aigu. Et de héler alors le conducteur qui somnolait, lui aussi, accroupi sur le timon, au risque de perdre l'équilibre ou de laisser arrêter ses bêtes. A pareille heure et en pareil lieu, cela peut entraîner quelque mésaventure, pour peu que l'arrêt se prolonge.

Il y a de cela trois jours, ou plus exactement trois nuits, le gamin qui conduisait le chariot de la poste de Ben-Cât à Chon-Tan éprouvait, sous l'empire de la lassitude et peut-être à la suite de libations un peu trop copieuses d'eau-de-vie de riz, le besoin irrésistible de faire un somme. D'ailleurs, à quoi bon se gêner ? Les bêtes connaissaient la route et fileraient d'un trait jusqu'à l'écurie : peu importait qu'elles ralentissent l'allure. L'essentiel est d'arriver : un peu plus tôt, un peu plus tard, ce n'est pas une affaire quand il s'agit de la poste à bœufs. Le gaillard se glissa donc sous sa paillote et partit pour le pays des rêves.

Cependant l'attelage, ne sentant plus les rênes ni l'aiguillon, prit le pas, s'arrêta bientôt au pied d'une côte,

NOS ÉQUIPAGES.
Poste de Chong-Tan. — Pays Moï.

CHEZ LES MOÏS.

enfin fléchit les genoux et, moelleusement couché dans la poussière, ne tarda pas à sommeiller lui aussi. Tout à coup l'automédon était tiré de sa torpeur pas un choc furieux, des meuglements désespérés, des piétinements, des convulsions d'animal se débattant sous le coutelas du boucher. Puis, au bout de quelques minutes, les secousses cessèrent ; il n'y eut plus que des grognements sourds, un bruit de mâchoires et de crocs, de chairs fouillées et d'os broyés. Dans le chariot à demi renversé, le malheureux courrier, blotti dans sa bâche, plus mort que vif, écoutait le tigre déchiqueter tranquillement sa proie, invoquant tout bas l'assistance de Bouddha et des Ancêtres.

Heureusement, le fauve repu se retira aux premières lueurs de l'aube, sans avoir flairé la chair humaine. Mais ce fut seulement deux heures après, lorsque le soleil était déjà haut sur l'horizon, que l'Annamite, tremblant encore, osa se risquer hors de sa cachette et constater *de visu* l'étendue du désastre. L'un des zébus gisait, à l'état de bouillie sanglante, le ventre ouvert, une épaule arrachée. Son compagnon de joug n'avait pas reçu la moindre égratignure. Et la malle-poste de Ben-Cât poursuivit sa route plus péniblement que jamais, le postillon tirant au timon à la place de la bête éventrée, non sans avoir pris soin de charger sur la charrette les quelques bons morceaux laissés par le tigre. Tant il est vrai que, chez les esprits positifs, les violentes émotions n'étouffent point le sentiment des affaires. Le malheur était grand, mais, jusqu'à un certain point, réparable, pour peu que l'on sût débiter à souhait toute cette viande.

Pareille attaque n'est point à craindre cette nuit. Nos trotteurs à bosse semblent avoir eu vent de l'affaire et jouent des jambes en secouant avec fracas leurs lourdes clochettes. Ce tintamarre suffirait pour tenir à distance tous les félins de la contrée. Rudement bercés, tournés et retournés comme crêpes dans la poêle, nous avons pourtant, après les fatigues de la veille, dormi d'un sommeil sans cauchemars. « *Il* ne viendra pas! » s'était écrié l'un de nos cochers, au moment du départ. *Il*, c'est le roi de la forêt qui se met en chasse à la nuit tombée, celui dont pas un indigène, indo-chinois ou malais, ne se hasarderait à prononcer le nom — *Cop* en annamite — une syllabe qui porte malheur. Et *Il* n'est pas venu.

Lorsque je rouvris les yeux, il était grand jour. L'aspect du paysage avait changé du tout au tout. Nous étions arrêtés sur un vaste plateau; le vent nous apportait non plus les fortes senteurs des bois, mais l'odeur fade et écœurante des bambous gonflés de rosée. Les futaies avaient disparu; partout les gigantesques graminées. Plus de roches ni de sables; un humus épais couleur de brique.

Laissant notre convoi gagner le poste de Hong-Seng, distant de cinq ou six kilomètres, nous prenions sur la droite un petit sentier à peine indiqué et, après quarante minutes de marche sous les bambous ruisselants, débouchions dans une clairière au centre de laquelle s'élevaient une trentaine de cases. Mais, selon toute apparence, les habitants faisaient la grasse matinée. Pas un être vivant; ni marmaille, ni volaille s'effarant à notre arrivée. Mon compagnon, s'avançant jusqu'à la première paillote, frappa de sa canne contre la plate-forme en prononçant quelques paroles en *moï*. Point de réponse. Il gravit l'échelle, écarta la natte pendue devant l'entrée et poussa une exclamation de surprise : la case était vide. Nous passâmes à la suivante : personne. Le village était abandonné, depuis fort peu de temps sans doute, car les maisons étaient en parfait état; plusieurs même semblaient presque neuves. Quelques débris de poteries grossières aux cassures encore fraîches, épars autour des foyers, un mât-fétiche au bout duquel flottaient des oripeaux, des touffes de plumes et autres amulettes, tout indiquait que la place n'était pas désertée depuis longtemps. D'ailleurs, M. Folacci, dans une de ses dernières tournées, il y avait de cela six semaines au plus, s'était arrêté dans le même village où il n'avait remarqué quoi que ce fût d'anormal. Les habitants procédaient à leurs occupations accoutumées; rien n'annonçait qu'un déménagement fût proche. Quelle était la cause de cet exode?

Une demi-heure plus tard, nous savions à quoi nous en tenir. Après avoir dévalé au fond d'un vallon, traversé d'anciennes rizières, passé à gué un ruisseau au-dessus duquel les branches enlacées étendaient un velum impénétrable aux rayons solaires, et dont les eaux nous parurent glacées, nous apercevions, à mi-côte, le nouveau défrichement. Les gens, très occupés de leur installation, en train d'assembler les pieux et les solives, d'assujettir les toitures de palmes, ne nous virent point approcher. Nous n'étions plus qu'à dix pas du premier groupe, lorsqu'un poltron donna l'alarme. Alors ce fut un sauve-qui-peut général. Les hommes dégringolèrent des toitures, les enfants et les femmes abandonnèrent leurs pilons à riz et leurs marmites; chacun prit son élan vers la brousse, ni plus ni moins qu'une bande d'antilopes surprises par les chasseurs. Mais l'effarement se calma vite : ce n'était qu'une fausse alerte; les plus timides se rassurèrent en reconnaissant dans l'un des nouveaux venus une figure amie. En quelques minutes, des relations cordiales s'établirent. On causa. Nous étions curieux de savoir pourquoi la tribu changeait de domicile. « Parce que, nous fut-il répondu, il ne fait pas bon demeurer là-bas maintenant. L'endroit est mauvais. Oui, de méchants génies le hantent, y soufflent les maladies. En moins de rien, quatre de nos hommes sont morts. Deux autres venaient d'être atteints par le mal. Alors nous sommes partis. »

Le fléau qui décime ces populations n'est autre que la variole. La plupart de nos interlocuteurs en portaient les marques. Aussi le gouvernement colonial s'était-il décidé sur le tard à faire quelque chose pour ces pauvres diables jusqu'ici totalement oubliés. Un mois auparavant, profitant de la tournée du forestier, il avait adjoint à ce dernier un médecin chargé de vacciner quiconque lui tomberait sous la main. L'opération ainsi conduite ne donna pas de résultats appréciables. Les gens prirent peur et se dérobèrent à qui mieux mieux, en dépit des avertissements et des bonnes paroles. Un très petit nombre seulement, les individus d'une bravoure à toute épreuve, reçurent sans trembler le coup de lancette préservateur. Les autres s'en tiennent à la médication préventive de leurs pères, d'un usage si commode et qui se résume en cette formule : changer d'air au moindre malaise.

Le mieux serait de prêcher d'exemple. La vaccine, pratiquée sur un Européen en présence des indigènes, ne leur inspirerait plus les mêmes répugnances, et ils s'y soumettraient de confiance. En attendant, ils restent sceptiques. Si notre arrivée avait mis tout le monde en fuite, c'est, nous avouèrent-ils, qu'on m'avait, de prime abord, pris pour le médecin.

Malgré les maux qu'engendre cette indifférence pour les lois les plus élémentaires de l'hygiène, la race est pourtant assez robuste, de stature plus élevée que l'annamite. La physionomie est intelligente, l'œil vif; les traits sont moins accusés, les pommettes moins saillantes. Chez plusieurs d'entre eux, le bétel est en honneur, mais le goût de l'affreuse chique n'est pas à beaucoup près aussi répandu que dans la plupart des agglomérations cochinchinoises. Il n'est pas rare de voir des bouches saines, des dents blanches, des sourires qui ne saignent point comme des plaies béantes. Les ajustements se réduisent au strict nécessaire : un lambeau d'étoffe grossière ou d'écorce battue nouée autour des reins. Les enfants se drapent dans un rayon de soleil. Chez les femmes, cette simplicité d'atours n'exclut pas une pointe de coquetterie. Quelques-unes, et il y en a dans le nombre d'assez jolies, portent aux bras et autour du cou des joyaux de cuivre ou de fer-blanc, des rivières de verroteries et de graines multicolores. L'une d'elles, fillette d'une quinzaine d'années, avenante et court vêtue, possédait même un mince collier d'or : une héritière apparemment.

Les premières préventions dissipées, on nous laissa pénétrer dans les intérieurs et visiter les cases tout à notre aise. Ces habitations sont disposées suivant un plan très original. Je ne me rappelle pas en avoir vu de semblables dans aucune partie du monde. Perchées sur des pieux d'un à deux mètres de hauteur, comme les demeures cambodgiennes, elles diffèrent absolument de ces dernières par les dimensions et la forme. Très vastes, longues parfois de quinze à vingt mètres, les parois non point dressées suivant la verticale, mais inclinées vers l'extérieur et formant avec la toiture un angle aigu. La case a l'aspect d'un immense berceau. Plusieurs familles s'abritent sous le même toit. Il n'est pas rare de voir la maison occupée par une demi-douzaine de ménages que séparent des cloisons de nattes, ou seulement une cordelette à laquelle pendent les hardes et quelques menus ustensiles. C'est le mur de la vie privée réduit à son expression la plus simple.

Un côté de la case est réservé à la literie, composée d'une natte et d'une bûche mal dégrossie qui tient lieu d'oreiller; en face sont déposés des paniers de divers modèles, des calebasses. A la cloison pendent des filets, des carquois garnis de flèches, et l'arme nationale, une sorte d'arbalète dont le Moï se sert avec une adresse remarquable pour chasser indifféremment le tigre, le cerf et la poule sauvage.

Des croyances, peu de chose à dire; aucune apparence de culte nettement défini, rien qui rappelle, fût-ce de très loin, les pratiques du bouddhisme, le culte des ancêtres. Aucun autel domestique devant lequel on brûle des baguettes odoriférantes, aucune tablette accrochée face à la porte, à la place d'honneur. Un panthéisme irraisonné, la crainte de tout qui, chez l'homme primitif comme chez l'enfant, paraît être le commencement de la sagesse; des touffes d'herbes, de petits drapeaux en fibre de palmier flottant à l'extrémité d'une perche, telles sont les offrandes destinées à conjurer les influences mauvaises. C'est un fétichisme analogue à celui des noirs de la côte d'Afrique, très atténué toutefois, et dont l'influence ne se fait pas sentir, comme chez l'indigène de Guinée, dans tous les actes de la vie.

L'organisation sociale est également à l'état embryonnaire; l'autorité n'est point déposée entre les mains d'un chef. Les décisions sont prises dans des assemblées auxquelles toute la tribu prend part. Une case, plus grande que les autres, située au centre du village, sert de maison commune. C'est là qu'on discute, fort paisiblement du reste, l'opinion des plus anciens, sans être nécessairement prépondérante, entraînant d'ordinaire les suffrages. Au surplus, les questions à résoudre ne sont jamais bien graves. Sur quoi porteraient les litiges? La propriété individuelle n'existe pas. Les troupeaux, les défrichements appartiennent à tous; la récolte de riz est emmagasinée dans trois ou quatre greniers où chacun puise comme bon lui semble. C'est le communisme intégral. Il est piquant de voir cette conception qui, suivant quelques rêveurs, doit faire le bonheur des sociétés à venir, réalisée par cette humanité au berceau. Le dernier mot de la civilisation ne serait-il donc qu'un retour à la barbarie?

En une heure de marche, nous remontions sur le plateau et retrouvions notre convoi installé à Hong-Seng. Le poste se compose d'un grand baraquement flanqué de deux hangars, le tout défendu par des remparts en terre et un fossé. Il commande la frontière cambodgienne éloignée seulement de six à huit kilomètres. Au point de vue militaire, son importance est nulle ; établi au moment où l'on construisait la route, il servait à surveiller les nombreuses équipes de coolies chinois et assurait le maintien de l'ordre sur les chantiers. La garde en est actuellement confiée à dix miliciens annamites qu'on relève tous les trois mois. Malgré l'altitude, près de cent mètres au-desssus du niveau de la mer, et la brise relativement fraîche qui balaye le plateau, la position serait intenable our des Européens. Elle ne cessera d'être malsaine que le jour, prochain peut-être, où de grandes cultures remplaceront la forêt de bambous. En effet, sous l'action des fortes rosées, l'eau s'accumule dans les cavités des hautes tiges et, rapidement décomposée par la chaleur, répand sur toute la région environnante des miasmes délétères. C'est, jusqu'à ce jour du moins, la terre d'élection de la dysenterie et des accès pernicieux.

Après quelques heures consacrées au repos, nous reprenions la direction du Sud, non sans être allés visiter chemin faisant, à une faible distance de la route, deux autres villages, à peu de chose près pareils à celui où nous avions fait halte dans la matinée. Partout la même population craintive et douce, qu'il serait aisé pourtant de civiliser et d'utiliser si on appliquait à cette tâche la dixième partie des subsides et des efforts dépensés pour l'amélioration des races chevaline et porcine. Jusqu'à présent rien ou presque rien n'a été tenté dans ce sens. L'évêque de Saïgon, Mgr Colombert, qui vient de mourir, avait décidé la création d'une mission chez les Moïs. L'idée sera sans doute reprise par son successeur. Les tournées du forestier et du médecin sont une innovation heureuse ; mais il y a quelque chose de plus à faire : enseigner à ces pauvres gens à mieux cultiver la terre, leur distribuer des outils. On ne peut dire qu'ils soient rebelles au travail, puisque l'expérience n'a pas été faite encore. Il est permis d'espérer qu'ils arriveraient, ni plus ni moins que l'Annamite, à tirer bon parti du sol. Ces dévastateurs de forêts deviendraient des agriculteurs. Pourquoi non ?

Quoi qu'il en soit, je suis heureux d'avoir vu de près quelques-uns de ces descendants des anciennes populations indo-chinoises. Qu'adviendra-t-il de ces enfants perdus ? Éparpillés par petits groupes dans le nord de la péninsule, en Annam et jusqu'aux confins du Laos, on les a considérés jusqu'ici comme des quantités négligeables. Les statistiques affirment qu'il n'y en a pas plus de dix mille en Cochinchine. La race, ajoutent-elles, est appelée à disparaître. Cependant ceux de ses représentants qu'il m'a été donné d'observer ne semblent nullement disposés à répondre à cet appel. Ils valent la peine d'être vus, et, pour ma part, je ne regrette pas les instants passés au milieu d'eux, pas plus que les vingt-quatre heures de charrette, la chevauchée, les nuits blanches, la marche à travers les bambous mouillés, dans la terre couleur d'ocre rouge.

CHAPITRE IV

DE SAÏGON A PNOM-PENH. — LA ROUTE D'ANGKOR.

Le moment est venu de pousser une pointe vers le Nord, dans la direction du Mékong, du Cambodge et des frontières de Siam. J'ai pour ne pas différer mon excursion des raisons péremptoires. La saison sèche est commencée, les eaux baissent rapidement. D'ici une semaine peut-être les communications seraient des plus problématiques en amont de Pnom-Penh. A peine de retour des pays moïs, j'ai hâté mes préparatifs de départ pour les ruines d'Angkor.

Puisque le mot d'*excursion* est venu sous ma plume, j'ajouterai qu'en effet très peu de contrées présentent autant de facilités que la basse Cochinchine à qui veut rayonner en tous sens, se rendre compte de l'aspect général du pays, rapidement et sans fatigues.

Sans parler du réseau d'excellentes routes dont le développement total dépasse trois cents kilomètres, il n'est guère de contrée où la nature ait multiplié à ce point les voies de pénétration, fleuves, rivières et arroyos. De Saïgon partent quatorze lignes de vapeurs appartenant à la compagnie des Messageries fluviales de Cochinchine. Ces bâtiments, du petit au grand, sont aménagés, je ne dirai pas avec luxe, mais avec un réel confort que l'on ne rencontre pas toujours sur les bateaux spécialement affectés au transport des touristes, dans l'ancien comme dans le nouveau monde. Mentionnons aussi, mais seulement pour mémoire, les innombrables chaloupes chinoises d'allures fantaisistes, dont les dates de départ et d'arrivée dépendent de l'humeur du capitaine : chargées à couler et naviguant au petit bonheur, elles n'en font pas moins aux Messageries une concurrence redoutable, surtout pour le transport des marchandises. Le passager, spécialement l'Européen, n'y trouvera point ses aises : la vermine y pullule, l'installation est plus que sommaire, le matériel défectueux, le personnel à l'avenant.

De ces lignes, l'une des mieux desservies est celle du Cambodge : trois fois par semaine, les mardis, jeudis et samedis, de grands steamers, le *Battambang*, le *Nam-Vian*, l'*Attalo*, appareillent à destination de Pnom-Penh. De Pnom-Penh, chaque samedi matin, le service est continué cent lieues plus loin, à travers le Tonlé-Sap ou Grand-Lac d'eau douce, jusqu'à Battambang. Toutefois, cette dernière partie du voyage ne peut s'effectuer en vapeur que durant la saison des hautes eaux. De février, certaines années même de janvier à juin, la navigation n'est possible qu'en pirogue. Il faudrait alors compter près d'un mois pour franchir la distance actuellement parcourue en deux jours. Donc, pas de temps à perdre.

Tel est l'itinéraire à suivre pour se rendre dans les anciennes provinces cambodgiennes confisquées par le Siam. Telle est la route d'Angkor. J'ai consigné en style de *Livret-Chaix* les renseignements indispensables au voyageur, le mode de transport, les jours de départ. C'est qu'en effet il est assez difficile, pour ne pas dire impossible, de recueillir en France des indications tant soit peu précises à ce sujet. Et c'est regrettable. Le nombre des personnes en mal de tour du monde augmente d'année en année. Bien peu s'arrêtent en Cochinchine. Plus rares encore sont celles qui se proposent d'aller contempler les admirables vestiges de la civilisation khmère. Il suffirait pourtant qu'ils fussent inscrits sur le catalogue de MM. « Cook and sons » pour devenir aussitôt le complément nécessaire du grand « tour ». On « ferait » les monuments d'Angkor de même qu'on « fait » les Pyramides, la Palestine, l'Inde et Java. Je me borne à signaler à ces ingénieux manieurs de foules cette lacune inexplicable. Je ne doute pas qu'elle soit avant peu comblée.

Jusqu'à présent, Angkor est resté le domaine à peu près exclusif des missions scientifiques. Les remarquables travaux de MM. Harmand, Delaporte, Aymonier, Fournereau, ont reconstitué dans leurs parties essentielles la grande pagode et la capitale abandonnée. D'admirables moulages, réunis au rez-de-chaussée du palais du Trocadéro, reproduisent les détails les plus saisissants de ces architectures. Mais le public, autant qu'il m'en souvient, fréquente peu ces salles peuplées de plâtres. Il y pénètre à pas discrets, comme dans un Campo Santo, et ne s'y attarde guère. Cela le fait seulement rêver expéditions hasardeuses, accomplies à grands frais, au prix de bien des peines, marches forcées en pays perdu, campements dans la forêt vierge. La réalité est moins compliquée. Rien des misères et des périls d'un voyage en Guinée ou au Congo. La route est sûre, les moins téméraires peuvent s'y risquer sans crainte. Trois jours de navigation fluviale et lacustre, une journée en char à bœufs : ce n'est point effrayant. On campera, il est vrai, au milieu des bois, dans des huttes de bambou, sous des chaumes de palmes ; mais nulle alerte ne troublera votre sommeil. C'est, allégée de ses soucis, mise à la portée des délicats, l'existence nomade savourée pendant quelques heures, une exploration pour dames.

Les démarches mêmes, les dispositions préalables, nécessitées par un déplacement de ce genre et bien faites pour décourager l'inexpérience des débutants, ont été singulièrement simplifiées depuis quelques mois, grâce à l'ingénieuse combinaison adoptée par la Compagnie des Messageries fluviales. Celle-ci se charge de tout, du transport par eau et par terre. Par ses soins, un télégramme est expédié au gouverneur de la province d'Angkor résidant à Siem-Réap, lequel, au jour dit, dépêche au-devant des voyageurs les sampans et les chars à bœufs. Aucune discussion en cours de route, point de prix à débattre avec charretiers et bateliers. L'agence Cook ne ferait pas mieux.

Cette compagnie maternelle vous procurera même un boy. A cet égard je suis déjà pourvu. J'ai, dans la foule des candidats, fait choix d'un garçon de seize à dix-huit ans qu'on me dit être suffisamment honnête et *débrouillard*. Rien qu'à sa façon de battre les habits et de frotter les chaussures, j'augure bien de l'avenir. Il m'a, dès la première heure, exprimé son vif désir de me suivre en Annam et au Tonkin. Je lui ai permis d'espérer. Mon serviteur répond au nom de Caï : il entend assez bien le français, — et parle nègre.

J'ai installé Caï et mon bagage sur le *Battambang* qui partira dans la nuit pour Pnom-Penh. Les dimensions de ce bâtiment ne lui permettent pas de gagner le Mékong directement, c'est-à-dire par les arroyos. Il doit redescendre jusqu'à la mer et prendre le fleuve à son embouchure. De plus, obligé d'attendre la marée, il mettra de douze à quatorze heures pour franchir les cent et quelques milles qui séparent Saïgon de Mytho. La distance en chemin de fer n'est que de soixante-douze kilomètres. Je le rejoindrai donc aisément le lendemain par le premier train.

11-15 décembre.

La Cochinchine possède deux voies ferrées : le tramway à vapeur de Saïgon à Cholon, qui fait de superbes recettes, et la ligne de Saïgon à Mytho, dont le trafic est plus modeste. Dans la pensée de ses promoteurs, des recettes considérables lui étaient assurées par le transport du riz des provinces de l'Ouest: Ils n'avaient oublié qu'une chose, c'est que le transit par eau est, de beaucoup, le moins onéreux. Les maisons européennes ou chinoises qui font le commerce des *paddys* préfèrent amener leurs jonques, du lieu de production à leurs entrepôts de Saïgon, sans rompre charge, par les arroyos. La nature avait tellement bien fait les choses qu'on ne pouvait lui opposer une concurrence sérieuse. Le train charrie quelques voyageurs, indigènes pour la plupart, mais rarement une tonne de marchandises.

La ligne traverse d'abord des cultures maraîchères auxquelles la patiente industrie du Chinois fait produire presque tous les légumes d'Europe; ensuite la plaine des Tombeaux, nécropole de dix kilomètres carrés où Annamites et Fils du ciel reposent sous des mausolées de brique ou de terre battue. Nous laissons sur la gauche Cholon, la grande cité chinoise, dont on ne distingue à travers les feuillages que les toitures dentelées de quelques pagodes et les cheminées des moulins à riz. A droite, sur une éminence, un fortin surveille la ville et suffirait à la tenir en respect en cas de trouble.

Au delà, c'est l'immense étendue des rizières, çà et là ponctuée de touffes de bambous ombrageant les hameaux. A mi-chemin, à Ben-Luc, un pont métallique franchit le Vaïco oriental : sa longueur, y compris les rampes d'accès, est d'environ 1,500 mètres. L'élévation du tablier, placé à une vingtaine de mètres au-dessus du niveau des hautes eaux, a été calculée de façon à permettre le libre passage des grands vapeurs et des jonques à voile. Un peu plus loin, à Tan-An, un autre pont tubulaire a été jeté sur le Vaïco occidental. Tout en admirant ces ouvrages d'art d'une hardiesse incomparable, on ne peut se défendre d'un regret. Que d'efforts, que d'argent dépensés pour un chemin de fer sans clientèle (1) !

Puis, les villages deviennent moins clairsemés. Des groupes de cases apparaissent. Les rizières font place aux plantations d'aréquiers et aux bananeraies. Et c'est, sur les côtés de la voie, un piétinement de gens et de bêtes : hommes et femmes se rendant au marché, ployés sous le faix, leurs paniers suspendus aux extrémités d'une perche, en plateaux de balance ; enfants nus prenant leurs ébats avec les porcs et les poules, buffles mauvais, toujours prêts à foncer sur l'Européen, et que mène au pâturage, dociles comme des moutons, un bambin de dix ans armé d'une baguette. En présence de ces petites cases, de ce petit peuple aux formes grêles, de cette marmaille grouillante et trotte-menu, la première impression est assez bizarre. Cela fait songer à un coin de Japon transporté sous les tropiques ; mais un Japon enlaidi, malpropre, un Japon passé au noir de fumée.

Au bout de trois heures, le train s'arrête dans une

(1) Voici, relevé sur le projet de budget pour 1895, l'évaluation des recettes et des dépenses du chemin de fer de Mytho, ligne reprise par la colonie et donnée à bail moyennant 80,000 francs :
Recettes. 80.000
Dépenses : intérêts garantis aux anciens obligataires, entretien, etc. 315.775
Le prolongement de ce chemin de fer en déconfiture n'en a pas moins été décidé. Le projet figure, en dernière ligne, il est vrai, sur le programme de grands travaux publics récemment adopté par les Chambres et destiné à créer le réseau indo-chinois. L'exposé des motifs reconnaît que ce prolongement de 95 kilomètres, de Mytho à Canthô, dont le coût est évalué à dix millions de francs, perd de son importance en raison de la victorieuse concurrence des transports par eau. Toutefois, ajoute-t-il, le rendement de la nouvelle section serait, en définitive, aussi rémunérateur que celui de la ligne actuelle Saïgon-Mytho. Ce n'est pas beaucoup dire !

avenue plantée de cocotiers. Nous sommes en gare de Mytho. En avant, à deux pas du buttoir, la coulée d'or du Mékong luit entre les palmes.

Mytho, réputé naguère l'un des postes les plus insalubres de la colonie, s'est beaucoup assaini depuis quelques années, à la suite des travaux dus à l'intelligente initiative et à la persévérance d'un de ses administrateurs, M. Nicolaï. On a drainé et comblé des mares, élevé de larges chaussées, planté des eucalyptus, bâti, pour le personnel administratif, des habitations élégantes et confortables, une caserne pour la milice, un collège, un hôtel. La ville, si l'on peut lui donner ce nom, a aujourd'hui fort bon aspect, bien qu'il lui manque encore une chose essentielle, l'eau potable. On la fait venir de Saïgon. Chaque matin, un wagon-citerne apporte la provision destinée à la population européenne. Celle-ci, d'ailleurs, se réduit à une trentaine de personnes, fonctionnaires et officiers. Le seul quartier animé est le quai longeant l'arroyo. A la berge sont amarrées, sur plusieurs files, de lourdes jonques, des sampans. D'heure en heure, dans la matinée, entrent et sortent des chaloupes à vapeur appartenant à des armateurs chinois. Là, comme partout ailleurs en Cochinchine, la majeure partie du commerce est entre les mains des Célestes.

Vers midi, le paquebot, parti la veille au soir de Saïgon, accostait l'appontement. Escale d'un quart d'heure à peine, le temps d'embarquer la poste, quelques indigènes passagers de pont avec leurs bagages roulés dans des nattes et leurs vivres pour la route, poisson sec, bananes, noix de coco : puis, la sirène mugissait, et nous voici, à raison de dix milles à l'heure, remontant le Mékong, ou plutôt l'un de ses bras. Le fleuve, presque immédiatement en aval de Pnom-Penh, se divise, découpant une infinité d'archipels, s'étale en éventail et déverse ses eaux boueuses dans la mer par cinq embouchures. Nous suivons la passe orientale. La branche ouest, ou de Bassac, d'un débit plus important, est encombrée de bancs de sable et praticable seulement à des bâtiments d'un faible tonnage.

La nappe immense, large parfois de plus d'un kilomètre, est d'une majesté souveraine. Je n'en ai point vu, si ce n'est l'Amazone et le Mississipi, dont l'effet fût plus saisissant, éveillât au même degré l'idée de grandeur et de puissance irrésistible. Cette constatation faite, il faut reconnaître que la navigation sur un fleuve tropical est d'une désespérante monotonie. La contemplation de ces rives plates, de cette verdure uniforme, implacable, sans demi-teinte, fatigue à la longue. Le regard cherche où se poser, épie, de loin en loin, faute de mieux, une voile qui passe, un vol de pélicans, un train de bois s'en allant à la dérive. Par instants le rideau vert se déchire, et l'on aperçoit, pendant une minute, la terre cultivée, les vastes rizières, les cabanes d'un village, des silhouettes humaines. Puis tout disparaît ; c'est de nouveau la morne perspective des berges voilées, confondues à l'horizon, la solitude et le silence dans la lumière réverbérée.

Quatre heures du soir : Vinh-Long, un des plus jolis postes de la Cochinchine ; une ville-joujou apparue soudain au détour d'un cap embroussaillé. Quinze minutes suffisent pour en faire le tour. C'est un rien, et c'est exquis. Je revois encore le quai planté de flamboyants, les avenues sablées de grès rouge, nettes comme des allées de parc, l'inévitable quartier chinois, le canal ombreux où se pressent les jonques, trois ou quatre habitations européennes pareilles à des villas, drapées de bougainvilleas et de rosiers grimpants, et, à l'écart, au milieu des aréquiers, la petite église de brique, toute rose dans le soleil couchant.

A bord, peu de monde : cinq ou six missionnaires coiffés du large casque insolaire et portant, au lieu de la soutane, la tunique noire annamite boutonnée sur le côté; longues barbes, visages hâlés, physionomies énergiques et joviales tout ensemble. Les uns sont à la tête de florissantes chrétientés telles que Vinh-Long, Sadek, Coulao-Yen. Ceux-là sont les heureux, ce qu'on pourrait appeler l'Église triomphante. Les autres, après une courte visite en pays civilisé, regagnent quelque mission récemment fondée dans les lointaines provinces du Cambodge ou du Siam, leur presbytère-paillote et leur chapelle de bambou. Tous, au demeurant, d'excellente humeur, ne se plaignant point du présent et confiants dans l'avenir. Maintes fois déjà, sous des latitudes diverses, l'occasion m'a été donnée d'observer ces intéressantes figures d'apôtres doublés de pionniers. Mais nulle part le signe caractéristique du type, ce mélange de résolution et de bonne grâce souriante, ne m'a paru mieux en valeur que dans les missions d'Extrême-Orient.

A la nuit close nous dépassons le mouillage de Sadek, poste situé sur la rive droite, à une lieue dans les terres. Un peu plus tard, on stoppe devant l'île de Coulao-Yen où les missions ont installé un séminaire, un hôpital pour les indigènes, un orphelinat et des écoles. Un sampan accoste. On se hèle d'un bord à l'autre et l'on échange les nouvelles :

— Comment va le père Un tel?
— Malade. Il a la fièvre.
— Bah! ce n'est rien. Nous allons le voir : un bout de causette lui fera du bien.

Là-dessus, deux de nos compagnons débarquent. C'est, dans le sampan, un concert d'exclamations, de rires, de souhaits de bienvenue. Puis la barque s'éloigne : les chapeaux blancs et les longues barbes disparaissent dans la nuit.

L'aube nous trouve amarrés au pied d'une berge de glaise. En l'air, sur des pieux, des paillotes à demi pourries, branlantes, serrées l'une contre l'autre, le chaume ébouriffé, les cloisons de nattes arrachées flottant au vent; quelque chose comme un vol d'échassiers échelonné le long du fleuve sur une distance de plusieurs kilomètres. Voilà Pnom-Penh.

Point commode le débarquement. La pente est raide, le sol glissant, couvert de détritus que fouillent les porcs et des chiens étiques. Des entailles pratiquées à la pioche permettent l'escalade, non sans quelques faux pas. Un passage étroit entre deux bâtisses donne accès à la rue principale, une excellente chaussée établie depuis l'occupation française et destinée à devenir un quai grandiose lorsque la rangée de masures qui masque la rivière aura disparu. Tel est le projet. Quand et comment se fera l'expropriation? C'est ce qu'on ne m'a point dit. Il est à présumer que le temps et les incendies s'en chargeront. Chaque fois qu'un de ces taudis flambe, les sinistrés sont invités à évacuer la place et à rebâtir ailleurs sur un terrain concédé en échange. Avec ce système, à une date qui ne saurait être fort éloignée, terrassiers et maçons pourront se mettre à l'œuvre. En attendant, on a procédé à des travaux préalables, préparé l'emplacement de la ville à venir, creusé tout autour un canal dont les déblais ont servi à combler un certain nombre de marécages. Le canal achevé, il a été nécessaire d'y jeter deux ponts afin de relier la capitale à ses faubourgs, notamment au quartier chinois. Un troisième est en construction, extraordinaire celui-là, moyen-âgeux, flanqué de tours avec mâchicoulis et barbacanes. Enfin on a réparé le Pnom, la pagode qui donna son nom à la ville. C'est le monument bouddhique en forme de cloche, en maçonnerie pleine, si répandu au Siam et en Birmanie, et dont le type le plus achevé est la

LE PNOM A PNOMPENH.

RIVES DU MÉKONG A KOMPONG LUONG.

pagode de Shoé-Dagon, à Rangoon. Le « Pnom » et le petit sanctuaire qui le précède font bien dans le paysage, mais n'ont quoi que ce soit d'imposant. De loin, sous le badigeon neuf, ils ressemblent à un édifice de carton-pâte.

N'étaient, dans les fleurs et la verdure, les bâtiments affectés aux services du protectorat, la résidence, le tribunal, la caserne des tirailleurs, les maisonnettes des officiers et fonctionnaires civils, l'église et l'hôpital, Pnom-Penh aurait l'aspect d'un grand village. La capitale du Cambodge n'a pour elle que sa situation avantageuse, au point de jonction du Mékong et du Tonlé-Sap.

Du palais du roi et de ses dépendances rien à dire, sinon que le mur d'enceinte hérissé de créneaux, mais prodigieusement décrépit, les cours où l'herbe pousse, les deux pavillons juxtaposés dont l'un, construction en fer maculée par la rouille, est une relique vénérable de l'Exposition de 1867, ne donnent à aucun degré la sensation de la majesté royale. Tout à côté se dressent les échafaudages d'une pagode à peine commencée et qui a des chances de n'être jamais finie, une sorte d'allée couverte dont la toiture est percée comme une écumoire, des tribunes vermoulues. Un peu plus loin, les écuries : devant l'entrée, disposés sur une table de pierre, un sabre, une boîte à bétel, un crachoir; à deux pas de là, près d'un gigantesque parasol fermé et fiché en terre, un personnage dépenaillé, la cigarette aux lèvres, monte la garde devant ces insignes du pouvoir suprême.

Les écuries sont un vrai capharnaüm; faites pour abriter cinquante chevaux, elles contiennent une demi-douzaine de poneys. Les stalles vacantes ont été envahies par les palefreniers et leurs familles, par le chenil, par la basse-cour. Il y a là des roquets, des matous, des coqs de combat emprisonnés dans leurs paniers, des harnachements hors d'usage et des guenilles. Les équipages valent les attelages. Sauf un landau et deux ou trois victorias relativement convenables, le reste est bric-à-brac : calèches éventrées, cabriolets veufs de leurs roues, antiques berlines à huit ressorts, de coupe fantasque, où les poules viennent pondre. Et je songeais, étant donnés le coulage et l'incurie inhérents aux cours orientales, que ce galetas devait revenir fort cher à S. M. Norodom.

Le roi possède aussi un grand nombre d'éléphants. Mais la plupart sont menés paître à de grandes distances, dans la brousse. Je n'en ai aperçu, autour de Pnom-Penh, que trois ou quatre d'assez belle taille.

Quant au roi, je ne l'ai vu que de loin, partant pour la promenade dans une voiture mal attelée. Autant que j'ai pu en juger à la volée, il porte sans faiblir ses soixante et quelques printemps; âge respectable chez un souverain qui passe pour avoir gaillardement usé de la vie. En revanche, il m'a été permis de contempler à loisir un de ses ministres, lequel, assis sur ses talons, le torse entièrement nu et l'air très digne, tenait ses audiences dans un hangar, à la porte du palais.

Ce désordre, ces intérieurs de cour fantaisistes n'ont point, pour moi, l'attrait de la nouveauté. J'ai déjà eu maintes fois l'occasion d'observer ces choses chez d'autres principicules, aux Indes, à Java; il me semble surtout avoir sous les yeux un pâle décalque, comme une caricature de ce qui m'avait tant frappé lors de mon voyage en haute Birmanie, avant la conquête anglaise, au temps du roi Theebo. Mais à Mandalay, le décor avait une autre grandeur; un soufle tragique passait sur ces incohérences et ces misères. Ici, aucune couleur : des tons neutres, de vagues simulacres. Rien de troublant, rien de théâtral. Ni tragédie ni comédie : — Guignol.

La population est très mélangée ; beaucoup de Malais et de Chinois. Ces derniers seuls tiennent boutique. Le Malais, intéressé dans les pêcheries, exporte du poisson salé. Le Cambodgien les regarde faire et n'a point de cœur à l'ouvrage. La race est robuste, cependant ; auprès des Cambodgiens grands, bien découplés, les Annamites ont l'air de pygmées. Mais l'histoire et la légende ont souvent célébré les exploits de nains vainqueurs de géants. En dépit de sa musculature, la véritable force du Cambodgien, c'est la force d'inertie. Au surplus, à quoi bon peiner, gratter la terre? Sans doute, le sol est riche ; mais chaque lopin mis en culture représente pour le propriétaire de lourds impôts à acquitter. Aussi travaille-t-il juste ce qu'il faut pour se nourrir, lui et sa nichée. Quand survient la baisse des eaux, sur l'étroite bande de limon déposée par le fleuve, il jette à la hâte des graines de cotonniers. La terre ensemencée n'est à personne, la récolte est faite avant que le mandarin rapace ait eu le temps d'intervenir. Ou bien, s'il se présente, il arrive le plus souvent trop tard : l'homme et le champ ont disparu, l'un avec sa pirogue, l'autre noyé par la crue nouvelle.

La rue, à Pnom-Penh, n'est pas très animée ; le train de vie semble assez monotone. Matin et soir, surtout le soir, vers cinq heures — c'est de meilleur ton — les Européens vont prendre l'air aux environs, à cheval, en voiture, quelques-uns même à bicyclette ! Puis on fait une petite pause dans les cafés. Il y en a deux. Chacun de ces établissements s'intitule : « Café-hôtel », ce qui est un leurre, l'unique chambre de la maison étant presque constamment occupée. En conséquence, j'ai conservé mon domicile à bord du paquebot, et sans regrets, ma cabine sur le pont étant beaucoup plus propre et moins chaude qu'une soupente d'hôtellerie.

La nuit venue, des maisons de jeu s'ouvrent. J'en ai

visité deux, et je crois bien que ce sont les seules. Rien des splendeurs de Monte-Carlo. Une pièce au rez-de-chaussée, l'autre sous le toit, chacune éclairée d'un quinquet et de lanternes en papier huilé. Un orchestre, installé sur la galerie, est chargé d'attirer l'attention des passants. Les exécutants sont des gamines de huit à dix ans appartenant à la domesticité de Norodom. Elles sont fournies par la cuisinière du roi, une puissance! Ces fillettes, vêtues d'un sarrau sombre, sérieuses comme des premiers prix du Conservatoire, chantent en s'accompagnant sur des espèces de tambourins et des violes à deux cordes. Leurs mélopées tour à tour joyeuses et mélancoliques ont de l'originalité et des caprices d'harmonie qui ne blessent point l'oreille. Sur le coup de onze heures, tout ce petit monde plie bagage et reprend, à la file indienne, le chemin du palais, précédé d'un serviteur portant un falot.

A l'étage supérieur est la table de *bacouan*, en bas fonctionne le jeu des Douze Bêtes. Les accessoires du *bacouan* sont des moins compliqués : un tableau numéroté de 1 à 4, un tas de sapèques et un gobelet. Le croupier, d'un tour de main rapide, sépare de la masse et enferme sous le gobelet une certaine quantité de billon. Les jeux faits, la tasse est levée, et l'on compte les piécettes par séries de quatre. La dernière série, complète ou non, indique le chiffre gagnant. Plus simple encore est le jeu des Bêtes : douze fiches où sont gravés des caractères avec la traduction française, un sac rempli de dés portant ces mêmes caractères. Les mises sont placées devant les fiches; le Chinois agite son sac, y plonge vivement la main, en retire le dé (la Bête), encaisse, paye, et la partie continue trois heures durant sans autres péripéties. Quand j'arrivai, la chambrée était peu nombreuse; une dizaine d'indigènes pontaient en monnaie de cuivre : sur le tard survinrent des Européens qui risquèrent, avec plus ou moins de succès, de la monnaie blanche. Je n'insiste pas sur les combinaisons, sur les chances simples ou multiples. L'essentiel est de savoir que, grâce à elles, il y a là chaque soir un roulement de quelque cent piastres. J'ai vu pas mal de joueurs heureux ; j'ai constaté également que le banquier n'est jamais à plaindre.

L'exploitation de ces jeux avait lieu naguère au profit du budget du protectorat. Puis le gouvernement a été pris de scrupules infiniment respectables, et le résultat de cet accès de vertu a été de faire repasser la ferme au roi, qui désormais l'exploite pour son compte. Le budget y perd, mais sa cassette y gagne ; c'est le principal. Il est satisfait, et, quand le monarque est content, chacun sait que ses sujets ont mille raisons de se réjouir.

Ma première pensée, en débarquant à Pnom-Penh, avait été de rendre visite au résident supérieur. Je ne sais si vous êtes comme moi ; mais, au cours des lointains voyages, je me fais presque toujours un devoir d'aller saluer les autorités ; simple démarche de politesse qui m'a valu, tant en pays étranger que dans nos colonies, d'agréables relations et des amitiés durables. A supposer que ma visite fût importune, jamais on ne me l'a laissé entendre. D'ailleurs, il est permis de douter qu'à des milliers de lieues de l'Europe, parfois dans un poste perdu, un fonctionnaire soit fréquemment importuné par des visites de ce genre. Enfin, lorsqu'on ne vient demander ni un bureau de tabac, ni l'aumône, on a chance d'être accueilli autrement qu'en fâcheux. Ceci soit dit pour les timides ; qu'ils se pénètrent de cette idée. Je lui dois pour ma part quelques-unes des heures les plus charmantes que j'aie passées loin de la patrie.

Mais le résident supérieur est absent, en tournée d'inspection, loin dans le Nord, du côté de Pursat. Il ne reviendra pas avant une huitaine. Le vice-résident, qui m'a reçu de façon très affable, insiste pour qu'à la descente je m'arrête à Pnom-Penh au moins une demi-journée; alors, dit-il, son chef sera certainement rentré et me recevra avec plaisir. Je le verrai donc au retour.

Dans la soirée j'ai complété mes vivres, acheté une natte et un matelas cambodgien plat comme une galette, la literie la plus facile à disposer dans les cases de bambous à claire-voie. Je me suis enfin procuré les présents destinés au gouverneur siamois de Siem-Réap. L'usage veut qu'on ne se présente pas sur ses terres les mains vides. J'étais, je l'avoue, un peu embarrassé. Que pouvais-je bien offrir?

— Du pain, me fut-il répondu.
— Du pain!
— Oui. Il en est très friand, et c'est chose rare à Siem-Réap. Du pain et quelques liquides.

J'avais donc ajouté à mes provisions six miches dorées, autant de fioles aux étiquettes provocantes, cognacs, vermouts et autres apéritifs, plusieurs boîtes de conserves et un kilogramme de sucre. Un joli cadeau à faire à un gouverneur.

Depuis quinze jours, les eaux ont baissé tellement que le *Battambang* ne peut pousser au delà de Pnom-Penh. Force fut d'échanger ce confortable bateau contre l'*Aigle*, une grande chaloupe, fort bien tenue d'ailleurs, mais dont la machine essoufflée a peine à lutter contre le courant.

Nous sommes là-dessus tant soit peu à l'étroit. Le pont est envahi aux deux tiers par des passagers cambodgiens, annamites, chinois et malais, des femmes, des marmots, des bonzes. J'ai souvent entendu tourner en ridicule ces pauvres talapoins. Moi, je les aime. Ils sont décoratifs. Certes, ils n'ont point le port majestueux de leurs confrères de Ceylan et de Birmanie ; mais leurs toges jaune safran mettent une note gaie dans ces foules de noir vêtues. Abritant leur crâne rasé sous un écran fait d'une feuille de latanier, deux par deux ils vont de pagode en pagode, de village en village, le plus jeune portant une corbeille et recevant les aumônes en nature. Ils ne remercient jamais. Si quelqu'un doit être reconnaissant, c'est non celui qui reçoit, mais celui qui donne et trouve ainsi l'occasion de faire œuvre pie. Leur influence est grande, les plus haut placés s'inclinent devant eux. Dans ce royaume du bon plaisir ils servent d'intermédiaires entre le faible et le puissant, atténuant dans une certaine mesure la tyrannie du mandarin ; pauvres et sortis des derniers rangs du peuple, ils apparaissent comme une protestation vivante, comme la revanche de l'opprimé contre l'oppresseur.

En amont de Pnom-Penh, pendant trois heures, les villages se succèdent, très rapprochés jusqu'à Kompong-Luong. A deux lieues dans l'intérieur, on aperçoit sur une colline la pagode d'Oudong, où réside la reine mère. L'aspect des rives est toujours le même : des groupes de paillotes plantées sur des pieux, à trois ou quatre mètres du sol, précaution qui ne les met pas toujours à l'abri des grandes crues. Maintenant la population semble en joie : les eaux descendent, les berges s'assèchent, et les gens, obligés six mois durant à ne sortir de chez eux qu'en pirogue, fêtent les premières heures de délivrance.

Kompong-Luong dépassé, c'est de nouveau la solitude, la plaine couverte de brousse. Au loin, vers l'ouest, court une ligne de coteaux aux crêtes arrondies, bleuâtres, tournant au noir à mesure que le soleil décline.

Vers six heures du soir, par un magnifique clair de lune, nous apercevons Kompong-Knang, où l'*Aigle* va stopper un instant devant la douane. C'est le dernier lieu habité que nous rencontrerons avant de franchir la frontière du Siam. Kompong-Knang est un village flottant bâti sur des radeaux de bambou et dont l'emplacement varie suivant les époques. Ancré, il y a une quinzaine de jours, à un mille d'ici, au milieu des bois inondés, le voici mouillé sur la rivière même. Quelquefois, sous l'action de la brise et des courants, les amarres de lianes cèdent, et une partie de cette étrange agglomération s'en va à la dérive. Le fait s'est produit l'an dernier. Une belle nuit, la maison de la douane avait disparu et vagabondait au gré du flot. Ce fut toute une affaire de la remorquer et de la caler de nouveau sur ses ancres.

Au jour, nous débouchons dans le grand lac d'eau douce. Rien de plus singulier que le régime de ces eaux. Le Tonlé-Sap, suivant les saisons, couvre des centaines de kilomètres ou quelques hectares. Ses différences de niveau dépendent des variations du Mékong. Celui-ci, au moment de la crue, se divise en amont de Pnom-Penh, une moitié de ses eaux refluant vers le lac. De novembre à mars le courant s'établit en sens inverse; le lac alors se transforme en un marais où s'élèvent des villages improvisés occupés par des milliers de pêcheurs. Cette pêche constitue un des plus gros revenus du Cambodge. La vente et l'exportation du poisson sec représentent, bon an, mal an, environ trois millions de francs.

Actuellement, les eaux sont encore hautes. C'est à peine si les cimes des arbres les plus élevés émergent, dessinant vaguement le contour des rivages. Le navire évolue aisément, sans risque de s'échouer sur les innombrables pilotis laissés à demeure et qui bientôt recevront les paillotes des pêcheries.

Après avoir, vers neuf heures, mouillé à l'entrée de la rivière de Pursat pour déposer la poste à destination de

VILLAGE LACUSTRE DE KOMPONG KNANG.

LA DOUANE FLOTTANTE A KOMPONG KNANG.

cette localité située à une demi-journée de là et accessible seulement en sampan, la chaloupe piquait droit au large. Nous ne tardions pas à perdre de vue la terre et naviguions au compas. Mais bientôt se dressait à l'horizon un sommet isolé, dont l'aridité étonne dans ces régions que se disputent les eaux et la forêt. C'était la montagne de Siem-Réap, que nous allions contourner pour atteindre le village du même nom et les ruines d'Angkor.

Le bateau, très chargé, avançait lentement. Lorsqu'il s'arrêta sur la lisière de la forêt noyée, il était plus de trois heures. Au coup de sifflet, un sampan, qui attendait caché sous les branches, fit force de rames de notre côté. Le transbordement s'opéra en moins de temps qu'il n'en faut pour le dire; l'*Aigle* reprit sa route vers l'extrémité du lac, la rivière de Bac-Préa et Battambang, et, ma petite embarcation engagée sous la futaie, je me trouvai naviguant pour la première fois de ma vie en plein bois, à la hauteur des maîtresses branches.

Trois heures de ce canotage anormal, et l'on fait halte auprès de deux vieilles jonques amarrées à des troncs d'arbres. C'est la douane siamoise. Plusieurs familles occupent ces arches de Noé; la basse-cour est établie sur la paillote, les porcs parqués dans une cage suspendue à l'arrière. Ce poste flottant n'a d'une douane que le nom. La guenille arborée au bout d'une perche remplace imparfaitement l'étendard de l'Éléphant blanc. Quant aux agents demi-nus couchés sur le ventre, leurs marmots grouillant autour d'eux, il n'y a pas apparence qu'ils aient jamais songé à remplir sérieusement l'office de préposés aux gabelles. Nos relations furent brèves et se bornèrent à un échange de sampans, le nôtre ayant un tirant d'eau trop fort pour la dernière étape, accomplie à travers des prairies inondées avec des fonds de quelques centimètres.

Ensuite on procède à la perche pendant un quart de

lieue. A la fin, cela devient une façon de steeple-chase, les hommes enfoncés dans la vase jusqu'à la ceinture halent la pirogue par-dessus les buissons et les souches. Après bien des heurts et je ne sais combien d'échouages, je débarque sur un terrain relativement solide. Des chars à bœufs sont là, — cinq chars à bœufs! — Le gouverneur a bien fait les choses! Charrettes attelées de petits zébus trotteurs, chariots traînés par des buffles. Véhicules élégants dans leur simplicité : la caisse cintrée en berceau, la flèche longue, effilée et relevée à son extrémité, en col de cygne, le joug léger reposant sur l'encolure sans blesser les bêtes. Le conducteur s'assied sur le timon et agite les rênes correspondant à un anneau de bois passé dans les naseaux. L'attelage détale. Et la voiture crie, grince, gémit : le frottement du bois rend des sons aigres ou pleurards qui sautent d'un registre à l'autre de la gamme, une série d'accords extravagants. La machine, où il n'entre pas une pièce de fer, s'en va chantant sur son essieu mal dégrossi, mais solide, fait craquer sa carcasse dont les joints sont maintenus par des lanières de cuir. Au début, sa plainte continue, lancinante, irrite les nerfs : puis peu à peu l'on s'y accoutume, on y découvre une mélodie et l'on finit, tombé dans un demi-sommeil, par l'entendre sans déplaisir comme un refrain berceur.

A la forêt, à la plaine inondées succède une plaine de sable où poussent par places des bouquets d'ajoncs et de palmiers nains hérissés d'épines. En plein midi, la réverbération du soleil doit y être intolérable. Des troupeaux de buffles y rôdent en liberté, plongés dans les mares ou bien debout, le mufle au vent, détachant leurs noires silhouettes sur le ciel empourpré. La scène m'a rappelé certains horizons de campagnes italiennes et du Delta.

En pleine nuit, maintenant. Étendu dans ma charrette, je n'aperçois plus que les étoiles. Il me semble, par moments, être allongé dans une barque, en plein océan. La plainte aiguë des roues imite le sifflement de la brise dans les agrès. A plusieurs reprises, tangage violent; nous franchissons des flaques, derniers vestiges de l'inondation, passons à gué des arroyos. L'illusion alors est absolue : la barque fait eau, nous coulons. Combien de temps cela dura-t-il? Deux heures, trois peut-être. Je ne saurais le dire au juste. L'impression que m'a laissée cette soirée est indécise, flottante comme un souvenir de rêve.

Brusquement, la végétation nous enveloppe de nouveau. A travers les bambous, les plants de bananiers, des lueurs passent, des ombres s'agitent; je distingue des paillotes devant lesquelles on entretient de grands feux pour chasser les moustiques et éloigner les fauves. Nous suivons, trottinant cahin-caha dans la poussière épaisse, la berge d'une petite rivière où toute une population est occupée à pêcher aux flambeaux.

Un dernier coup de tangage, un bain plus prolongé que les précédents, et la charrette, hissée non sans peine sur l'autre bord très escarpé, s'arrêtait devant la *sala* de Siam-Réap.

C'est ainsi que l'on désigne le bâtiment réservé aux voyageurs. Il consiste en un hangar sur pilotis, élevé de trois mètres au-dessus du sol, et fermé sur trois cotés par un treillis de bambou. On y accède par une échelle. Le plancher, composé de bambous fendus et aplatis comme des lanières, a l'élasticité d'un sommier : étendez làdessus la natte cambodgienne, vous aurez une excellente couchette; tout autre système de lit de camp est presque impraticable dans les demeures indigènes, tant au Cambodge qu'au Siam et en Birmanie.

Le temps de mettre pied à terre, et M. le gouverneur fait son apparition. C'est un petit homme dont il serait malaisé de déterminer l'âge, au regard fuyant, au teint très foncé, la mâchoire dégarnie par l'abus du bétel. Il porte un dolman de coutil d'une propreté équivoque, un long pagne roulé de façon à figurer une culotte bouffante, et des souliers éculés. Plusieurs serviteurs l'accompagnent, n'ayant pour tout vêtement que leur langouti noué autour des reins. Je lui devais la première visite ; mais chez lui l'impatience l'emporte sur le souci de l'étiquette. L'entretien eût été singulièrement laborieux sans la présence d'un Chinois faisant fonction de *comprador* ou de commissaire à bord de l'*Aigle*, et que le commandant du bateau a eu l'obligeance de mettre à ma disposition. Le garçon, des plus intelligents, rompu aux traditions du pays, parle le cambodgien et le siamois aussi couramment que sa langue maternelle : impossible de rêver interprète mieux stylé ! Tandis qu'il remerciait le gouverneur d'avoir envoyé au-devant de nous, avec cet empressement, ses sampans et ses voitures, je voyais à la manière dont le haut fonctionnaire souriait, que tout cela lui était exprimé suivant les rites et en beau langage.

Les cadeaux achevèrent de le mettre en gaieté. Je désirais le retenir à souper, mais précisément il sortait de table. Cependant il ne put résister au plaisir de se préparer lui-même, séance tenante, une petite gourmandise, curieux mélange de foie gras et de confiture dont le brave homme voulut me faire accepter une part. Et comme je me dérobais discrètement, il insistait avec un clignement d'yeux qui semblait dire : « Vous ne savez pas ce que vous refusez. Goûtez donc cela, vous m'en direz des nouvelles ! »

Impossible de continuer ma route le soir même. Le gouverneur faisait valoir l'heure avancée, le mauvais état du chemin, la fatigue des bêtes. Il fut convenu qu'on repartirait le lendemain matin, vers quatre heures, de manière à atteindre Angkor-Wât avant le lever du soleil.

Les ordres donnés, Son Excellence me souhaita une bonne nuit et se retira avec sa suite. Je me jetai sur ma natte où, malgré la fatigue, je demeurai longtemps les yeux ouverts à contempler, par la large baie donnant sur la campagne, le paysage de rêve, la petite rivière au-dessus de laquelle les bambous se rejoignaient en ogive, les feux allumés devant les cases et les torches des pêcheurs allant et venant d'une rive à l'autre dans une poudrée d'étincelles.

CHAPITRE V

ANGKOR.

La forêt; la futaie géante, encore endormie, mais où passent déjà les frissons, les murmures avant-coureurs du lever du jour. Autour de nous tout est ténèbres. Dans les hauteurs seulement une clarté diffuse laisse deviner les branches enguirlandées de lianes, les touffes d'orchidées pendantes, pareilles à des lustres. Deux heures de marche dans la pénombre, et brusquement la scène s'éclaire. Nous voici arrêtés devant une large chaussée jetée sur un étang aux eaux mortes, couvertes de nénufars. Cette chaussée aboutit à une colonnade percée de trois portes que surmontent des tours en forme de mitres. J'ai devant moi l'un des côtés d'un parallélogramme dont le tracé couvre plus de six kilomètres. C'est l'enceinte d'Angkor-Wàt se détachant en vigueur sur le ciel matinal.

Le portique central franchi, la chaussée dallée reparaît; à son extrémité, à près d'un quart de lieue, se dresse la pagode proprement dite, avec ses quatre étages de galeries et de promenoirs ajourés, ses tours coniques, curieusement fouillées des assises à la pointe. Haut dans le ciel, où elle semble s'élancer comme la strophe suprême de ce poème de pierre, la chapelle principale, le sanctuaire aérien, interdit naguère aux profanes, où seuls, dans l'accomplissement des rites et la fumée de l'encens, les prêtres élevaient la voix au nom de la divinité mystérieuse.

Dans le souvenir plus ou moins vivace que nous laissent les grands spectacles de la nature ou les chefs-d'œuvre de l'art, l'impression première a une part très large. Décisive, estompant, puis effaçant peu à peu toutes les autres, elle entre profondément dans la mémoire et se représente au moindre appel avec une netteté singulière. Pour ma part, dès maintenant, et je sens bien qu'il en sera de même après des années écoulées, le nom d'Angkor évoque surtout à mon esprit la minute précise où la merveille, soudainement révélée, m'apparut au débouché de la forêt, dans le petit jour.

Une aube exquise. Des frondaisons lourdes de rosée, des étangs une vapeur montait lentement, écharpe transparente tour à tour emmêlée et dénouée par le vent, un instant arrêtée à la lisière des bois, accrochée aux branches, déchirée, effiloquée, fondue bientôt dans le ciel pâle. Et la grande ruine, tout à l'heure obscure, bleuissait, puis, dans la clarté croissante, devenait d'un gris d'acier.

La ruine, ai-je dit. Je me trompe. Angkor n'est point un amas de débris imposants dont l'étude nous révèle ce que fut l'édifice dans sa splendeur première, comme l'examen du squelette nous permet de reconstituer par la pensée l'être vivant. L'ensemble du monument est presque intact, d'aplomb sur ses assises. Les énormes blocs de grès posés à cru n'ont point dévié; aucun écartement des joints, nul renflement suspect. Les parements sont aussi nets que s'ils étaient dressés d'hier. A coup sûr, dans le vaste espace compris entre la première enceinte et la pagode, de chaque côté de la chaussée se montrent les vestiges de ce que des archéologues supposent avoir été un monastère, une bibliothèque, ou des abris pour les pèlerins. Tout cela est aujourd'hui fort démoli, enfoui sous l'herbe folle et la broussaille. Mais la disparition de ces bâtiments secondaires, loin de nuire à l'harmonie des lignes, fait mieux valoir, par contraste, l'état de conservation du corps principal et la rigoureuse unité du plan. Angkor-Wàt atteste chez ses fondateurs une puissance de conception et d'exécution, une persévérance dans l'effort vraiment extraordinaires; mais c'est autre chose et mieux que le chef-d'œuvre d'une civilisation éteinte. Ce monument, fait pour contenir tout un peuple, n'a pas dans son abandon l'inexprimable tristesse des choses mortes. Il semble que le souffle du génie créateur circule dans ses galeries désertes. A mesure que le soleil met une flamme à la pointe des tours, illumine les portiques, les cours, les piscines sacrées, maintenant à sec, où l'herbe haute ondule, la pagode reprend un air de vie. Des frémissements confus l'animent. Des myriades d'insectes tourbillonnent au-dessus d'elle; un peu partout des nids s'éveillent.

L'homme lui-même n'a pas tout à fait quitté la place. Quelques bonzes y ont élu domicile. Non qu'ils célèbrent à l'intérieur du temple leurs cérémonies, d'ailleurs fort simples. On dirait que ses proportions imposantes intimident l'indigène d'à présent. Il y pénètre volontiers, mais n'y séjourne guère. L'élévation des voûtes, la perspective fuyante des colonnades ne l'invitent point aux méditations qui immobilisent le moine au fond des cloîtres. Bien que vivant près du monument et en quelque sorte dans son ombre, l'accoutumance du voisinage n'a point eu raison de ce respect mêlé de crainte.

Le monastère est représenté par une vingtaine de paillotes haut perchées où l'on accède au moyen d'une échelle. Quoique le terrain libre ne manque pas, la plupart de ces retraites sont rien moins que spacieuses. Des pigeonniers, ou peu s'en faut. N'était que l'occupant y vit, à son ordinaire, tassé sur lui-même, les jambes croisées dans l'attitude des images bouddhiques, on aurait peine à s'expliquer comment la cellule peut servir d'abri à une créature humaine. Lorsqu'il sort de sa demeure aérienne, sa toge jaune éployée dans le vent, on croirait voir un oiseau au brillant plumage prêt à prendre son vol.

Çà et là, des cases plus vastes où l'on prie en commun. Là bonzes et bonzillons s'assemblent pour épeler les textes sacrés et psalmodier pendant des heures sur un rythme qui rappelle à s'y méprendre le plain-chant de la liturgie romaine.

Le temps qui n'est point consacré aux oraisons est employé à des distractions innocentes : telle la manœuvre du cerf-volant à laquelle les plus jeunes se livrent avec une maestria incomparable. Aux premiers souffles de brise qui accompagnent le lever et le coucher du soleil, commence sur la grande chaussée une course en règle ; et ce n'est pas un spectacle ordinaire d'assister à ces *performances* accomplies par des personnages à la tête rasée, à la mine hiératique, qui, le péplum retroussé, enlèvent aux grandes allures leurs jouets multicolores. Parfois l'appareil est orné de figures symboliques ; des versets sont inscrits sur les banderoles tels qu'on en voit sur les petits drapeaux hissés au seuil des cases tibétaines. Si bien qu'en somme il n'y a pas de temps perdu ; le corps et l'âme trouvent leur compte à ces intermèdes. On assouplit ses muscles tout en faisant son salut.

En dehors de ces exercices et des pérégrinations entreprises pour aller recueillir dans les villages les offrandes destinées à nourrir la communauté, les talapoins ne s'adonnent à aucune espèce de travaux. Du moins est-il malaisé de tenir pour un labeur sérieux la culture de quelques plants de bananiers, la récolte de la noix d'arec et de la feuille de bétel, éléments constitutifs de la chique nationale.

Et cependant ces pauvres hères, dont l'existence s'écoule dans de vagues contemplations entremêlées de pratiques purement machinales et de divertissements dignes du premier âge, n'en sont pas moins les véritables gardiens et conservateurs d'Angkor-Wât. Depuis quand sont-ils là? Comment sont-ils venus? Quels bouleversements, quels exodes les mirent en possession de la pagode abandonnée? Eux-mêmes n'en savent rien. Toujours est-il que leur seule présence a suffi pour défendre le noble édifice contre l'envahissement de la brousse. Leur pas furtif sur les dalles, l'agglomération de leurs huttes autour des vieilles pierres ont, dans une certaine mesure, contenu l'élan de la végétation environnante. Ils n'entretiennent quoi que ce soit, réparent moins encore; mais ils sont là, et l'herbe foulée se dessèche. En abattant au hasard la broussaille pour alimenter leurs foyers, ils font reculer la forêt, élargissent le cercle protecteur où circulent l'air et la lumière. A ce titre, et bien qu'ils n'en aient cure, nous devons quelque reconnaissance à ces bienfaiteurs sans le savoir, à ces esthètes aux pieds nus.

Le moyen enfin de se montrer ingrat à l'égard des gens dont on a été l'hôte? Hospitaliers, ils le sont à leur manière, qui n'est peut-être pas la plus mauvaise. Elle consiste, en substance, à ne manifester aucune surprise à l'arrivée de l'étranger, à paraître ignorer sa présence, à laisser le visiteur aller, venir au gré de sa fantaisie, parcourir seul le temple, s'introduire même dans les cellules et jusque dans la salle où la congrégation est en prières. A ces libertés, ajoutez l'usage du bâtiment réservé aux voyageurs.

Ce n'est pas que la *Sala* d'Angkor soit précisément un agréable séjour. La position est peu engageante, l'installation rudimentaire. La paillote sur pilotis, située à gauche de la chaussée, à égale distance de la première

ANGKOR-WAT.
Avenue centrale et péristyle de la grande pagode.

ANGKOR-WAT.
Façade latérale est.

enceinte et de la pagode, domine une mare dont les émanations sont rendues plus sensibles par le piétinement du bétail.

Nos buffles, à peine délivrés du joug, se sont précipités dans cette fange où ils resteront plongés une partie de la journée pour se garer de la chaleur et des moustiques. L'animal en effet, en dépit de sa puissante carrure, est plus douillet qu'une petite-maîtresse. Durant les heures chaudes, c'est à grand'peine qu'on l'arrachera aux délices de cette sieste humide. Encore, pour peu que le chemin soit dépourvu d'ombre, sera-t-il prudent de ne point forcer l'étape, si l'on ne veut voir l'attelage s'abattre tout à coup pour ne plus se relever. Les zébus offrent plus de résistance, mais presque toujours buffles et bœufs à bosse sont employés simultanément dans un convoi : les premiers remorquent les gros colis, le campement, la batterie de cuisine ; les seconds, le léger véhicule où prend place le voyageur.

La *Sala*, avec son chaume de palmes, ses cloisons et son plancher en lamelles de bambou, est le genre d'abri le mieux approprié aux exigences du climat. Tout est à claire-voie. L'inconvénient de ces demeures si bien ventilées, c'est qu'on ne peut laisser choir un objet sur le parquet sans qu'il passe au travers pour aller s'enfouir à tout jamais dans les ronces et dans la vase. Enfin, — et il en est ainsi dans les villes comme dans les villages, toutes les cases étant construites sur le même plan, — la facilité avec laquelle on peut se débarrasser d'une foule de choses en les glissant entre les lattes, a pour conséquence fatale d'entretenir sous la maison un dépôt d'immondices dont le voisinage se fait parfois cruellement sentir.

A quelques pas de là, sur un bout de terrain plus solide, près d'une case servant de dortoir aux domestiques, des blocs de grès arrachés à la chaussée ont été disposés en hémicycle. C'est là qu'on cuisine.

La *Sala* est en assez mauvais état. Le plancher présente en maint endroit des solutions de continuité dangereuses, la nuit venue. Le chaume en lambeaux laisse pénétrer à l'intérieur des rayons ténus comme des aiguilles, mais suffisants pour gratifier d'une insolation quiconque commettrait l'imprudence d'y reposer quelques instants sans couvre-chef. Telle quelle, on s'en accommode aisément avec un peu de bonne volonté, et l'on y dort du sommeil du juste. Qu'exiger de plus?

De tout cela, de la pagode, de la *Sala*, du marécage et des moustiques, j'ai la jouissance pleine et entière, à titre gracieux, pour un laps de temps indéterminé. En retour de leur hospitalité les talapoins n'attendent aucune rétribution. La règle leur défend de recevoir de l'argent. Toutefois, ils acceptent avec plaisir certains petits cadeaux sans valeur intrinsèque, qui pour eux ont beaucoup de prix. Aussi la physionomie du doyen d'âge s'est-elle épanouie lorsque je lui remis un assortiment de papier, de crayons et de couleurs, articles fort recherchés des bonzes comme des marabouts et, en général, de tous les pieux personnages qui, sous des latitudes diverses, penchés sur des livres saints, font métier de copistes ou d'enlumineurs.

Les compliments échangés, M. le supérieur s'en était allé et désormais ne s'occupa plus de mes faits et gestes Cinq minutes plus tard, je le trouvais planté à l'entrée de la pagode, le regard fixe, perdu dans ses rêveries. Il ne me vit point et demeura immobile, aussi impassible que les dragons de pierre en faction de chaque côté du péristyle.

Le porche franchi, on s'arrête net, aveuglé par le brusque passage du plein air à la pénombre. Peu à peu pourtant, le regard s'habitue à ce demi-jour de crypte, et l'on se hasarde, tâtant du pied le sol avant de risquer un pas, avec la sensation que l'on marche sur de la boue fraîche et glissante. En même temps, des hauteurs de la voûte enténébrée une rumeur descend, persistante, grandissant de minute en minute, accompagnée de battements d'ailes. D'innombrables chauves-souris se réfugient pendant le jour dans les parties les plus obscures du monument. La boue fétide où, par endroits, l'on enfonce jusqu'aux chevilles, n'est autre chose que leur fiente accumulée depuis des siècles.

Nous voici sous la colonnade, dont chaque côté a un développement d'environ 200 mètres. Entre les lourds pilliers quadrangulaires, faits d'un seul bloc, une lumière crue frappe obliquement les dalles. La réverbération met en valeur, sur le mur de fond, des bas-reliefs d'une rare finesse représentant divers épisodes du Ramayâna, les miracles de Brahma et de Vichnou, des révoltes de démons, l'armée des singes partant en guerre contre les dieux et mise en déroute. Il y a là, sur une longueur de près d'un quart de lieue, un tumulte d'épopée, une mêlée étrange d'hommes et de bêtes, de héros et de monstres, d'une furia endiablée, d'une intensité de vie plus saisissante encore dans cette solitude où les seuls bruits perçus sont le vol des chauves-souris et le cri des cigales.

Qui donc a bâti cet édifice prodigieux, dont chaque pierre, même dans les recoins les plus obscurs, semble un bijou ciselé par un maître? Les Khmers, nous dit-on, dont le Cambodgien serait le descendant dégénéré. A cela se bornent les renseignements fournis par les historiens et les ethnographes. Un nom de nation, rien de plus. Inutile de demander celui du monarque qui commandait à ces remueurs de pierres; ne cherchez pas davantage qui a dressé les plans, dirigé les travaux. Ces sortes d'artistes ne signaient pas leur œuvre. Peu leur importait qu'elle demeurât impersonnelle, anonyme, pourvu qu'elle fût achevée et s'imposât longtemps à l'admiration des hommes. Des nombreuses inscriptions relevées sur les murs d'Angkor, aucune n'a la valeur d'un document historique. Ce ne sont, pour la plupart, que des formules de prières ou de simples *ex-voto*.

Espère-t-on découvrir chez l'indigène la survivance d'une tradition, quelque légende révélatrice? Là aussi, c'est la nuit complète. On ne sait pas, on ne tient pas à savoir. Ou, si le hasard vous fait tomber sur un interlocuteur moins indifférent, il vous répondra que la grande pagode et les monuments dont les débris jonchent au loin les forêts ont été construits par des géants, par des dieux. D'autres vous diront sans le moindre embarras : « Cela s'est fait tout seul. »

Je ne sais, dans l'histoire, rien d'analogue à ces ténèbres enveloppant une civilisation aussi avancée que semble l'avoir été celle des Khmers. Le plus singulier, c'est que, selon toute vraisemblance, la catastrophe qui mit fin à cet empire ne remonte pas à des temps très lointains. Angkor-Wât, qui nous montre, à leur apogée, la puissance et le génie d'une nation, est un chef-d'œuvre relativement récent. Ceux-là mêmes qui lui assignent l'âge le plus vénérable le font dater du début de notre ère. Mais, suivant une opinion très répandue, il paraît résulter de l'étude de certains livres chinois, relations de voyage où il est question d'Angkor, que la pagode aurait été fondée à une époque beaucoup plus rapprochée, vers le septième ou le huitième siècle.

Quoi qu'il en soit, l'édifice est d'inspiration franchement brahmanique. Si le bouddhisme s'y installa, il ne l'a point marqué à son empreinte. Angkor ne paraît pas avoir été conçu par lui, pour lui, comme le fut la splendide pyramide de Bourou-Boudour, à Java, monument type où la doctrine du Bouddha et son histoire sont matérialisées, pures de tout mélange. Ici, la partie décorative procède, à n'en pas douter, de l'art hindou. Telle des délicates guipures jetées sur les piliers et les frontons d'Angkor semble avoir été copiée trait pour trait sur les frises de la merveille d'Ellora, le temple de Kaïlas.

Il n'est pas jusqu'à la disposition intérieure qui ne rappelle, à s'y méprendre, certaines pagodes du sud de l'Inde, où fume encore l'encens des sacrifices, notamment le grand temple de Madura, consacré au culte de Parvâti. Les matériaux diffèrent : au lieu de blocs cyclopéens, la brique, la faïence peinte et dorée. Mais, là-bas comme ici, mêmes perspectives fuyantes de galeries noyées dans la pénombre, mêmes piscines où les pèlerins se purifiaient avant la prière, mêmes escaliers enfin, inclinés à 45 degrés, aux marches étroites et hautes, de ces escaliers qu'il faut de toute nécessité gravir sur les genoux en s'aidant des mains et par lesquels les foules rampantes se hissent lentement jusqu'à l'idole.

Je n'ai pas la naïveté de vouloir, dans ce carnet de route, simple mémento de sensations notées au jour le jour, tenter une description, si sommaire soit-elle, d'Angkor. Cela exigerait des volumes, et ces volumes existent accompagnés de plans, coupes, élévations, de dessins et d'héliogravures. Au surplus, il n'est monographie ni commentaire, collection de moulages ou de gravures qui puissent donner une idée nette de la réalité. En présence de ce témoin colossal et muet d'une société disparue, emportant avec elle le secret de son organisme, sans laisser dans l'air où elle respira, dans les pierres si laborieusement amoncelées et fouillées par elle, un écho même affaibli de ses passions et de ses luttes suprêmes, l'impression éprouvée tient du vertige. Sous la splendeur du ciel tropical, devant ces forêts éternellement vertes, la poussée ininterrompue des sèves, l'épanouissement de la nature dans la chaleur et la lumière, une sorte de frayeur vous saisit à la seule idée de cette nuit faite sur l'histoire d'un peuple.

C'est ce frisson même, cette sensation aiguë parfois jusqu'à la souffrance, où l'on se complaît pourtant au point de s'y abandonner pendant des journées entières, c'est en un mot tout ce que la plume est impuissante à traduire qui fait le charme irrésistible et très particulier d'Angkor. Il est, en effet, d'autres monuments sinon plus vastes, dont l'ordonnance du moins répond davantage à notre goût — d'aucuns diront à nos préjugés — d'Occidentaux épris d'un art plus sobre. L'attention se lasse à passer en revue ces interminables bas-reliefs où des milliers d'êtres aux attitudes tourmentées se poursuivent et s'enchevêtrent comme des visions de cauchemar. Dans ces kilomètres de sculpture, des générations ont mis leur âme, mais une âme si différente de la nôtre que ses manifestations nous étonnent sans nous émouvoir jusqu'au vif. Au milieu de cette débauche d'ornements, en face de ces tours pareilles à des tiares, on se prend à rêver formes plus simples, marbres lisses, coins de Parthénon souriants et lumineux ; à réfléchir que, somme toute, l'énorme et troublante pagode, solide encore sur ses assises, reste inférieure au chef-d'œuvre mutilé de Phidias et d'Ictinus. Ce qui séduit chez elle, c'est l'imprévu du décor, le site, d'une solitude et d'une grandeur incomparables ; c'est aussi le mystère planant sur son histoire.

J'ai passé là de longues heures, pendant les après-midi torrides, assis dans l'ombre du sanctuaire le plus élevé, embrassant du regard la quadruple enceinte, la chaussée, l'étang fleuri de nénufars, très seul, très heureux, tandis qu'en bas, dans les paillotes, les talapoins égrenaient leurs litanies. Dans le silence de la nature pâmée, leurs voix m'arrivaient très grêles, mais distinctes, à travers les feuillages rigides des aréquiers...

Le soir, étendu dans la *Sala,* prêt à m'endormir, j'entendais les chants recommencer : d'abord une voix isolée, puis, en manière d'accompagnement, quelques notes piquées sur un harmonica en lames de bambou. Le thème était repris en chœur, la mélopée se prolongeant tard dans la nuit. Sous la clarté lunaire, dans la vapeur qui montait des marécages et des bois, la silhouette noire de la pagode se dressait démesurément agrandie. Et, plus que jamais à ces heures-là, elle semblait revivre, rendue aux cultes d'autrefois, peuplée de prêtres occupés à y célébrer leurs mystères. Entre les dentelures des tours, sous les hautes colonnades, des rayons glissaient, apparus, disparus sans qu'il fût possible de dire si la lueur était un scintillement de cierge ou d'étoile.

Angkor-Wàt n'est pas le seul monument que nous aient laissé les Khmers. De tous, c'est le mieux conservé et probablement le moins ancien. Mais, autour de lui, combien d'autres enfouis dans la brousse ! La contrée entière, de Siem-Réap à Battambang, n'est qu'un vaste champ de décombres. Dans le Grand-Lac même, aux basses eaux, on a relevé les traces d'une chaussée de pierre ; plus loin, sur le territoire de Péam-Sema, un pont subsiste : neuf arches d'une hardiesse et d'une ornementation remarquables. C'est enfin, à moins de deux lieues d'Angkor-Wàt (Angkor-Pagode), la capitale du royaume défunt, Angkor-Thòm (Angkor-Ville), la plus extraordinaire des villes, la plus saisissante des ruines.

Une heure de marche dans la brousse tellement épaisse qu'en plein midi c'est à peine si un rayon de soleil pénètre sous ces hautes nefs de verdure. Puis une clarté se fait ; entre les feuillages on distingue le miroitement de l'eau, un étang comblé aux deux tiers, mais dont les berges régulières témoignent encore du travail de l'homme. C'est la première enceinte : presque aussitôt se dresse la muraille ou plutôt un pan de muraille de la largeur du chemin ; à droite et à gauche, la ligne des murs plonge sous les branches entrelacées. Mais ce qu'on entrevoit est inouï. De distance en distance, d'imposantes figures de dieux semblent en faction sur le rempart d'où elles surgissent, ne dégageant que le buste et les bras, des bras de colosses appliqués sur la maçonnerie comme pour la défendre contre les assauts des hommes et des siècles.

Dans cette muraille gardée par des géants, une ouverture béante, en ogive, de cinquante pieds de haut, surmontée d'un Brahma à quatre faces, dont le diadème en pointe, très orné, formait une sorte de tour du guet au-dessus de la porte royale. Le sommet de cette tour s'est effondré, le pied commence à se désagréger sous la pression des racines et des lianes. Mais l'image du dieu n'a point souffert : elle semble, consciente de son invulnérabilité, considérer avec indifférence l'œuvre de destruction qui se poursuit autour d'elle. Parfois même, lorsqu'un coup de vent agite sa longue chevelure de ronces et d'herbes, un jeu de lumière lui met aux lèvres un vague sourire.

La porte franchie, c'est plus que jamais la forêt, la forêt crépusculaire. Çà et là pourtant des masses plus sombres y font saillie que de prime abord on prendrait pour de simples accidents de terrain. Mais ces soulèvements affectent des formes particulières, tour à tour érigés en bastions, arrondis en coupoles. Voyons de plus près. Les indigènes m'ouvrent un passage avec la hachette, et voici que l'apparition prend corps. C'est un fragment de temple, une terrasse de palais, un escalier aboutissant au vide ; c'est la ville même, la cité fantôme roulée dans son linceul vert. La promenade peut s'y prolonger pendant des heures, pendant des jours ; à chaque pas, nouvelle surprise : ici, un éléphant de grandeur naturelle, taillé dans un seul bloc ; plus loin, les restes d'une admirable frise représentant, en haut relief, cinq de ces animaux harnachés pour la chasse. L'un d'eux, avec sa trompe, vient de saisir un tigre que les chasseurs juchés sur la selle se disposent à dépêcher à coups de flèches. Cela vous remet aussitôt en mémoire les épaves laissées, dans l'Asie antérieure, par d'autres civilisations mortes, notamment les gigantesques figures de Khorsabad, installées au musée du Louvre, à l'entrée de la salle des antiquités assyriennes. C'est la même énormité de proportions, un art plus soucieux d'étonner que de séduire, qui vise surtout à la puissance. Mais, sur ces formes brutales, l'humide chaleur du tropique a fait fleurir les pariétaires de toutes nuances, fondu les lignes, adouci les angles. L'œuvre effritée par le temps, mangée par les mousses, nous donne ce qui sans doute lui a manqué dans sa prime jeunesse, l'illusion du mouvement et de la vie.

Dieu sait après combien de détours, d'escalades, de kilomètres parcourus presque à tâtons dans la brousse bossuée de décombres, nous voici parvenus au cœur même de la cité, devant ce qui fut la demeure royale, le Baion. A première vue c'est une colline plus élevée que les autres, aux pentes raides, hérissées de pitons et d'aiguilles pointant au-dessus des arbres. Dès qu'on approche, à travers le réseau des lianes le palais se révèle, avec ses terrasses étagées et ses quarante-deux tours où sourit le Brahma à quatre visages. L'édifice, miné de tous côtés par les racines, est effroyablement mutilé ; des galeries entières ont disparu : leurs fragments émiettés ont creusé autant de couloirs d'avalanche. Néanmoins il est possible, avec certaines précautions, de monter jusqu'au faîte. Mais à mesure que l'on gravit à pas légers ces escaliers sombres, heurtant du pied contre des blocs tombés et du front contre d'énormes racines qui se sont frayé passage à travers la muraille, des bruits alarmants vous arrivent du dehors. Au-dessus de votre tête, ce sont tout à coup des glissements, des grondements, une canonnade de pierres qui passe.

L'ascension terminée, le spectacle qu'on a sous les yeux est d'une ironie grandiose. Sur l'amoncellement des chapiteaux, des piliers, des frises ciselées à miracle, la forêt pousse haute et drue. Le tableau est d'un fantastique achevé; illustration de conte de fées. Gustave Doré a crayonné des paysages de ce genre ; jamais pourtant la fantaisie de l'artiste n'égala ces réalités. Et, dans ce chaos, la forme du monument s'affirme encore. On remet en place par la pensée les portions écroulées ; le Baion ressuscite tel qu'il était, il y a bien des siècles, lorsque ceux qui le bâtirent supposaient leur œuvre immortelle.

Est-ce donc là ce que le temps, les guerres, les exodes ou les pestes peuvent faire d'une grande cité? Il y a là matière à réflexions moroses pour les représentants des civilisations actuelles. De celles-là aussi, un jour peut-être, le voyageur cherchera les traces au fond des bois. Angkor-Thôm, à en juger par son périmètre, renfermait une population considérable, des castes opulentes éprises de tous les raffinements du luxe, des légions d'artistes dont la puissance d'invention et l'habileté de main n'ont guère été surpassées de nos jours. Ses avenues ont vu défiler des foules en fête, des femmes parées, des troupes en armes, des cortèges de princes et de prêtres. Aujourd'hui ses seuls habitants sont, avec les oiseaux, des reptiles de toute taille, des panthères et des singes, de petits singes à face noire et à barbiche blanche. Et sur cette ville oubliée des hommes passe, au moindre souffle de brise, le chant de triomphe de la forêt victorieuse.

On pourrait explorer la région pendant plusieurs mois,

chaque jour amenant sa découverte. Plusieurs années d'un rude labeur seraient nécessaires à qui entreprendrait de dresser le catalogue tant soit peu complet des monuments encore ignorés que la jungle recèle. A qui ne veut point faire œuvre d'archéologue, déchiffrer des inscriptions, prendre des estampages, trois ou quatre jours suffiront pour emporter, à jamais gravée dans l'esprit, une des plus fortes impressions qu'il soit donné à l'homme de ressentir.

J'aurais pourtant prolongé volontiers mon séjour si des importuns ne fussent venus inopinément troubler ces solitudes. Une dizaine de fonctionnaires siamois firent irruption un beau matin, avec une bruyante escorte, nombre de chevaux et de chars à bœufs. Ces personnages, ainsi que me l'expliqua, en assez bon anglais, le chef de la bande, étaient des commissaires envoyés de Bangkok à l'effet de « constater l'état de la pagode et de se rendre compte des travaux indispensables pour en assurer la conservation ». Ce petit bonhomme coiffé d'un immense casque en liège, le torse moulé dans un dolman de *kaki*, la culotte courte et les bas blancs faisant valoir ses jambes cagneuses, s'exprimait le plus sérieusement du monde. J'eus peine à réprimer un sourire. Je ne vois pas bien ces gens-là procédant à la toilette de la grande pagode. Ils me rappellent les Figaros de Lilliput faisant la barbe à l'homme-montagne. Tout, du reste, me porte à croire que le nettoyage projeté ne s'effectuera pas de sitôt, à supposer qu'il ait lieu jamais. Le chef de mission m'a dit que, si je revenais dans quelques années, je trouverais Angkor débarrassé de ses mousses et de ses herbes folles, méconnaissable enfin ; — quel dommage ! Mais l'expérience m'a appris ce que valent ces belles promesses dans la bouche d'indigènes noirs ou jaunes.

J'ai connu un roi nègre qui, devant moi, projetait

d'agrandir et d'embellir sa case. Et Dieu sait tout ce qu'il édifiait en paroles. « Quand tu repasseras, conclut-il, tu ne la reconnaîtras plus. » L'événement m'a prouvé que j'avais eu raison de ne point croire une minute aux affirmations de ce roi noir.

Les membres de la soi-disant mission siamoise étaient, au demeurant, d'agréable humeur et d'abord courtois, mais fort pénétrés de leur importance ; leur suite encombrante faisait beaucoup de vacarme. Mieux valait leur céder la place.

Quant à poursuivre ma route jusqu'à Bangkok par la voie de terre, comme j'en avais eu un instant l'idée, il n'y fallait pas songer. Le prince Henri d'Orléans venait de tenter l'aventure : j'avais eu le plaisir de le rencontrer à Saïgon, et le récit de ses mécomptes suffisait à m'édifier sur ce qui m'était réservé si je persistais dans cette voie. Force lui avait été de battre en retraite devant le mauvais vouloir du gouverneur de Battambang, lequel, après lui avoir fait attendre une audience pendant plusieurs jours, était parti à l'improviste pour ne pas le recevoir, mais en donnant ordre de ne lui fournir ni guides, ni bêtes de somme. Ce même fonctionnaire venait, tout récemment, de donner une nouvelle preuve de sa façon de comprendre les relations de bon voisinage. Une vingtaine d'éléphants appartenant à Norodom, roi du Cambodge, avaient été envoyés au pâturage dans les environs de Pursat, non loin de la frontière : le gouverneur siamois les fit saisir sur territoire cambodgien et conduire à Battambang. Sur les réclamations du résident de Pursat, il promit de restituer les animaux volés. En effet, il en renvoya immédiatement un, le plus fort du troupeau, mais après avoir pris soin de lui faire, au préalable, scier les défenses; ce qui équivalait à un sanglant outrage.

Le moment eût donc été mal choisi pour voyager sur

les territoires administrés par cet homme aimable. Si je me rends pour quelques jours à Bangkok, ce sera de Saïgon et par mer. En attendant, j'ai dit un adieu, éternel sans doute, à Angkor et repris la route de Siem-Réap. J'ai revu le gouverneur, autrement sociable que son collègue de Battambang, et nous avons de nouveau échangé des politesses. Il m'a offert des bananes et des pamplemousses et a bien voulu accepter, avec des marques de satisfaction non équivoques, mes dernières boîtes de conserves. Je l'ai retenu à déjeuner. Tout le temps du repas, il est demeuré rêveur, les yeux fixés sur mes chaussures qui, cependant, n'avaient rien de prestigieux. Au dessert, il m'exprima son désir d'en posséder de semblables. Mon boy aussitôt lui prit mesure, et je l'assurai qu'un mois ne s'écoulerait pas sans qu'il reçût la paire convoitée. Je sais un Chinois qui confectionne l'article en quelques heures à des prix doux.

Le gouverneur ravi m'a fait présent de sa canne, un rotin que je conserve précieusement pour battre mes habits. Sur ce, j'ai pris congé. Il était temps, Son Excellence commençait à lorgner ma veste.

Une dernière étape en char à bœufs, dans la poussière, sous un soleil aveuglant, et je retrouvais avec bonheur le sampan à la lisière de la forêt inondée. Deux heures plus tard, à la chute du jour, nous débouchions sur le Grand-Lac, où l'*Aigle*, de retour de Bac-Préa, m'attendait mouillé à un demi-mille au large.

Le Tonlé-Sap, si calme il y a quelques jours, se donnait, ce soir-là, des airs de mer en colère. Une forte brise du nord-est y creusait des lames très courtes, mais dont les heurts imprimaient au petit vapeur des soubresauts plus désagréables que le roulis et le tangage sur l'Océan.

Le gros temps nous retint toute la nuit sur le lac, furieusement ballottés. Le lendemain soir seulement, le soleil déjà couché, nous touchions la berge de Pnom-Penh, après une traversée de vingt-quatre heures.

La capitale cambodgienne, avec ses masures, son palais aux cours envahies par l'herbe, ses terrains vagues troués de marécages et sa pagode en gâteau de Savoie, m'apparut plus misérable après les magnificences d'Angkor. J'en étais presque à me réjouir de n'avoir qu'une douzaine d'heures à passer dans ce grand village.

Le *Niam-Vian*, des Messageries fluviales, devait appareiller pour Saïgon le lendemain matin, à sept heures. Il me restait juste le temps d'aller présenter mes hommages au résident supérieur, rentré, me disait-on, depuis l'avant-veille. Ayant, une semaine auparavant, annoncé ma visite, il eût été au moins incorrect de paraître ignorer le retour du représentant de notre protectorat. Le dîner rapidement expédié, je m'acheminais donc, sur le coup de huit heures, vers la résidence. La maison, comme la plupart des habitations européennes de Pnom-Penh, est d'apparence plutôt modeste et bourgeoise. N'était le tirailleur indigène en faction devant la grille, rien ne la distinguerait de ses voisines.

Sous le péristyle, à la lueur mourante d'un lampion, un boy sommeillait, allongé sur une natte. Il daigna se lever, prit ma carte et s'éloigna d'un pas nonchalant. Cinq minutes se passèrent, au bout desquelles il reparaissait et me jetait, en son sabir, la réponse suivante :

— Résident, il y a lui couché dormir.

— Eh bien, mon garçon, il ne faut pas le réveiller.

Voilà comment j'ai eu le regret de traverser Pnom-Penh sans avoir pu saluer M. le résident de France au Cambodge.

La vie est faite de déceptions.

CHAPITRE VI

BANGKOK A VOL D'OISEAU.

De Saïgon à Bangkok la distance est brève : huit cents milles à peine, une simple promenade pour qui entreprend son tour d'Asie ; juste le temps de reprendre goût à la brise du large, réconfortante, aspirée avec délices après deux mois vécus dans l'atmosphère pesante des basses terres, dans l'écœurement des senteurs fades montant des rizières et des arroyos.

M. le lieutenant de vaisseau Vedel, commandant l'aviso *Pluvier*, prêt à appareiller pour aller relever la canonnière *Vipère* dans les eaux du Ménam, avait bien voulu m'inviter à prendre passage à son bord. Le *Pluvier* était presque une vieille connaissance pour moi. Que de bons moments j'avais déjà passés sur ses planches pendant les torrides après-midi saïgonnais ! Dans le salon aménagé sur la dunette, où les tentes soigneusement closes ne laissaient pénétrer qu'une clarté douce, on causait de la France, de mille choses sérieuses ou frivoles, dont le souvenir évoqué nous reportait immédiatement très loin, par delà les mers, sous un ciel d'Occident chargé de neige.

Dans ces conditions une visite à la capitale du Siam était particulièrement tentante, puisqu'elle devait prolonger de quelques jours cette charmante intimité. Aussi avais-je accepté de grand cœur. Le 3 février, sur le coup de minuit, par un clair de lune admirable, les amarres étaient larguées et nous descendions vers le cap Saint-Jacques. L'aube nous trouvait en pleine mer.

Notre petit bâtiment à roues ne prétend point à des vitesses désordonnées. Mais de lignes gracieuses, très bas sur l'eau, léger comme l'oiseau dont il porte le nom, il file néanmoins ses douze nœuds à l'heure, toutes voiles dehors, poussé par la mousson du nord-est assez fraîche.

Heures heureuses. Je ne sais rien de plus reposant que cette détente absolue des nerfs, le délicieux abandon au bercement du flot. La sensation est plus pénétrante encore à bord d'un bateau de guerre que n'ébranlent point les trépidations de treuils à vapeur, le vacarme de l'arrimage, la bousculade des colis, les piétinements et les plaintes de passagers désœuvrés ou malades. Ici rien de pareil. La quiétude même, l'apaisement, la fuite silencieuse des journées, les songeries du soir sur la passerelle où l'on s'oublie, étendu face au ciel, à regarder les astres passer et repasser suivant les oscillations des hautes vergues masquées de toile. Point d'autres bruits que le pas de l'officier de quart et, de loin en loin, le commandement d'un maître d'équipage pour changer la voiture : un coup de sifflet suivi d'une envolée de formes blanches vers les hunes. Puis, au matin, un frémissement de nids qui s'éveillent, les hamacs roulés en deux temps, les hommes immobiles, leurs bérets à la main, tandis que le clairon sonne le salut aux couleurs allégrement hissées à l'instant précis où le premier rayon de soleil pointe au-dessus des lames.

Le 6, à midi, nous dépassons Kosi-Chang, une île montueuse où le roi de Siam possède une résidence d'été et va prendre des bains de mer. Le palais, improvisé lors d'une récente maladie du monarque, n'a pas été achevé et ne le sera sans doute jamais. Une aile seulement est habitable :

cette bâtisse en bois, dépourvue de tout style, s'élève à mi-côte près d'une petite pagode en torchis également insignifiante. En revanche, la rade, suffisamment abritée, peut être considérée comme l'avant-port de Bangkok. C'est là que la plupart des navires s'allègent de la majeure partie de leur cargaison dans des chalands remorqués ensuite jusqu'à la capitale ; c'est à Kosi-Chang qu'ils viennent attendre le complément de leur fret. En effet, les immenses dépôts de sable formés à l'embouchure du Ménam ne permettent l'accès de la rivière qu'à des bâtiments d'un très faible tirant d'eau.

De Kosi-Chang, occupé par l'amiral Humann et le gros de l'escadre française lors des événements de juillet 1893, nos canonnières prirent leur élan pour forcer les passes de Pak-Nam. Les trois couleurs ont flotté pendant plusieurs semaines sur ces roches, et nombre de gens déplorent que nous ayons cru devoir échanger cette position de premier ordre, véritable clef du golfe de Siam, pour Chantaboun situé à une centaine de milles plus à l'est, en dehors des grandes voies commerciales. Le gage est évidemment de valeur moindre, l'effet moral sans grande portée. Au surplus, il suffit de donner acte de ces critiques ; y insister serait puéril. Les regrets ne servent de rien en présence du fait accompli. A supposer que nous n'ayons point retiré d'une intervention nécessaire tout ce qu'on était en droit d'attendre, la situation demeure assez belle encore si nous savons dorénavant mettre à profit nos avantages.

Un peu avant quatre heures, la terre est de nouveau signalée, et l'on jette l'ancre à trois milles de la passe, infranchissable pour l'instant. Informations prises auprès du pilote dont le côtre est mouillé à quelques mètres du *Pluvier*, il n'y a pas plus de deux pieds d'eau sur la barre, et le flot descend encore. C'est jour de grande marée ; il ne faut pas compter pouvoir entrer en rivière avant une douzaine d'heures. Et nous voici roulant bord sur bord, les regards tendus mélancoliquement vers la terre qu'on distingue à peine tant la côte est basse. Le vent fraîchit avec le soir, la mer devient de plus en plus dure. Sous la poussée des lames livides, boueuses, le navire bondit, se cabre comme un sauteur tirant sur sa longe. La soirée semble interminable, nous comptons impatiemment les quarts piqués d'heure en heure; nuit sans sommeil, fiévreuse et maussade, introduction laborieuse aux splendeurs de Bangkok.

Le jour paraît enfin, une aube terne, ouatée de brume, et l'on se remet en route, très lentement; le chenal est étroit, contourne tour à tour des bancs de vase et des obstacles plus redoutables, plusieurs jonques chargées de pierres que les Siamois avaient coulées pour barrer le passage à nos canonnières. Peu à peu le brouillard se lève; voici, sur la gauche, le fort et le village de Pak-Nam qu'une voie ferrée, longue de 38 kilomètres, relie à Bangkok : à droite, les terrasses et le lourd pylône d'une pagode toute blanche au milieu des palmes.

Je ne connais pas, dans ces contrées, de paysages plus riants et plus animés que les rives du Ménam. Le contraste est saisissant entre ces campagnes cultivées, ces innombrables villages, ces flottilles de pêche éparpillées sur le fleuve et les horizons morts, les palétuviers qui attristent les rivières de la basse Cochinchine. A mesure que nous avançons, le mouvement augmente; des sampans font la navette d'une berge à l'autre, bondés de passagers. Des femmes, des enfants, des bonzes en toge jaune y sont entassés pêle-mêle au milieu des paniers de fruits et de légumes. Des jonques trapues montent, profitant de la marée, leurs grandes voiles de paille déroulées, battantes le long du mât, tandis que les mariniers, demi-nus, s'aident de la perche et de la rame et chantent à l'unisson sur un rythme d'enterrement.

Bientôt les habitations deviennent plus nombreuses et plus soignées : le pays a des airs de banlieue. On pressent la grande ville toute proche. Aux paillotes succèdent des constructions à l'européenne, les usines, les scieries, les chantiers, les grands moulins à décortiquer empanachés de fumée. Puis des docks, des appontements où se pressent des vapeurs, des voiliers de toute provenance dont les peintures écaillées, les coques rongées par la rouille attestent les rudes services. Des mâts de pavillons, des signaux, les clochers neufs, mais déjà tant soit peu penchés, d'une mission, se dressent au-dessus des arbres. Un dernier coude, et, après avoir rasé la terrasse de l'Oriental-Hôtel, nous stoppons, pour tout de bon cette fois, en face de la légation de France.

Ne pas dire de Bangkok que c'est la Venise de l'Extrême-Orient serait manquer aux plus élémentaires convenances. La plupart des voyageurs lui ont décerné ce surnom flatteur que lui disputent, du reste, tant en Europe qu'en Asie, d'autres cités non moins humides : Amsterdam et Stockholm, Venises du Nord ; Canton, Venise de la Chine. Que sais-je encore? Va pour pour Venise, quoiqu'à vrai dire rien ici ne rappelle la ville de Saint-Marc, sinon l'obligation de circuler beaucoup moins par terre que par eau. Cela certes a son charme, mais aussi ses inconvénients. Il faut renoncer au plaisir essentiel de la vie orientale, la flânerie. Le moyen de se perdre dans les foules, d'errer pendant des heures à travers le labyrinthe des bazars et des marchés, du moment que les boutiques flottent et que les gens vont à leurs affaires en bateau? La voie publique, le boulevard de Bangkok, c'est le Ménam. La plupart des maisons ont leurs façades tournées vers le fleuve.

La ville n'occupe qu'une bande de terrain fort étroite.

L'unique chaussée, la New-Road, longue de six kilomètres, est invisible de la rivière; c'est moins une promenade qu'un couloir de dégagement, où roulent, dans un grand bruit de ferraille, d'invraisemblables guimbardes attelées de poneys maigres, des pousse-pousse, des chars à buffles et les wagonnets du tramway électrique reliant le faubourg de Bang-Kalem à la ville royale. N'espérez pas trouver place dans ces véhicules économiques, mais sordides, pris d'assaut par les indigènes et leur vermine. Dérobez-vous aux puanteurs et aux poussières de la New-Road, et réfugiez-vous dans un des canots à vapeur amarrés devant l'Oriental-Hôtel. A l'heure ou à la course, les tarifs n'ont rien d'exagéré; vous pourrez, moyennant quelques *ticaux*, voguer au gré de votre fantaisie pendant une demi-journée, explorer la rivière et les canaux latéraux, vous attarder au seuil des maisons flottantes, devant les étalages bigarrés, sous les ombrages des pagodes et des bonzeries.

C'est le matin ou au soleil couchant que la ville se montre dans toute sa beauté. Non que l'animation cesse pendant les heures chaudes. Ici la sieste est inconnue. De midi à trois heures, tandis que Saïgon, silencieux, sommeille, toutes portes closes, la vie bat son plein à Bangkok. Mais la guenille exotique ne gagne point à être vue au grand jour ni de trop près. Il faut au bric-à-brac polychrome de ces architectures les demi-teintes, les perspectives lointaines, le ciel velouté des aurores et des soirs.

Une demi-heure de chaloupe, et le vrai Brangkok apparaît, sur la droite, la ville royale avec sa muraille blanche, ses toits de palais en forme de tiares, sa forêt de pagodes dressant leurs flèches plaquées d'or et d'émaux. Sur l'autre rive, les bâtiments de l'arsenal; ancrée au milieu du fleuve, la flotte siamoise, une douzaine de fort jolis navires qui n'ont jamais navigué.

Mon embarcation accostée à hauteur du palais, je parvenais à pénétrer dans l'enceinte après un colloque avec l'officier de garde, un jeune Danois prodigieusement galonné qui commandait à des fantassins sans chaussures. Mais grâce à l'obligeance de M. le chargé d'affaires de France et de mes amis du *Pluvier*, j'avais été muni de toutes les autorisations nécessaires. Un interprète prévenu de la veille m'attendait et m'invitait à le suivre. Dans les escaliers, dans les corridors, traîne un peuple d'employés, de chambellans, de gratteurs de paperasses et de serviteurs des deux sexes. Jusque-là, rien que de très ordinaire; tout cela est triste, les murs blanchis au lait de chaux rappellent la caserne ou le promenoir de couvent. Un grand silence pèse sur la cité royale. Les gens que nous croisons sont vêtus de noir et s'entretiennent à voix basse, d'un air accablé; Bangkok porte le deuil du prince héritier, décédé presque soudainement il y a six semaines. On me montre les restes du catafalque élevé dans la cour d'honneur, une montagne de plâtre et de carton que défendent des dragons et des génies lamentables sous leurs parures de clinquant émiettées par le soleil et les averses. Le corps du jeune prince, enfermé dans une urne d'or, attend au fond de la pagode royale l'heure des funérailles définitives; elles n'auront pas lieu avant six ou huit mois, délai à peine suffisant pour préparer l'imposante cérémonie, pour amener des plus lointaines provinces les bois précieux qui doivent servir à édifier le bûcher. Jusque-là plus de fêtes publiques; tous ceux qui de près ou de loin ont des rapports avec la cour conserveront le vêtement sombre, les attitudes désolées.

Les éléphants eux-mêmes portent le deuil officiel. N'ont-ils pas rang de princes? A l'entrée de leurs écuries respectives, un nœud de crêpe est fixé à la muraille au-dessous du cartouche où sont inscrits les noms et dignités du très noble animal. Celui-ci, d'ailleurs, quel que soit son titre, m'a paru logé bien à l'étroit; l'étiquette aussi laisse à désirer. J'ai cru m'apercevoir que les gardiens ne se gênaient guère pour administrer, à la moindre incartade, un coup de leur trique ferrée sur l'épaule de monsieur le comte ou de monsieur le marquis. Le respect se perd!

Mais laissons le palais et ses dépendances. D'autant que le moment serait mal choisi pour parcourir les appartements royaux. Et je ne vous cacherai pas que je n'éprouve aucun serrement de cœur à l'idée de m'éloigner sans avoir contemplé les moulures du salon réservé au corps diplomatique et le grand lustre de Baccarat qui orne la salle du trône. Le modernisme qui gagne de proche en proche menace de submerger avant qu'il soit longtemps les derniers vestiges de l'art oriental; cet édifice où la fantaisie d'un architecte britannique a mêlé les styles les plus disparates, les flèches siamoises en teck ajouré et les fioritures de la Renaissance, me fait l'effet d'un casino. Voyons plutôt les pagodes.

La liste tant soit peu complète et la description des pagodes de Bangkok exigeraient un volume. Celui-ci ne présenterait, j'en ai peur, qu'un médiocre intérêt. Il n'en est guère qui méritent une monographie détaillée. La plupart sont de date relativement récente, comme la ville elle-même; la capitale, en effet, il y a un siècle à peine, était située à dix lieues en amont, à Ayuthia. Aussi, malgré ce qu'en ont dit certains voyageurs prompts aux enthousiasmes, ne faut-il pas, sous peine d'être déçu, s'attendre à trouver parmi les monuments de Bangkok rien de comparable aux vieux temples de l'Inde ou aux chefs-d'œuvre de l'art khmer. Tout cela est extraordinaire, éblouissant, mais instable et fragile comme un

PAGODE ROYALE. — BANGKOK.

décor de féerie : stuc et plâtras bien vite écaillés sous la double action de la chaleur solaire et des rosées nocturnes.

Le joyau de la collection est le Wat-Pra-Kéo, la chapelle vénérée entre toutes, qui abrite le palladium de la cité, le fameux Bouddha d'émeraude rapporté de Vieng-Chan, l'ancienne capitale du Laos, après la prise et le sac de cette ville par les armées du roi Phaja-Tak en 1777. La statuette est simplement en jade, mais d'une finesse d'exécution remarquable : c'est, dans ses dimensions minuscules, — elle a tout au plus cinquante centimètres de haut, — le plus beau des Bouddhas, le plus opulent aussi. Il a son trésor particulier, accru d'année en année par les dons et legs des fidèles : barres d'or et d'argent, pierreries, meubles rares, sans compter un certain nombre d'objets auxquels les donataires attachaient sans doute un grand prix, mais qu'on est pourtant surpris de rencontrer en si excellente compagnie : tels un guéridon d'acajou, d'odieux vases d'albâtre contenant des fleurs artificielles, une pendule avec son globe représentant l'Arabe et son coursier. Le Bouddha du Wat-Pra-Kéo a ses chambellans, ses majordomes, ses valets d'atours préposés aux soins de la garde-robe et des écrins, chargés d'épousseter et de parer l'idole, de la draper, suivant la saison, dans la soie ou le brocart. A certaines heures, lorsqu'un rayon de soleil descend sur l'autel, sa face, d'une majesté hiératique, s'illumine et resplendit dans une gloire.

Inutile de dire en quelle estime est tenue la sainte image et si l'on fait bonne garde auprès d'elle pour la préserver des entreprises de quelque collectionneur sans scrupules. Grande fut donc l'émotion lorsque, tout récemment, le bruit se répandit que l'on était menacé de se voir enlever ce Bouddha unique et tutélaire. On assurait que les bonzes de Vien-Chang et de Luang-Prabang, dont l'influence est considérable dans tout le Laos, demandaient qu'on leur restituât la statue ravie à leurs ancêtres. La requête, ajoutait-on, était appuyée très sérieusement par la France. Où et comment cette étrange rumeur avait-elle pris naissance? Nul ne le savait. Toujours est-il qu'elle avait trouvé immédiatement créance dans le populaire, et je vous laisse à penser si les langues allaient leur train. On ne parlait rien moins que d'un conflit possible, d'une réédition du différend franco-siamois aggravé cette fois aux proportions inattendues d'une guerre sainte. Les alarmes causées par ce racontar enfantin seront bientôt calmées. Les chancelleries peuvent dormir tranquilles, la paix ne sera point troublée. Je ne m'imagine pas, par le temps qui court, les nations s'entr'égorgeant pour une figurine de jade.

A mentionner aussi, dans le voisinage du Wat-Pra-Kéo, un gracieux bâtiment ciselé comme un reliquaire, la bibliothèque, renfermant dans ses coffres aux délicates incrustations de nacre ou laqués d'or quantité de manuscrits inestimables, la majeure partie des évangiles et des légendes bouddhiques avec leurs commentaires; enfin, le Vât-Maha-That, où sont déposées les urnes funéraires des rois, des reines et des princes du sang, et dont la toiture à cinq étages est surmontée d'une flèche d'or.

Je renonce à faire le dénombrement des pagodes et pagodons élevés aux environs immédiats du palais : la plupart ne s'écartent pas du type classique, le pylône en maçonnerie pleine décoré de capricieuses appliques en faïence ou en verroterie. Il y en a de toute grandeur, depuis les énormes cloches dont le manche fuselé s'élève à vingt ou trente mètres au-dessus du sol, jusqu'aux simples ex-voto, de la dimension d'un bibelot d'étagère. C'est une orgie de couleurs, un labyrinthe d'escaliers et de terrasses où des arbustes, rabattus et bistournés d'après les procédés des horticulteurs japonais, s'étiolent dans des potiches; une longue suite de fresques où sont reproduits, d'un pinceau très libre, des épisodes du Ramayâna et quelques-unes des frises d'Angkor-Wat. Puis, sous les colonnades, de chaque côté des avenues, des rangées de gigantesques magots en carton-pâte, recouverts de clinquant, figurant des héros ou des dieux, des monstres dressés ou rampants, des dragons aux yeux de cristal, la gueule menaçante, les écailles enluminées de bleu et de rouge; toute une ménagerie sacrée.

Vu à distance, sous le soleil matinal, ce déballage n'est pas trop criard; mais il convient de s'en tenir à une vue d'ensemble dans un prudent recul. Un examen détaillé démontrerait jusqu'à l'évidence combien les combinaisons de cet orientalisme flamboyant et tumultueux sont inférieures, somme toute, à l'art arabe, lequel a su, avec des matériaux non moins frêles, obtenir des effets autrement saisissants et créer d'inoubliables chefs-d'œuvre.

Ce qui manque surtout dans ce brillant décor, ce sont les personnages, le va-et-vient d'une foule, les prêtres drapés à la romaine égrenant leurs litanies, le ronflement des gongs, les notes piquées sur les triangles de bronze. Partout la solitude, le silence à peine troublé par le pas discret d'un gardien aux pieds nus; on se croirait par moments égaré au fond de quelque musée de province, dans les salles affectées aux plâtres et à la céramique.

Tout cela est entretenu à grands frais, éblouissant, mais désespérément vide. Combien je préfère les pagodes situées hors de l'enceinte du palais : Vàt-Cheng, immense pyramide visible de tous les points de la ville, qui se dresse au bord du fleuve au milieu des ficus et des banians séculaires, accessible à tous, égayée par les échoppes des débitants de thé, des marchands de cierges parfumés, de banderoles et d'amulettes ; et cette autre dont le nom m'échappe où, dans une prénombre de crypte, repose un Bouddha couché, long de cinquante mètres ! Ces monuments-là, nul ne les répare ; leur badigeon s'écaille, les revêtements de brique et de porcelaine se disloquent tesson par tesson ; les hirondelles font leurs nids dans les brèches béantes des chapiteaux et des portiques, les araignées jettent leurs toiles sur la face auguste du Bouddha. La décrépitude même atténue les incohérences de forme et de couleurs, éteint les chatoiements dans une tonalité très douce ; mais le temple est doublé d'un monastère, des toges jaunes se montrent sous les portiques, une odeur d'encens flotte dans l'air mêlée à celle des rosiers grimpants et des frangipaniers en fleur. Dans les jardins envahis par l'herbe folle, les gens, la prière dite, viennent prendre le frais ; des familles s'installent sous les arbres, des enfants guenilleux se poursuivent en riant parmi les stèles, les édicules, les dragons de pierre mutilés. Je vois encore un groupe bariolé de cinq ou six jeunes femmes assises sur un tertre gazonné autour d'un gigantesque *lingam* de granit ; devant elles, un monceau de fleurs fraîchement coupées, qu'elles disposaient en guirlandes, tout en croquant des sucreries. Très amusées, bavardes, elles paraient de leur mieux l'emblème impudique, sans honte aucune d'avoir été surprises tandis qu'elles procédaient à ces dévotions, ne détournant même pas la tête, dissimulant seulement leurs traits derrière des brassées de roses, en guise d'éventails.

Je me souviens aussi d'un joli monastère situé à la limite extrême des faubourgs, et dans lequel est enseveli l'un des oncles du roi, de son vivant talapoin renommé pour ses vertus. Ce prince, depuis longtemps retiré du monde et de la cour, s'était choisi une délicieuse retraite ; c'est l'un des coins les plus paisibles et les plus frais de Bangkok : de grands arbres, des eaux murmurantes, des pavillons blottis dans la verdure. Le bon religieux, réduit en cendres et renfermé dans une urne d'or, occupe encore la cellule où il lui a plu de vivre durant de longues années. Pas un meuble n'a été dérangé. Les livres de piété renfermés dans leurs étuis de laque sont alignés dans les casiers, l'écritoire et les plumes disposées au milieu de la table très basse, très large, ainsi que la natte où le commentateur des textes s'installait pour travailler assis sur ses talons : au mur pendent la toge jaune safran et le cilice. On pourrait, sur un simple coup d'œil, reconstituer par la pensée l'existence et les occupations du moine de haute naissance dont le portrait est accroché au-dessus de la porte. Le visage est d'un ascète ; mais l'expression du regard, la bouche plissée d'un vague sourire, trahissent le désenchantement mêlé d'ironie du philosophe qui a connu les intrigues de cour, le choc des ambitions rivales, les mécomptes du pouvoir suprême, et a cherché le bonheur loin des hommes.

Vainement j'ai tenté d'escalader la colline à laquelle a été donné, je ne sais trop pourquoi, le nom quelque peu prétentieux de Phu-Kao-Tong (la Montagne d'or). Du petit temple bâti sur la cime, on découvre, paraît-il, un panorama fort étendu, la ville entière, les localités suburbaines et la coulée blonde du Ménam jusqu'à la mer. Mais, à mi-côte, un factionnaire incorruptible m'a barré le passage. Une consigne toute récente et des plus sévères interdit aux étrangers, quels qu'ils soient, l'accès de la plate-forme. Le gouvernement siamois a pris cette décision géniale à la suite des événements de juillet 1893, de peur que des espions déguisés en touristes ne profitassent de l'ascension pour étudier, le carnet à la main, les approches de la capitale et ses points faibles, en prévision d'un coup de main. C'est à mourir de rire.

En revanche, il m'a été loisible de visiter, à une portée de fusil de la Montagne d'or, le Vât-Saket, monastère en ruine et qui sert actuellement aux crémations. On n'y brûle, à vrai dire, que la dépouille des pauvres diables ou des rares personnages qui, par humilité, ont tenu à s'en aller en fumée sur le bûcher des indigents. La cérémonie est des plus simples et profondément répugnante. Je n'ai pas souvenir d'avoir assisté à des scènes aussi révoltantes aux Indes, où cependant certain enclos de Bombay sur la route de Malabar Hill et les Ghâts de Bénarès offrent chaque jour aux amateurs d'émotions macabres un spectacle de haut goût. Afin d'économiser le combustible, on commence par livrer le cadavre en pâture aux vautours noirs qui ont établi leur quartier général dans les ruines. En quelques minutes, du trépassé le mieux en chair il ne reste plus qu'un squelette. Les os, brisés à coups de masse, sont réunis en tas et jetés à la pelle sur un brasier. Il n'est point de paroles pour rendre l'aspect sinistre du Vâ-Saket à la nuit tombante, les batailles d'oiseaux se disputant un morceau de choix, les essors triomphants accompagnés d'une pluie de fiente, coagulée en couche épaisse où le pied glisse, les murs d'enceinte, les branches des arbres salis par la fumée, l'effroyable odeur de roussi dont l'air est saturé, que le vent emporte au loin et qui vous poursuit pendant des heures.

Chose étrange, ce charnier sert d'asile à des créatures humaines ; et l'asile est fort couru. Peu d'hospitalités de nuit possèdent une aussi nombreuse clientèle. C'est une façon de dépôt de mendicité. Des vieillards, des éclopés y sont admis par faveur spéciale, grâce à de puissantes protections. Ils vaguent tout le jour par la ville, la besace au flanc. Le soir venu, ils se réfugient sous les portiques de la pagode abandonnée, soupent d'une poignée de riz et d'un poisson salé, déroulent un lambeau de natte et s'endorment avec les vautours, attendant, dans un beau mépris de la mort, le moment d'être déchiquetés par leurs camarades de chambrée, puis grillés par les soins du fonctionnaire préposé à cette lugubre cuisine : le *saparo*.

Bangkok, 14 février.

Dans la banlieue, entre chien et loup, mon poney trottine sur la route déserte, route circulaire, la seule voie carrossable existant aux environs de Bangkok. Cavalier ou piéton, personne en vue. La mode n'est point à la promenade comme à Saïgon. Ici, les affaires terminées, on sort peu, et presque jamais dans la campagne. Un tour en voiture sur la New-Road, avant dîner, une station d'une heure sous la véranda du club, rien de plus. Je me hâte donc de fuir cette solitude et de regagner la ville avant qu'il fasse tout à fait noir, lorsqu'une étrange silhouette de château se dresse au milieu des rizières déjà envahies par la brume. Où donc ai-je déjà vu cela? C'est à peine d'aplomb, de lignes fantasques et tremblées, comme une esquisse exécutée par la main maladroite d'un enfant. Mais cela veut être une copie. Parfaitement : je me souviens. J'ai aperçu le modèle, il y a des années, bien loin d'ici, entre la mer bleue et les falaises blanches de l'Istrie. C'est Miramar, mais un Miramar dérangé, ratatiné, cocasse, planté au milieu d'une plaine marécageuse et sans arbres.

Il y a de cela cinq ou six ans, le « Maître de la Terre », l'« Excellence aux pieds divins », le « Descendant des anges », autrement dit S. M. Chulalongkorn, résolut d'édifier un palais pour le prince héritier, un palais à l'européenne. Il se fit adresser un album contenant les photographies de quelques résidences princières ; Miramar était du nombre. Le site l'enchanta, l'architecture lui plut. « Reproduisez-moi cela », dit-il à l'architecte. Et l'architecte — je regrette de ne pas savoir son nom — reproduisit, en réduction et Dieu sait comme, le palais de Maximilien. Cette bâtisse n'a jamais été habitée et n'est plus habitable. Les murailles trop minces ont donné coup ; la toiture s'effondre, les fenêtres sont brisées, les escaliers rompus. L'immeuble a coûté plusieurs millions : et rien n'est plus triste que cette ruine toute neuve apparue dans le crépuscule, évoquant à la fois le tragique souvenir d'un empereur éphémère et celui de l'enfant royal qui vient de mourir.

Un peu plus loin, je traverse une voie ferrée en construction ; c'est la ligne conduisant à Ayuthia, l'ancienne capitale. Entreprise par une compagnie anglo-siamoise, elle est destinée à être prolongée dans l'intérieur. Sur plusieurs sections les rails sont en place ; de puissantes locomotives circulent, remorquant les trains de ballast. D'ici à quelques mois le service sera inauguré jusqu'à Ayuthia ; au delà, les travaux sont poussés avec activité, et cette ligne à grande voie atteindra, avant qu'il soit longtemps, Khorat, l'un des plus importants marchés du Siam, situé à près de 300 kilomètres de Bangkok. Est-ce là le terminus définitif ou seulement l'amorce d'un réseau plus étendu ? Cette nouvelle artère est-elle assurée d'un trafic rémunérateur ? Où se dirigera-t-elle ensuite ? Autant de questions auxquelles les promoteurs de l'entreprise eux-mêmes seraient peut-être hors d'état de répondre, le résultat de cette première tentative pouvant seul les fixer sur les déterminations à prendre ultérieurement. Il y a cependant, je crois, quelque intérêt à signaler ces travaux qui se poursuivent sans bruit ni réclames et dont les relations des touristes ne parlent guère. Combien de gens chez nous seront surpris d'apprendre qu'il existe une gare à Pak-Nam, que les convois se succèdent, sur cette ligne de banlieue, presque aussi nombreux qu'entre Paris et Versailles, et que le ruban de fer déroulé dans le royaume de l'Éléphant blanc a déjà près de cent lieues !

Les soirées sont calmes à Bangkok, l'animation cesse, comme par enchantement, à peine le soleil couché. La ville n'est point pour plaire aux noctambules, à présent surtout que les théâtres indigènes font relâche en signe de deuil. Et je ne le regrette qu'à demi, vu le peu de variété des répertoires et la cacophonie des orchestres où s'escriment les virtuoses du gong et du chapeau chinois. Puis, est-il rien qui vaille les heures fraîches passées, sous l'hospitalière véranda de la légation de France, à regarder, tout en causant entre amis, la nappe grise du Ménam où dansent pêle-mêle les lumières des maisons flottantes et les étoiles ? Ce n'est point, à coup sûr, l'exploration plutôt pénible du *Sampeng*, le quartier des maisons de jeu et des bouges, inextricable dédale de ruelles à peine éclairées, bordées d'ignobles masures où la basse plèbe vient faire la fête. J'ai respiré les mêmes puanteurs, foulé les mêmes immondices dans les faubourgs de Canton. Mais, là-bas, les chapelets de lampions et de lanternes peintes se balançaient au-dessus des portes, mettaient une gaieté sur les haillons et les visages. Ici c'est la débauche ténébreuse et sans joie.

Le seul détail plaisant de la promenade est notre escorte composée de deux policemen, qu'à leur mine on prendrait pour des malandrins. Escorte parfaitement inutile d'ailleurs : de mémoire d'homme, trois ou quatre Européens munis de cannes solides et procédant avec prudence n'ont risqué quoi que ce soit dans le *Sampeng*. Mais les deux agents de la force publique se sont attachés à nos pas spontanément dans l'espoir d'un pourboire honnête qu'ils ne cessaient de solliciter chemin faisant, implorant à voix haute notre munificence. Les malheureux touchent de si maigres appointements! Beaucoup sont, en effet, des esclaves et voient les deux tiers, sinon la totalité de leur paye, encaissés par leurs maîtres. Pour peu que le Trésor soit dans l'embarras et fasse attendre la solde, force leur est de mendier ; mais, de toutes façons, ils doivent rendre compte de la recette. Certains hauts personnages augmentent ainsi leurs revenus dans des proportions assez sensibles. Une escouade de ces gardiens de la paix est d'un excellent rapport. Cela représente une ferme en Brie.

La caractéristique de la capitale du Siam, c'est sa population prodigieusement mélangée et ce fait que les Siamois authentiques s'y trouvent en minorité. En dehors de la ville royale, où résident la noblesse et la plupart des fonctionnaires, ce ne sont, par les rues et sur les canaux, que Chinois, Malais, Annamites, Cambodgiens, Laotiens, Hindous, Parsis, Pégouans et Birmans, sans compter les types très nombreux de Kariengs, de Stiengs et autres peuplades de l'intérieur. Mais l'élément chinois domine ; les neuf dixièmes des transactions s'opèrent par l'entremise des Célestes répandus dans tout le royaume. A Bangkok même on évalue leur nombre à plus de trois cent mille, sur une population d'environ six cent mille âmes. Si la Chine, au lieu de procéder par infiltration, eût été en mesure de poursuivre ouvertement une politique de domination et de conquête, et se fût avisée d'installer à Siam une légation, son ministre eût été, de fait, le véritable maître du pays.

Dans cette foule jaune les Européens passent inaperçus. Ils sont deux ou trois cents à peine, Anglais, Allemands, Danois, Français, Italiens et Suisses. Ici, comme partout, l'anglais est la langue commerciale, ce qui ne veut point dire que le commerce d'importation soit, comme on l'a répété souvent, tout entier entre les mains des sujets de Sa Gracieuse Majesté. Il s'en faut de beaucoup. Si la plupart des navires marchands ancrés dans la rivière battent pavillon britannique, cela n'est très souvent qu'un trompe-l'œil. Nombre de ces bâtiments appartiennent à des Chinois, ceux-ci ayant l'habitude, et pour cause, d'arborer de préférence à l'étendard national, fort malmené par le temps qui court, les couleurs étrangères.

Infime par le nombre, la colonie française occupe ou, pour être plus exact, serait à même d'occuper une situation prépondérante. Sans doute, nos importations se réduisent à peu de chose. J'entends l'importation directe, car les produits français ne manquent point sur le marché : seulement, pour y arriver, ils ont passé par l'étranger. Mais si la suprématie commerciale nous échappe, peut-être nous serait-il, à bon droit, permis de prétendre à une prépondérance morale, laquelle a bien son prix et ne dépend pas forcément du chiffre plus ou moins élevé des affaires. Le Siam ne compte qu'un seul établissement scolaire digne de ce nom, et cet établissement absolument remarquable est dirigé par nos missionnaires. C'est le grand collège de l'Assomption, fréquenté par plus de quatre cents jeunes gens; les meilleures familles y font élever leurs enfants qui y étudient notre langue. Par ce collège, par les écoles de moindre importance établies dans les provinces nous tenons l'élite de la jeunesse siamoise. N'est-ce donc rien, cela ?

Enfin une notable fraction de la population ne demande qu'à se réclamer de nous. Je veux parler des Annamites et des descendants des prisonniers de guerre amenés autrefois à Bangkok à la suite des agressions dirigées contre le Cambodge. Le dernier traité les place sous notre juridiction ; ils n'ont, pour bénéficier de la protection de la France, qu'à se faire inscrire à la légation en établissant leur identité par pièces justificatives ou par témoignages. A peine cette clause était-elle rendue publique qu'ils accouraient en foule : or Cambodgiens et Annamites constituent la majeure partie de la population maritime, employée aux pêcheries, à l'arsenal, ou embarquée sur la flotte. Aussi les autorités siamoises mirent-elles tout en œuvre pour enrayer le mouvement ; elles poussèrent l'audace jusqu'à aposter des agents de police aux abords de la légation et à faire arrêter quantité d'individus dont le seul crime était de venir se présenter à notre chancellerie. Celle-ci dut intervenir et, bien entendu, n'eut pas de peine à obtenir la mise en liberté des soi-disant délinquants. Mais le fait n'en est pas moins significatif.

Les Chinois, qui plus est, n'ont pas tardé à suivre l'exemple des Annamites et des Cambodgiens. Les Chinois, sans être positivement malmenés, sont exposés à quelques vexations. Ils doivent notamment payer chaque année un impôt de capitation d'une douzaine de francs. Cela n'a rien d'exagéré. Mais la manière dont cette taxe est perçue est particulièrement humiliante. Ils sont, en effet, contraints de porter constamment sur eux et de représenter, à la première réquisition des agents, leur quittance de contribution. Celle-ci consiste en une cordelette enroulée au poignet et dont le nœud est scellé au moyen d'une rondelle de laque timbrée au chiffre du percepteur. Faute de pouvoir exhiber cet acquit d'un nouveau genre, l'infortuné contribuable est conduit séance tenante au violon. On a vu des commerçants honorablement connus sur la place s'en aller à la file, entravés comme des malfaiteurs. Bon nombre, afin d'échapper à ces tracasseries, cherchent à abriter leurs personnes et leurs biens sous le patronage d'une puissance européenne. Les uns, venus de Hong-Kong ou de Singapore, ont pris soin de se munir d'un passeport auprès des autorités anglaises ; les autres, aussitôt qu'ils ont mis de côté quelques économies, et, partant, ont à redouter les exactions de fonctionnaires fantaisistes, se précipitent vers les différents consulats.

Depuis deux ans la légation française est très en faveur auprès des Célestes. Je ne sais s'il convient d'attribuer ces heureuses dispositions à l'effet produit par l'arrivée de nos canonnières. J'incline à croire plutôt que les trois millions d'indemnité exigés du Siam ont vivement frappé ces esprits très positifs. Soutirer de l'argent à un gouvernement que d'habitude on soudoie, et plutôt deux fois qu'une, cela leur a paru très fort. Ils viennent donc à nous, et, pour peu que nous y prêtions la main, le nombre de ces protégés inattendus sera bientôt considérable. Par malheur, le personnel de la légation est, à l'heure actuelle, trop restreint pour suffire au surcroît de travail qu'impose cette nouvelle clientèle. Un chargé d'affaires, deux secrétaires, un chancelier, en tout quatre Européens, c'est bien peu. Ils ne sauraient tout à la fois expédier la besogne courante et procéder à des interrogatoires, enquêtes, contre-enquêtes sur l'identité et l'honorabilité des candidats qui se pressent à la porte des bureaux. Avec la meilleure volonté du monde, force leur est de congédier les postulants. Ceux-ci, après deux ou trois démarches infructueuses, de guerre lasse, vont s'adresser au représentant britannique.

La légation anglaise, par contre, dotée d'un personnel beaucoup plus nombreux, ne reste pas inactive. Elle dispose de neuf Européens ; de plus, à côté du ministre, il y a l'*acting consul*. Ce dernier, par lui-même ou par ses sous-ordres, est chargé, tant dans la capitale que dans l'intérieur, de régler les différends qui peuvent s'élever entre les autorités locales et les populations originaires de contrées soumises à l'Angleterre : Pégouans, Birmans, Shans, Hindous, indigènes de la côte de Tennassérim.

C'est ainsi que, depuis quelques semaines, un certain M. Black est parti en tournée et parcourt les provinces de l'Est, visitant tous les points où ses renseignements lui ont signalé la présence d'immigrés ayant droit à la protection et à la juridiction consulaires, et offrant ses bons offices à qui désire en user.

C'est, réunis sous une seule et même personne, une sorte de tribunal ambulant et une commission de recensement : l'innovation est heureuse et ne peut manquer d'affermir le prestige de la nation qui vient de l'instituer. Il n'est peut-être pas indispensable que nous procédions d'après la même méthode. Mais il y a certainement quelque chose à faire. La première mesure à prendre serait de renforcer le personnel de la légation qui, dans l'état actuel des choses, malgré son expérience et son zèle indéniable, n'est point en mesure de nous assurer l'un des plus sérieux avantages résultant des derniers traités, l'exercice de ce droit de patronage si précieux, dont la portée est incalculable dans le monde oriental, aussi bien dans ces régions  que dans l'Asie antérieure. Je ne veux point insister sur une question qui exigerait pour être exposée d'une manière à peu près complète, mieux que les feuilles d'un carnet de route. Mais l'importance en est trop manifeste pour qu'on la passe sous silence. Elle sautera aux yeux de quiconque séjournera, je ne dis pas quelques jours, mais seulement quelques heures à Bangkok.

On me répondra peut-être qu'il n'y a pas grand mal à éconduire cette foule désireuse de s'abriter sous notre pavillon. Nous mêler de ses affaires, c'est nous exposer à mille ennuis, à d'incessantes réclamations, à des difficultés quotidiennes à la suite du moindre abus de pouvoir commis contre l'un de nos protégés. Mais c'est là précisément ce qui s'appelle exercer une influence. Pour qui veut s'éviter ces sortes de désagréments, le plus sage est

ENVIRONS DE BANGKOK.

de rester chez soi, portes closes. Il est malaisé de courir le monde sans s'exposer, peu ou prou, aux intempéries. Il faut choisir.

Bangkok, 15 février.

J'ai le plaisir de ne point quitter Bangkok sans avoir assisté à des réjouissances funèbres. Réjouissances est le mot ; car ici, dans les hautes classes du moins, on a la crémation gaie. Rien des horreurs du Vât-Saket. La cérémonie à laquelle je fus convié hier participait tout à la fois d'une réunion select et de la fête foraine. Un personnage occupant de hautes fonctions à la cour nous avait réunis pour rendre les derniers honneurs à trois de ses proches décédés à quelques mois d'intervalle et que l'on allait brûler de compagnie. Les défunts appartenaient à la famille de l'ancien régent : aussi toute la haute société de Bangkok avait-elle tenu à venir leur rendre un suprême hommage.

Les trois bûchers étaient disposés sous un immense dais de bambou en forme de croix grecque, recouvert de cotonnades blanches brodées de noir, dans le jardin d'une pagode. De chaque côté, des pavillons avaient été aménagés pour recevoir les invités ; des tables étaient dressées, chargées de gâteaux et de bonbons ; des serviteurs circulaient offrant du thé, des sirops, des cigarettes. Et, là dedans, une société nombreuse bavardait, s'agitait, se congratulait, tandis que le chef de la famille, de noir vêtu, mais le sourire aux lèvres, allait de l'un à l'autre, multipliant les serrements de main et les courbettes. A quelques pas de là, deux théâtres en plein vent étaient installés : sur l'un les acteurs de la cour, splendidement costumés, exécutaient une pantomime dont le sujet, emprunté au Ramayâna, semblait être la lutte des singes et des dieux ; sur l'autre, spécialement réservé au populaire. des bateleurs s'évertuaient aux sons d'un orchestre de gongs.

Il y avait là le Bangkok des premières, y compris le corps diplomatique. Le roi s'était fait représenter par son premier ministre. Ensuite venaient les grands dignitaires européens au service du Siam et parmi eux, en uniforme d'amiral, certain capitaine au long cours, Danois d'origine, répondant naguère au nom de Rikels ou Richels, mais qu'depuis l'a échangé pour celui de Richelieu (Armand Duplessis). On l'appelle aussi couramment le Commodore, comme jadis l'on disait le Cardinal. Vous entendez tous les jours des phrases de ce genre : « Je viens de rencontrer Richelieu... Je dîne ce soir chez Richelieu... » Et cela fleure je ne sais quel parfum d'opérette.

Les momies, retirées de leurs urnes dorées, furent déposées sur les bûchers après avoir été enveloppées de longues bandelettes d'étoffe jaune dont les extrémités traînaient à terre. Après quoi, des bonzes parurent et dirent les dernières prières, prosternés et touchant du front les écharpes déroulées, comme s'ils eussent voulu communiquer de la sorte avec les morts. Un téléphone d'outre-tombe. Puis on distribua à chacun des assistants deux bûchettes de bois résineux, ainsi qu'une tige de fleurs artificielles fort joliment fabriquées à l'aide de copeaux et à laquelle était suspendue par une faveur une bagatelle en argent, bonbonnière ou boîte à bétel, à titre de souvenir. Cela fait, nous prîmes la file comme pour l'absoute, derrière l'aîné de la famille qui mit le feu au catafalque, et nous jetâmes dans les flammes nos bûchailles parfumées. Et tandis que le brasier crépitait, et qu'une affreuse odeur de grillade emplissait l'air, sur les tréteaux les farandoles, les cortèges allaient leur train ; grimpés sur des échafaudages, des pages à la livrée de la maison jetaient à la plèbe, massée autour de la pagode et jusque dans l'enceinte, des citrons à surprise, remplis de monnaie blanche.

La fête s'est prolongée toute la nuit. J'y suis revenu dans la soirée. La compagnie était encore très nombreuse : beaucoup de femmes appartenant au monde officiel, très élégantes malgré leur deuil, et très plaisantes dans leur toilette mi-partie européenne et siamoise : le corsage décolleté, les bras nus et, en guise de jupe, le *sampot* de soie noire roulé autour des reins, laissant voir la jambe bien au-dessus du genou. Ces dames, qui depuis plusieurs semaines avaient dû, par égard pour l'affliction royale, renoncer aux plaisirs du bal et du spectacle, avaient saisi cette occasion de rompre un jeûne cruel et s'en donnaient à cœur joie.

Lorsque je me suis retiré, il était près de deux heures, et c'est à peine si de rares personnes, d'âge vénérable, avaient quitté la place. Sur les théâtres, la lutte du singe vert et du singe noir se poursuivait, les orchestres ronflaient. Dans les jardins, éclairés par des lampes électriques accrochées aux branches, les serviteurs affairés continuaient à faire circuler les tasses de thé, les pâtisseries et les limonades.

Sous leur pavillon de bambou aux tentures noircies par la fumée, ceux pour qui se donnait la fête n'étaient plus que trois petits tas de cendres chaudes.

1er mars.

Retour à Saïgon juste à temps pour m'embarquer sur le *Haïphong*. J'écris ces lignes à bord du paquebot qui m'emporte vers la côte d'Annam, à l'heure même où j'arrivais, il y a de cela deux mois, en vue de Cochinchine, à l'heure où le soleil descend sur les rizières. Mais à présent la moisson est faite, la plaine nue apparaît plus vaste encore et mélancolique.

Tristesse de campagnes dépouillées, tristesse des départs. Saïgon et ses larges quais plantés de tamariniers ont depuis longtemps disparu sous l'horizon : ce ne sont plus que rives basses, palétuviers léchés par la marée. Peu à peu, tout cela s'est effacé, et le bâtiment oscille lourdement sous la houle du large. La Cochinchine est loin. Sans doute, ce n'est point une de ces terres bénies d'où l'on a peine à s'arracher. Mais il semble que ce soit un coin de France que la mer recouvre et que, peut-être, on ne reverra plus.

DEUXIÈME PARTIE

ANNAM

CHAPITRE PREMIER

LA CÔTE DE FER. — TOURANE ET LES MONTAGNES DE MARBRE. — SUR LA ROUTE MANDARINE.

Tourane, 1ᵉʳ mars.

Apre, tourmentée, inhospitalière, projetant au large des éperons rocheux hérissés d'aiguilles redoutables à peine visibles à fleur d'eau; éclairée seulement par deux phares, l'un au cap Padaran, l'autre à la pointe Varela, puis au delà, sur une distance de plus de 1,000 kilomètres, menaçante pour les marins pendant les longues nuits obscures, fouettée par une mer toujours furieuse, que la mousson souffle du N.-E. ou du S.-O., la côte d'Annam est surnommée communément, et à juste titre, la Côte de Fer.

Inquiétante et superbe avec, de loin en loin, des lignes d'une grâce exquise, une échancrure dans l'escarpement fauve et, brusquement apparu, quelque coin de baie paisible, une plage frangée de cocotiers, une rangée de paillotes, des jonques à l'ancre, des filets bruns séchant sur la grève. Voici Nà-Thran et son arrière-plan de montagnes bleuâtres, Quin-Hone, sa petite concession proprette et sa bourgade chinoise plantées sur une étroite bande de sable entre la mer et une immense rade intérieure accessible seulement aux bâtiments de faible tonnage. Puis, de nouveau, la muraille abrupte, balayée par le vent de mer, sans autre végétation que les mousses dorées et les cactus accrochés aux fissures de la roche.

Ces côtes ont le coloris éclatant, la puissance de relief du littoral méditerranéen : rarement j'ai vu aussi heureusement combinés ces deux éléments de beauté, la mer et la montagne. Cependant on les ignore et, selon toute apparence, on ne célébrera pas de longtemps leurs splendeurs. Cela est si loin de nous! Cela ne nous rappelle rien. Ces sites n'ont point contre eux que l'éloignement : ce qui surtout leur fait défaut, c'est le prestige de l'histoire et de la légende, des noms que nous ayons appris à connaître dès notre enfance. Il leur manque d'avoir été foulés par nos héros, peuplés de mythes par nos poètes. Que ne s'appellent-ils Agrigente, Corinthe ou Salamine! Ce que l'homme cherche avant tout et inconsciemment dans la nature, c'est lui-même, les souvenirs ou les traces laissés par les générations, l'empreinte du passé lointain. Jamais émotion véritable ne nous retiendra longtemps en face d'un paysage où n'ont point passé, souffert, aimé, des êtres dont les traditions nous sont devenues familières, qu'un léger effort d'imagination suffit à faire revivre. Ou bien il faut que, par un détail, souvent par un simple effet de lumière, le site entrevu pour la première fois évoque à notre esprit des choses déjà vues, des idées remuées naguère. Et soudain voici que nous peuplons de nos souvenirs le décor anonyme qui, dès lors, acquiert à nos yeux une valeur inattendue.

Ces idées me revenaient, assez confuses d'ailleurs, dans la rude secouée du tangage et du roulis, comme nous arrivions sur rade de Tourane, au lever du jour, par grande brise. Je ne voyais plus la mince presqu'île relevée à son extrémité en un massif montagneux qui se dresse, comme un môle énorme, à l'entrée de la baie, du côté sud. A peine donnais-je un coup d'œil, vers le nord, sur le col des Nuages et les imposants contreforts de la chaîne d'Annam. Mes regards allaient, au plus profond de l'échancrure, vers des blancheurs de sables et de dunes, vers l'embouchure d'une rivière que remontaient lentement, leurs doubles voiles déployées comme des ailes, de grandes jonques gréées à la façon des dahabiehs du Nil. Très loin sur l'horizon, les Montagnes de Marbre semblaient trois sphinx gigantesques accroupis au seuil du désert, dans la lumière blonde.

2 mars.

Excursion aux Montagnes de Marbre. Remonté la rivière en chaloupe pendant une heure et demie, dans un paysage qui, par endroits, rappelle à s'y méprendre la campagne égyptienne, les lointains lumineux du Delta. Sur la gauche, des dunes d'une blancheur aveuglante masquent la mer, toute proche, et dont on entend distinctement les lames déferler avec des grondements de tonnerre. A droite, des sables encore, charriés par la brise marine qui écrête la dune : non point amoncelés, ceux-là, mais semés seulement sur la plaine d'alluvion en fines poudrées où des parcelles de mica luisent entre les pâles verdures.

Des cultures, çà et là, par bandes largement espacées,

des rizières déroulées à la base même des coteaux pulvérulents; l'envahissement des sables combattu par l'irrigation, la terre morte de nouveau fertilisée, la poussée drue des moissons dans l'eau saumâtre. De profondes saignées l'amènent directement de la rivière, et, lorsque la hauteur du sol ne permet plus d'utiliser le système compliqué des canaux de dérivation, des puits ont été creusés de distance en distance; une chaîne sans fin munie de godets en bambou s'enroule sur un treuil primitif qu'un homme fait mouvoir. Parfois, l'appareil est actionné par un buffle au pas grave dont la silhouette se profile démesurément agrandie sur l'immensité du ciel. Cela gémit, grince, et l'interminable plainte semble un écho venu de l'Afrique lointaine; c'est le même rythme, la mélopée irritante d'abord, puis doucement berceuse, des *chadoufs* entendue sur les berges du Nil, dans les longs crépuscules.

Sur le bord des champs, des files de travailleurs occupés à curer les rigoles, à consolider les digues de terre glaise. Demis-nus, assis sur leurs talons, la tête et les épaules enfouis sous le chapeau en feuilles de palmier de la dimension d'un parasol, c'est à peine s'ils ont forme humaine. On dirait plutôt, parmi les herbes hautes et les ajoncs, des fleurs géantes d'une espèce inconnue. Parfois, près d'une paillote, une femme paraît, en train d'attiser un feu ou bien allant puiser de l'eau dans des jarres. Elle a remplacé le couvre-chef embarrassant par un lambeau d'étoffe enroulé sur le crâne : à distance, avec sa tunique de tissu sombre, très lâche, laissant entrevoir la chair couleur de bronze, on la prendrait, en dépit de sa petite taille et de ses formes un peu grêles, pour quelque paysanne fellah chargée de ses gargoulettes.

L'embarcation aborde au fond d'une crique; à un quart de lieue se dressent les trois éminences — la plus élevée n'a guère que cent cinquante mètres. Mais l'isolement, la lumière irradiée amplifient les proportions; le mot de montagnes est bien celui qui vient aux lèvres en présence de ces rocs marmoréens, aux arêtes étrangement découpées, surgis là entre deux étendues, l'Océan et la plaine infinie, bleue comme la mer, à l'horizon.

Durant trois quarts d'heure, gravi et descendu des soulèvements de poussière accumulée par les vents, où l'on enfonce jusqu'à mi-jambes. Plus d'autre végétation que quelques brindilles d'une herbe séchée, cassante, des touffes de genêts au feuillage rare, de teinte grisâtre. Une dune encore, et nous voici parvenus au pied de la montagne principale qu'entaille un escalier de trois cents marches, dont les vingt premiers degrés ont été envahis par les sables. L'ascension est courte, mais très dure, sous le plein soleil qui chauffe la paroi exposée au couchant, allume une étincelle à chaque aspérité du marbre. Cependant, à mesure que l'on s'élève, la brise marine arrive, vivifiante et fraîche, et son humidité recueillie dans les moindres fissures y fait foisonner les pariétaires, les fleurs de toutes nuances.

D'énormes cactus pointent en fusées un peu partout. Des arbustes s'enchevêtrent, des racines rampent démesurées, reptiliformes, s'insinuent entre les dalles; des branches se rejoignent et se nouent. Et c'est bientôt, au-dessus de nos têtes, une voûte de broussailles d'où pendent, soutenues par d'imperceptibles filaments, de délicates orchidées, floraisons exquises et frêles, duvetées comme des ailes de papillons, qu'un souffle éparpillerait, qu'une même journée voit éclore et mourir.

La rampe fort raide aboutit à une plate-forme en hémicycle : une petite pagode ou plutôt trois pavillons couverts en tuiles vernissées, l'arête du toit évidée à la chinoise, ont été édifiés dans ces solitudes aériennes, il y a quelque soixante ans, par les ordres de Ming-Mang, empereur d'Annam. Ces bâtiments, entourés de jardinets assez bien tenus, ne sont point affectés au culte, mais servent de demeure à une demi-douzaine de bonzes, gardiens de la montagne sacrée. Ils vivent là, dans une contemplation que rien ne trouble, uniquement occupés à égrener leurs litanies et à peigner leurs plates-bandes. De bonnes âmes leur apportent, de temps à autre, quelques corbeilles de terre pour entretenir le potager, et aussi des offrandes plus immédiatement savoureuses, telles que du riz, du poisson salé. En échange, elles sont admises à faire leurs dévotions dans le véritable sanctuaire, invisible celui-là, et que le voyageur accomplissant pour la première fois le pèlerinage, aurait peine à découvrir sans guide.

La piété impériale n'a point édifié l'incomparable pagode. La nature s'était chargée de ce soin; jamais conception d'architecte génial, jamais rêve de poète n'égalèrent ce chef-d'œuvre élaboré par un cataclysme géologique.

Un petit prêtre, au crâne luisant, à l'air bonasse, drapé dans une pièce de cotonnade marron à bande jaune qui a connu des jours meilleurs, m'a pris par la main et m'a conduit jusqu'à une fissure ouverte dans le cône terminal, auquel s'adossent les maisonnettes des moines. Puis, prenant les devants et me faisant signe de le suivre, il commença de dévaler dans le noir, par un escalier à degrés très hauts, taillé en plein roc. Bientôt une lueur verdâtre filtra, je ne sais d'où, dans ces ténèbres; nous descendions toujours. Tout à coup je me trouvai sur le seuil d'un porche immense à partir duquel l'escalier, jusqu'alors tortueux, s'élargissait et s'enfonçait tout droit vers les abîmes où flottait ce jour mourant couleur d'émeraude.

Des marches, des marches encore. J'ai renoncé à les compter; j'ai seulement la sensation d'être ramené presque au niveau de la plaine. Mes yeux pourtant s'habituent à la pénombre; lorsque le bonze s'arrête et m'indique du geste que nous sommes arrivés, je distingue nettement les formes et les contours. Nous nous trouvons au centre d'une salle circulaire, d'une vingtaine de mètres de diamètre, haute de soixante à soixante-dix mètres. La montagne a été fouillée, évidée par le travail des eaux ou par toute autre force inconnue; c'est une châsse, un vaste reliquaire de marbre. La cime elle-même a été rasée en partie : les racines ont disloqué les roches, les hommes sans doute ont élargi l'ouverture, et maintenant tombe, dans la caverne-pagode, cette coulée de jour tamisée par les feuillages qui s'entrelacent au-dessus du gouffre.

Avec la lumière, la pluie, les embruns ont pénétré par l'orifice, usé peu à peu les parois, creusé des niches, sculpté des colonnettes fuselées, strié de vert et de jaune les blanches murailles. Enracinées dans les moindres fentes, des lianes figurent de capricieuses appliques, pendent comme des lustres.

Le lieu semble fait pour le recueillement et pour la prière. Du dehors aucun bruit n'arrive jusqu'au temple endormi dans un crépuscule éternel, ni les sifflements de la brise soufflant du large, ni la clameur des vagues. A peine perçoit-on çà et là les battements d'ailes d'une chauve-souris, le glissement d'un lézard sur la pierre.

La grotte est ornée de deux petits autels et d'un oratoire abritant des bouddhas ventrus. Mais tout cela me paraît bien délaissé. Point d'offrandes de fruits ou de fleurs déposées devant les saintes images; aucune fumée ne s'élève des brûle-parfums mangés par la rouille. Il semble que depuis des années les foules aient oublié le chemin de la montagne et du monastère. De loin en loin seulement un pèlerin isolé y vient s'acquitter de quelque vœu, marmotter une oraison, déposer une modeste aumône entre les mains des anachorètes. Ceux-ci, d'ailleurs, sont de braves gens, hospitaliers, serviables, offrant de bonne grâce au voyageur le peu dont ils disposent : les bananes fraîches, l'eau claire puisée à la citerne. Ils ont l'air heureux dans leur solitude, sans peut-être en jouir d'une manière très intellectuelle et très raffinée. La délicieuse retraite, pensais-je, pour venir pendant quelques jours travailler et rêver! Quelles jolies pages un poète écrirait dans ce coin lumineux et paisible de la sauvage côte d'Annam! Mais rien, dans leur physionomie et leur démarche, ne me fait croire que mes hôtes d'une heure aient jamais songé à noircir des pages. Il leur suffit de se laisser vivre sur leur sommet au milieu des fleurs, des touffes d'herbes parfumées, dans les saines brises, entre l'Océan et le ciel.

Au moment où j'ai pris congé, d'eux, le soleil était sur l'horizon, près de disparaître; son disque, passé au rouge sombre, n'émettait plus un rayon. Et la vaste plaine plaquée de sables prenait, aux dernières lueurs de l'astre agonisant, les tons violets du désert Libyque aux approches du soir, tandis que, sur la mer déserte d'un bleu de lapis, je m'attendais presque à voir poindre d'une minute à l'autre une flottille de balancelles de l'archipel grec, la voile peinte d'un pêcheur de Rhodes ou de Samos.

Tourane, 3 mars.

De Tourane que dirai-je? La position est superbe; mais la ville est et semble devoir demeurer quelque temps encore à l'état d'ébauche. La vaste baie est de beaucoup la plus sûre des côtes d'Annam où les abris sont si rares. C'est une de ces admirables rades où, suivant une expression consacrée, toutes les flottes pourraient tenir à l'aise. Mais, pour le moment, ces flottes ont apparemment mieux à faire ailleurs. Le mouvement se réduit au passage bimensuel de l'annexe des Messageries maritimes faisant le service entre Saïgon et Haïphong. Un vapeur allemand, la *Mathilde*, est signalé également à des dates variables une ou deux fois par mois, venant de Hong-Kong. A part les paquebots postaux et ce cargo-boat, il n'y a guère sur rade que des jonques de pêche, quelques chaloupes chinoises et, se suivant à grands intervalles, les transports ou les affrétés, une quinzaine chaque année en moyenne. Aussi, malgré la magnificence du cadre et la lumière épandue, la baie de Tourane présente-t-elle d'ordinaire un aspect plutôt mélancolique.

La ville, s'il est permis d'employer ce mot, n'est pas beaucoup plus gaie. La population comprend deux douzaines d'Européens, quelques centaines d'Annamites et de Célestes, ces derniers servant pour la plupart d'intermédiaires entre le port et Faïfo, colonie chinoise de cinq à six mille habitants, située à trente kilomètres dans l'intérieur. Une résidence, un hôpital, des casernes, les agences des Messageries, de la Banque d'Indo-Chine, quelques jolies maisonnettes alignées au bord du fleuve, le long d'un quai qu'ombrageront dans quelques années des tamariniers actuellement bien frêles, voilà Tourane. Une façade de petite ville. En arrière, des boulevards ont été tracés, piquetés, étiquetés de noms illustres; mais de chaque côté de ces avenues, ce ne sont que broussailles et sables blancs.

Il y a quelques années, au début de l'occupation, Tourane était, paraît-il, autrement animé. Mais depuis la réduction des effectifs, plusieurs commerçants ont fermé boutique; des deux hôtels, un seul subsiste. Une partie des casernements reste inoccupée. Il n'y a plus ici, en fait de garnison, qu'une compagnie d'infanterie de marine et une section d'artillerie. Ce n'est pas là de quoi enrichir un grand nombre de débitants de conserves et d'apéritifs. Ceux qui sont restés se plaignent en termes amers de ce qu'ils appellent la stagnation des affaires, la crise. Or, la crise est plus apparente que réelle. Ce qui manque surtout ici, ce sont les capitaux. Le pays est riche. La houille, de bonne qualité, abonde. Du jour, prochain peut-être, où les gisements, éloignés seulement de six ou huit lieues, et dont l'exploitation est momentanément suspendue, seront repris par une société disposant d'un capital suffisant, Tourane connaîtra des jours meilleurs. Dès à présent d'importantes entreprises agricoles ont été créées dans la région. Je citerai les plantations de thés dues à l'initiative intelligente d'un missionnaire, le P. Maillard, lequel, après plusieurs années d'efforts, est parvenu à enseigner aux indigènes des villages disséminés dans la longue vallée que domine la mission, de meilleurs procédés de culture. En présence des résultats obtenus, une compagnie s'est constituée; les paysans, assurés désormais de trouver acquéreurs pour leurs récoltes, étendent leurs défrichements. Un outillage très complet a été installé, et ces thés, préparés avec soin, pourront trouver acheteur sur les marchés d'Europe. Leur saveur, moins délicate que celle du thé de Chine, n'est cependant pas désagréable et rappelle l'arome de la feuille recueillie aux Indes, dans la vallée de la Kangra ou dans les montagnes cynghalaises. A signaler également, à deux lieues de Tourane, sur les contreforts de la chaîne côtière, les très remarquables cultures caféières de MM. Paris et Bertrand. La première de ces plantations, qui date à peine de quatre ou cinq ans, est sur le point d'entrer en rapport. Dans la seconde, commencée il y a dix-huit mois, les jeunes plants de Libéria et de Moka ont une vigueur qui autorise les plus belles espérances. Bref, il est clair que ce sol n'est point ingrat ; il attend seulement d'être mis en valeur. Si le commerce proprement dit est à peu près nul à Tourane et dans l'Annam en général, la véritable entreprise coloniale, le travail des terres, a déjà été tentée non sans succès. Ce n'est, il est vrai, qu'un début, mais assez heureux pour susciter des imitateurs.

Les Montagnes de Marbre et les plantations, cela peut se voir aisément en trois jours. Après quoi, malgré l'excellent accueil de la petite colonie touranienne, le voyageur est heureux de se remettre en route. Me voici donc prêt à partir pour la capitale.

La distance de Tourane à Hué, par la voie de terre, est d'environ cent vingt kilomètres. Par mer, une chaloupe chinoise, des plus sordides, accomplit le trajet en huit ou dix heures, pourvu toutefois que le temps favorable permette de franchir la redoutable barre de Thuan-An qui, huit jours sur dix en cette saison, interdit l'accès de la rivière de Hué. La chaloupe, en vue du port, est souvent obligée de rétrograder jusqu'à son point de départ. Total, une vingtaine d'heures d'une navigation qui, étant donnés les aménagements rudimentaires et les promiscuités du bord, constitue rien moins qu'une partie de plaisir. Je m'en irai donc à petites journées, tantôt le bâton à la main, tantôt dans la chaise en rotin que quatre coolies robustes enlèvent sur leurs épaules ; couchant, au hasard de la nuitée, dans des bourgades populeuses ou dans la cahute de bambou plantée de guingois au bord du sentier. Si je chemine lentement, du moins traverserai-je une contrée grandiose en escaladant le col des Nuages par l'antique route mandarine.

La grand'route de Hué. Une route qui ne ressemble à aucune autre, tour à tour chaussée, piste sablonneuse, sentier scabreux serpentant parmi les éboulis, fossé boueux taillé dans les rizières. En quittant Tourane, elle se confond pendant vingt kilomètres avec la grève. Cette partie du trajet est, ai-je besoin de le dire? absolument dépourvue d'intérêt et, qui plus est, fort pénible à cause de la réverbération solaire sur la plage, sans préjudice des innombrables bras de rivière ou de lagune, fondrières de vase à marée basse, nappes imposantes à marée haute, que n'enjambe aucune espèce de pont. Force est de compter sur des bacs problématiques : vu l'humeur fantaisiste des passeurs, chaque transbordement exige des négociations délicates et une pause souvent fort longue. Il est de beaucoup préférable d'esquiver cette étape maussade en traversant la rade pour aborder au petit hameau de Lien-Kéou où la voie mandarine commence à s'élever vers le col des Nuages. Une bonne embarcation à vapeur accomplit le trajet en une heure et demie.

C'est de cette façon que j'ai — ou plutôt que nous avons procédé. Ma bonne étoile m'a donné pour compagnon le très aimable agent des Messageries maritimes, M. Bertrand, que ses affaires appellent à Hué. Il m'a très gracieusement offert l'hospitalité sur la chaloupe de la compagnie qui, malgré vent contraire et grosse houle, nous amenait rapidement, nous et nos bagages, au fond de la petite anse de Lien-Kéou, vers les trois heures de l'après-midi.

Le débarquement est assez compliqué. Nous prenons place d'abord dans une barque de pêche, un panier oblong fait de lamelles de bambou entrelacées et recouvertes de brai : bientôt notre esquif, bien que calant à peine quelques centimètres, échoue, et les mariniers, se jetant à l'eau, le halent péniblement. Enfin, de guerre lasse, ils jugent plus expéditif de nous enlever sur leurs épaules, et nous voici déposés sur la terre ferme, non sans avoir reçu chemin faisant quelques éclaboussures.

Sur la plage, les coolies attendaient, appuyés sur leurs longues perches en bambou; gaillards solides, râblés, musclés, à peu près nus, l'ample pantalon annamite relevé jusqu'aux hanches, la courte blouse roulée et passée en sautoir. L'équipe est fournie par le *tram* de Lien-Kéou, dont on distingue les cabanes sous de grands arbres, à une portée de fusil du rivage.

Ce mot de *tram*, entendu pour la première fois, sonne étrangement à l'oreille. Il éveille dans l'esprit l'idée d'un véhicule roulant sur rails. Le tram, ai-je besoin de le dire? n'a cependant, malgré cette similitude d'assonance, quoi que ce soit de commun avec un *tramway*. C'est tout simplement l'équivalent de notre relais de poste d'autrefois, avec cette différence qu'il ne s'agit plus d'une poste aux chevaux. L'Annam ne connaît guère jusqu'ici que la poste aux hommes. Sur certains points seulement de la route mandarine, on trouve quelques poneys maigres, mais, à de rares exceptions près, le public n'est pas admis à se servir de ces montures, uniquement destinées à accélérer, en pays de plaine, le transport des courriers de l'État. Chacun de ces relais, établis à des distances variant de quinze à vingt kilomètres, est placé sous la surveillance d'un maître de poste, ou *doi-tram*, et le service fonctionne assez régulièrement. Il est rare que le voyageur reste en détresse faute de portefaix et de porte-chaises.

De la baie de Tourane au col des Nuages, l'ancien chemin a été rectifié en partie. Une route avait été entreprise, il y a quelques années, par le Génie; bien qu'inachevée, ravinée, encombrée d'éboulis et d'énormes blocs de granit, elle permet de franchir assez vite, par une pente relativement douce, les deux tiers du trajet. Cependant, il se fait tard. Le soleil était déjà bas sur l'horizon quand nous avons quitté la grève de Lien-Kéou. Maintenant il est nuit close.

Nos gens, coupant au plus court, s'engagent dans un passage extraordinaire : c'est moins un sentier qu'un lit de torrent, un couloir d'avalanche. Ceux qui sont en tête avancent, ployés en deux, à plat ventre parfois, tandis qu'en arrière leurs camarades, restés debout, les bras haut, maintiennent le brancard dans une position à peu près verticale. Ils vont, souples et agiles comme des chats, parmi les roches branlantes, les arbres tombés, les lianes épineuses. Deux hommes marchent en éclaireurs, brandissant de longues torches de roseaux. De temps à autre, ils mettent le feu à la broussaille. Le vent de mer, soufflant en bourrasque, active la flamme, et nous cheminons à la lueur d'un immense incendie.

5 mars.

La nuit a été très fraîche. L'altitude du col n'est que de 420 mètres. Mais la violence du courant d'air donne la sensation d'une température alpestre, presque glaciale, alors surtout qu'une nuée épaisse passe inopinément et crève en ondée sur la montagne. Le thermomètre est descendu à 8°. Pelotonnés dans nos couvertures, nous nous sommes endormis tard, heureux de goûter longuement ce rappel de l'hiver, cette atmosphère légère et acidulée des cimes, après laquelle on soupire si souvent sous les tropiques.

Réveillés dès l'aube. Le rideau de vapeurs a disparu, emporté par la brise matinale; à nos pieds, la vaste rade, creusée en hémicycle, s'étale tout entière, d'un bleu d'argent dans le demi-jour. Au loin, Tourane, les maisons basses, les embarcations à l'ancre, tout cela brouillé, réduit à rien, sans plus de relief qu'un vol de goélands abattu sur le sable : au delà enfin, les Montagnes de Marbre qu'on dirait suspendues dans l'espace, pareilles à des

LA MAISON DE THÉ DU COL DES NUAGES.

nuages de formes étranges, et l'Océan deviné plutôt qu'entrevu. Sous la clarté de plus en plus vive la ligne d'horizon s'est effacée : on ne sait, vers l'Orient soudainement incendié, où finit la mer, où commence le ciel.

A six heures, nous avons dépassé la redoute annamite qui jadis défendait le passage. Elle est, à l'heure actuelle, fort délabrée. Des canons de fonte, des affûts brisés y gisent pêle-mêle : l'herbe et les mousses y recouvrent des tas de projectiles vieux jeu, des biscaïens rongés par la rouille. Au pied de l'antique forteresse, quelques cases misérables, ouvertes à tous les vents, pour les coolies et leurs familles. A deux cents mètres plus loin, sur le versant opposé, un petit village ; la plupart des huttes, arc-boutées au rocher et soutenues tant bien que mal par un échafaudage de pieux, surplombent l'abîme. Les habitants font métier de porteurs ou de gargotiers, offrent aux voyageurs des patates bouillies, du poisson salé, des bols de riz arrosé de thé vert.

Au col des Nuages s'arrête la rectification commencée par le Génie. Les travaux, désormais pour le compte et aux frais de la cour de Hué, viennent d'être repris suivant un tracé déterminé par le service des travaux publics, sous la direction d'agents français. De nombreuses équipes de travailleurs indigènes sont à l'œuvre ; mais, bien que la nouvelle route soit restreinte aux dimensions d'une voie muletière, elle ne sera point achevée de sitôt, en raison des difficultés du terrain, encombré par une brousse presque impénétrable, coupé de bancs de roches, et par suite de l'insuffisance de la main-d'œuvre souvent malaisée à recruter. Les indigènes de la plaine redoutent le séjour tant soit peu prolongé dans le voisinage de ce col où, d'un bout de l'année à l'autre, traîne un brouillard empoisonné. De son côté, le personnel européen est sérieusement éprouvé, et force est de le remplacer souvent. J'ai vu là des surveillants, occupant leur poste depuis quelques semaines seulement, installés dans des paillotes spacieuses, approvisionnés de vivres frais, ressentir les atteintes du climat plus sérieusement que dans telle autre partie du territoire où les conditions matérielles de l'existence ne peuvent leur être aussi facilement assurées à beaucoup près. Les visages sont blêmes, les traits tirés, les yeux brillants de fièvre. On sent qu'avant peu ils devront céder la place à d'autres, aller se retremper dans l'atmosphère plus chaude, mais plus saine, de la vallée.

Aussi ce travail considérable exigera-t-il, selon toute apparence, plusieurs années. Les Annamites, au surplus, s'en inquiètent peu ; uniquement préocupés d'abréger le trajet, ils n'ont que faire de pentes habilement ménagées et s'en tiendront longtemps encore à l'antique route mandarine. Celle-ci pourtant est effroyable. Le col à peine franchi, l'inclinaison du sentier grossièrement pavé devient vertigineuse. En maint endroit, la pente atteint soixante degrés. C'est une véritable échelle où le moindre faux pas pourrait être fatal.

Deux heures de marche, et la caravane faisait halte devant une pauvre maison de thé, au fond d'un ravin, près d'un torrent. Puis le chemin, toujours épouvantable, file à flanc de coteau, à cent mètres au-dessus de la mer, suivant toutes les sinuosités de la côte. La brume épaisse qui descend jusqu'au rivage masque les précipices dont la profondeur est révélée seulement par le grondement sourd des cascades. Cette rumeur domine toutes les autres, chants d'oiseaux et voix humaines. Durant des heures, on ne perçoit d'autre bruit que le fracas de cataractes invisibles et la plainte grave de l'Océan léchant les falaises.

Sur un étroit plateau, une pagode solitaire : la pagode du Tigre. De grands arbres chargés de mousses et de lianes pendantes enveloppent ce sanctuaire, éternellement voilé d'ombre. A l'entrée, à côté d'un petit autel, un bonze est assis, prêt à recevoir les offrandes des passants. Tous, depuis le mandarin le plus élevé en grade jusqu'au dernier des coolies, font ici leurs dévotions et leur aumône à l'effet d'être préservés, pendant le reste du voyage, des attaques du tigre et des mauvaises rencontres en général. Nouvelle pause de quelques minutes, afin de faire brûler sur l'autel une liasse de papiers enluminés de formules propitiatoires et un fagotin de baguettes parfumées. Et, presque aussitôt, nous nous engageons sur une pente qui, plus encore que les précédentes, se rapproche de la verticale : nous voici revenus au niveau de la mer, près du gros village de Lan-Ko.

Une bande de sable obstruant l'entrée d'une ancienne baie, laquelle ne communique plus avec l'Océan que par une passe étroite, difficile, praticable seulement aux jonques de pêche, à marée haute ; vers l'ouest, la muraille sombre de la chaîne d'Annam développée en amphithéâtre, couverte de forêts d'un vert sombre que de loin on prendrait pour des sapinières. Aspect d'un lac de montagne.

Entre la mer qui déferle en hautes volutes, comme les barres de la côte de Guinée, et la lagune aux eaux limpides, unie comme un miroir, quelques touffes de bambous, des bouquets de cocotiers, une pagode, édifice à plusieurs fins, servant notamment de relais de poste et d'abri pour les voyageurs. Dans l'unique rue du village, longue d'un kilomètre, grouillent pêle-mêle la marmaille et les porcs, des milliers de ces porcs cocasses et rampants, à triple menton, l'échine ensellée, dont le ventre traîne à terre.

Quitté Lan-Ko sur un sampan qui nous transporte, la brise aidant, en un peu plus d'une heure, à l'autre extrémité de la lagune. Cela nous évitera le détour par la grève, où la réverbération est très pénible. La combinaison a de plus l'avantage de ménager nos hommes, qui vont avoir à fournir une traite assez longue. Le prochain relais est éloigné de plus de cinq lieues, et le soleil commence à chauffer terriblement.

Déjeuner rapide sous les arbres, en débarquant à Nuoc-Man, groupe de trois cases habitées par des familles de pêcheurs. Après quoi, une fois de plus, se dresse en face de nous un des épaulements de la grande chaîne ; nous montons en ligne droite, par une rampe extrêmement raide, vers le col de Mi-Gia, élevé seulement de cent cinquante mètres. Au delà se déroule à perte de vue la plaine cultivée. Le sentier s'améliore ; c'est maintenant une véritable chaussée bordée de grands arbres. Les rizières reparaissent, avec leurs digues de terre battue, les petits canaux d'irrigation, les hameaux épars, ne laissant voir que les toits de paille pointant au-dessus des haies, dans un fouillis de palmes. A droite, des coteaux coniques, ramifications du cap Chou-May, nous cachent la vue de la mer. A une demi-lieue sur la gauche, les monts d'Annam couverts de forêts inviolées. Sous le ciel où flottent déjà les premières vapeurs du soir, le paysage perd de son caractère tropical et fait songer à certaines vallées du versant méridional des Alpes ou du Tyrol. On se prend à chercher sur les pentes le campanile d'une église ou d'un couvent. Puis, brusquement, le charme est rompu par la rencontre d'une file de porteurs demi-nus, coiffés du grand chapeau de paille en forme d'éteignoir, de quelque mandarin provincial en tournée, paresseusement étendu dans son palanquin laqué rouge et or; ou bien encore c'est, au bord du chemin, un troupeau de buffles farouches, qu'un enfant mène au pâturage. Parfois, le gardien fatigué a choisi pour lit de repos l'échine de l'énorme animal, qui, lui-même, fait la sieste, plongé dans une mare jusqu'aux naseaux, si bien que le gamin a l'air de sommeiller, soutenu sur l'eau par une force invisible.

De la plaine fertile, mes regards se reportent vers les montagnes. Je ne puis m'empêcher de songer aux cultures qui seront tentées quelque jour sur ces pentes vierges encore de pas humains. Je crois voir sur les décombres de la forêt primitive pousser les thés, les caféiers, des routes monter jusqu'à ces hauts plateaux toujours rafraîchis par la brise, des villes d'été, un sanatorium, que sais-je? En un mot, ce qui fait défaut ici, ce que possède depuis longtemps l'Inde britannique. Un rêve, sans doute, mais qui peut devenir une réalité. D'ici là combien d'années s'écouleront? A cet égard, il serait imprudent de prophétiser. Ce qu'il est permis de dire, c'est que le terrain semble tout préparé. La nature n'attend ici que le bon plaisir de l'homme. Elle n'avait pas mieux fait les choses à Simla et dans les Nilghirris.

Tandis que je remue ces pensées dans le balancement de la chaise, nous sommes arrivés au *tram* de Thua-Lun. L'échange des coolies est fait en un tour de main. Jamais malle-poste ne fut servie plus vite. A peine la tête de colonne pénétrait-elle dans le village que déjà le *doï-tram* frappait à coups redoublés sur le gong suspendu devant sa case. Et, de tous côtés, les hommes accouraient, leur perche de bambou à la main. Les salaires réglés à raison de 10 cents par coolie, une équipe fraîche nous enlevait au pas gymnastique. Ces gens-là sont capables de soutenir ce train pendant quatre ou cinq lieues; le cas échéant, ils doubleront même l'étape, sans trop se faire prier. Ils trottinent gaiement, à la façon des *jinrikishis* japonais, causent entre eux de leurs petites affaires, interpellent les individus travaillant aux champs ou prenant l'air sur le pas des portes, lutinent les femmes au passage. Un de mes porteurs est particulièrement entreprenant. Chaque fois qu'il croise une campagnarde revenant du marché, il ne manque pas d'allonger la main d'un geste rapide et de lui chatouiller les seins, à la grande indignation réelle ou feinte de la donzelle ; puis le gars, d'un haussement d'épaule, rétablit l'équilibre de sa charge et poursuit sa route en éclatant de rire.

De nouveau le terrain s'élève. Nous traversons, aux dernières lueurs du jour, une lande inculte où, à chaque instant, des lièvres détalent entre les touffes de genêts et de mimosas ; ensuite une dernière chaîne de collines, des rampes très rapides pavées de blocs de granit. Des champs encore, des rizières à demi noyées au-dessus desquelles monte une buée rousse ; des maisons de thé où les porteurs stoppent quelques minutes, le temps de sabler l'infusion nationale et d'allumer une cigarette roulée dans une feuille de lotus. Les villages se succèdent de plus en plus rapprochés : Ngoc-Ngoc, Kau-Jiap, d'autres encore dont les noms m'échappent, où les familles, accroupies sur les nattes, autour d'une écuelle fumante, prennent le repas du soir, manœuvrant leurs bâtonnets avec un bruit de castagnettes.

La nuit est tout à fait tombée lorsque nous arrivons à Kau-Ai, à l'extrémité sud de la grande lagune de Hué. Dix lieues nous séparent encore de la capitale ; nous ferons le trajet par eau. Le résident supérieur de France en Annam, M. Baille, a eu l'amabilité d'envoyer au-devant de nous sa chaloupe. Nous repartirons au petit jour.

6 mars.

Quatre heures de navigation sur cette mer intérieure, et nous laissons sur la droite le poste de Thuan-An commandant la passe, trop rarement praticable, qui met en communication la mer et les lagunes. Il vente frais ce

LAGUNE DE LAN-KO.

SUR LA ROUTE MANDARINE.

matin ; la houle déferle en énormes rouleaux. Trois boules hissées à un mât avertissent les jonques que la barre n'est pas maniable.

Thuan-An dépassé, nous voici enfin dans la rivière de Hué, sillonnée par une multitude d'embarcations de pêche assez originales. Un double mât très incliné sur l'avant supporte un immense bras de levier auquel est suspendu un filet de quarante à cinquante pieds carrés. L'appareil, maintenu en équilibre au moyen d'un panier rempli de galets qui forme contrepoids, est mis en mouvement par un seul homme courant sur la poutre à la façon d'un équilibriste sur la corde raide. La manœuvre est exécutée avec une précision toute militaire. Au signal donné, une dizaine de pirogues légères quittent le bord et, faisant force de rames, se déploient en éventail. Posté à la pointe de chaque embarcation, allongé sur le ventre, presque au ras de l'eau, un individu frappe l'une contre l'autre deux palettes en bois dur pour effrayer le poisson et le rabattre vers le filet. Ce procédé de pêche est spécial à l'Annam ; le voyageur qui campe pour la première fois à proximité d'un fleuve ou d'une lagune, se demande avec inquiétude ce que signifie ce vacarme de crécelles éclatant inopinément dans la nuit.

Le paysage s'anime. Des barques font la navette d'une rive à l'autre : de petites pagodes, badigeonnées de nuances claires, se dressent à l'entrée des villages, égayant de leur fantaisie polychrome la ligne uniformément grise des habitations en paille et en torchis. Voici Ba-Vinh, le port de Hué ; quelques jonques ventrues semblent vous regarder curieusement de leurs yeux ronds peints sur la proue. Bientôt, abandonnant la rivière qui décrit une grande boucle, nous pénétrons dans le canal de Dong-Bà ; sur les berges que relient deux passerelles, l'une en bois, très vermoulue, la seconde en fer, inaugurée il y a un an, c'est un enchevêtrement de petites cases d'aspect misérable, de hangars, de maisons chinoises construites en brique, mais sordides. Les quais de Hué n'ont rien d'imposant. On aurait peine à se croire arrivé dans la capitale, si au-dessus de ces masures branlantes et de ces guenilles n'apparaissaient les remparts sombres de la citadelle et, de loin en loin, une porte massive surmontée d'un élégant mirador à triple toiture.

Au sortir du canal, nous retrouvons la rivière, très large, pareille à un lac, et débarquons cinq minutes plus tard sur l'autre rive, à quelques pas de la résidence supérieure, dans la concession française.

Le paysage est enchanteur. Au premier plan, les vastes bâtiments de la résidence et, plantées çà et là, dans les jardins, les maisonnettes blanches affectées aux différents services. En arrière, un amphithéâtre de collines verdoyantes que domine la Montagne du Roi, faisant face à la citadelle et dont les arêtes frangées de pins ont été taillées en forme d'écran. Dans un lointain bleuâtre, la grande chaîne, un soulèvement de cimes déchiquetées, de pitons et d'aiguilles. Cela a je ne sais quoi d'artificiel et de grandiose tout ensemble : une combinaison de l'âpre nature alpestre et de la nature arrangée, agrémentée par les paysagistes nipponais.

De ville proprement dite aucune trace. Je n'ai aperçu jusqu'ici que des huttes coiffées de chaume, des hameaux éparpillés dans les verdures. Étrange est l'impression première produite par cette capitale insaisissable, aux demeures si frêles, qu'un souffle de vent, semble-t-il, emporterait : un campement, croirait-on ; des tentes sous les bambous, près d'une citadelle noire.

CHAPITRE II

HUÉ ET SES ENVIRONS. — LES MISSIONS D'ANNAM. — KIM-LONG. — UNE FOIRE LAOTIENNE.

Hué, 15 mars.

J'ai peine à croire qu'une semaine déjà se soit écoulée depuis la matinée exquise où la vieille capitale de l'Annam, sa rivière, ses canaux bordés de paillotes, sa citadelle noire, qui met une note triste dans ce décor d'opéra-comique, m'apparaissaient pour la première fois entre les touffes de bambou et de grands lilas du Japon chargés de fleurs. Dans l'affectueuse et enveloppante hospitalité de la résidence supérieure, on est certes excusable de perdre un peu la notion du temps. Le moyen de ne pas brouiller les dates, alors que les journées fuient, rapides comme des heures?

S'il fallait m'en tenir au calcul de probabilités auquel le voyageur procède en esquissant à grands traits son itinéraire, mon séjour à Hué toucherait à son terme. Et cependant, l'aimable insistance de mes hôtes rejette dans une perspective de plus en plus fuyante et lointaine l'instant du départ. On fait valoir fort judicieusement l'impossibilité de m'éloigner sans avoir assisté à certaines solennités rituelles dont la célébration aura lieu à brève échéance, la Fête du Printemps, la sortie du roi, que sais-je encore ? Bref, autant de raisons majeures devant lesquelles il n'y a qu'à s'incliner. C'est ce que j'ai fait, et de très bonne grâce, tant la captivité ainsi comprise a de douceur.

Ce pays d'Annam, aux environs de Hué, est un enchantement : séduisant à première vue par la délicate gradation des plans, les silhouettes capricieuses de ses reliefs étagés jusqu'à la chaîne grandiose qui borne l'horizon, il gagne encore à être étudié de façon plus intime et plus familière. Il y a plaisir à l'explorer en flâneur, au hasard de la promenade, dans ses moindres replis, vallon par vallon. Sous l'apparente monotonie de la nature tropicale, c'est une variété infinie d'aspects, un perpétuel changement des nuances et des formes, des jeux de lumière inattendus, le paysage modifié du tout au tout suivant les heures. Du site aperçu sous la clarté matinale, rien ne subsiste dans l'embrasement du plein jour. Revoyez-le au soleil couché, à l'instant du crépuscule rapide : c'est autre chose encore, une région ignorée et troublante où, semble-t-il, vous pénétrez pour la première fois. Enfin, avec la meilleure volonté du monde, ce n'est pas en quelques jours que l'on parvient à se ressaisir au milieu d'impressions complexes et souvent contradictoires, à comprendre ce qu'il y a de réel derrière ces étrangetés, ce que représente au juste cette capitale singulière, sa royauté murée, ses mandarins et sa plèbe.

De ville, en définitive, il n'y a pas trace. La ville proprement dite, la cité royale, n'est autre que la citadelle construite à la fin du siècle dernier par des ingénieurs français sous la direction du colonel Olivier. Un immense quadrilatère — chacun des côtés n'a guère moins de trois kilomètres — avec escarpe, fossés, contrescarpe. L'intérieur est occupé par le palais et ses dépendances, y compris ce qu'on appelle Jardin du roi — où le roi ne met jamais les pieds — parc admirable dans son abandon, avec ses vastes étangs couverts de nénufars, ses larges chaussées aux dalles disjointes, ses terrasses aux murs plaqués de faïences polychromes, où les pariétaires et les lianes s'accrochent aux griffes du Dragon impérial.

Autour du palais, les habitations, plutôt modestes, de plusieurs mandarins, un certain nombre de paillotes, des cultures maraîchères, mais surtout des terrains vagues, des hectares de brousse et de roseaux où luisent çà et là de petites mares, asile inviolé des poules d'eau et des bécassines ; puis, à l'écart, d'anciennes tombes rongées par l'herbe, deux ou trois pagodes délaissées, des porches ouvrant sur le vide, derniers vestiges de sanctuaires disparus. Sur la demeure royale et les solitudes environnantes, sur la citadelle entière, lugubre et noire, règne un silence que la clarté partout épandue, les aromes dilués dans l'air tiède, rendent plus saisissant encore et comme anormal. C'est, sous la splendeur de ce ciel en fête, l'éternel sommeil des nécropoles, la paix des vieux cloîtres feutrés de mousse.

Le personnel de la cour, quelques mandarins et leur domesticité, voilà en résumé le Hué officiel retiré dans la citadelle, où il a ses coudées franches. C'est à peine si deux ou trois mille individus ont élu domicile derrière ces remparts calcinés par le soleil, qui pourraient aisément renfermer une population de deux à trois cent mille âmes.

Hué se compose, en fait, non d'une agglomération citadine, mais de plusieurs faubourgs : Dong-Bâ, Giâ-Hoi, dans la presqu'île formée, à l'est, par la grande boucle du fleuve ; Kim-Long, situé à l'ouest de la citadelle, à un quart de lieue en amont. Sur la rive droite, au pied des premières collines, à une bonne demi-heure de marche, Fû-Kam est couché dans les verdures le long d'un étroit arroyo : c'est le quartier habité par les gens aisés. Plusieurs mandarins y possèdent des habitations coquettes, que d'épaisses haies de thés soigneusement taillées ou de bambous épineux protègent contre les regards indiscrets. Par l'étroit portail surmonté d'un auvent aux arêtes incurvées en toit de pagode, le passant aperçoit seulement un coin de jardinet aux allées sablées de grès rouge, des touffes d'hibiscus, quelques potiches chinoises sur les degrés donnant accès à la véranda abritée du soleil par des écrans peinturlurés. Au-dessus de la porte, sur une tablette, sont inscrits les noms et titres du propriétaire. Les montants sont ornés de caractères taillés en plein bois, maximes et devises tirées des classiques ou souhaits de bienvenue à l'adresse du visiteur, l'équivalent du *Salve* placé à l'entrée de la maison romaine.

Ces deux derniers villages sont également habités en partie par des indigènes catholiques, quatre à cinq mille au bas mot. Ces chrétientés d'Annam comptent parmi les plus anciennes établies par nos missions d'Extrême-Orient. Le nombre de leurs adhérents, tant dans l'Annam-Tonkin qu'en Cochinchine, s'élève à l'heure actuelle à six cent mille environ, suivant l'estimation qui m'était donnée à Saïgon par le P. Louvet, l'un des hommes qui connaissent le mieux ces régions, où il réside depuis près de vingt ans. Ce n'est pas, dira-t-on, un bien gros chiffre, si l'on songe que l'œuvre de ces missions se poursuit depuis deux siècles : il apparaît cependant considérable, pour peu que l'on réfléchisse aux difficultés de la tâche chez ces peuples façonnés par une civilisation déjà vieille, si fermement attachés à leurs traditions et à leurs rites et qui, dans la plus légère modification apportée aux formes extérieures du culte, voient de prime abord une innovation impie et sacrilège. Enfin, est-il besoin de rappeler les luttes d'influence entre congrégations rivales, les ardentes polé-

HUÉ. — CANAL DE DONG-BA.

PAGODE DE CONFUCIUS. — ENVIRONS DE HUÉ.

miques au sujet du culte des ancêtres, l'intervention papale et la bulle fameuse de Benoît XIV, toutes choses qui ont singulièrement ralenti les progrès de l'apostolat non seulement dans la Chine proprement dite, mais aussi parmi les nations vassales ou tributaires de l'Empire du Milieu ?

Il y a lieu ici de tenir compte moins de la quantité que de la qualité des convertis. A cet égard, si la progression n'a pas été aussi rapide que dans d'autres chrétientés exotiques, les résultats sont plus sérieux et plus durables. L'homme de race jaune, conquis aux croyances d'Occident, y demeure fermement attaché, ancré de plus en plus dans ses idées et ses habitudes nouvelles, en dépit des railleries et des persécutions. Tel n'est pas, à beaucoup près, le cas chez d'autres peuples, notamment chez le noir de la côte d'Afrique, âme d'enfant, tour à tour catéchumène et fétichiste, suivant l'inspiration du moment et l'importance des cadeaux dont on récompense son zèle. Ici, rien de pareil. L'indigène devient, aux mains de ses éducateurs, un auxiliaire sûr. Se trame-t-il quelque chose, le missionnaire en est aussitôt averti, parfois même avant que les autorités aient eu le temps d'être avisées. Ces renseignements, transmis sans retard par des émissaires fidèles, ont permis souvent d'apaiser un commencement d'agitation qui eût pu devenir grave. Il serait d'ailleurs oiseux d'entreprendre à nouveau l'éloge de nos missionnaires. On ne replaide pas une cause depuis longtemps gagnée. Tous les gouverneurs ou résidents généraux — et ils n'ont été que trop nombreux depuis quinze ans — à qui les fluctuations de la politique donnèrent la direction des affaires indo-chinoises, ont su apprécier cette collaboration efficace et discrète, les énergies et les dévouements mis au service de l'influence française.

Les missions de l'Annam sont placées sous l'autorité

d'un évêque, Mgr Caspar, lequel réside à Kim-Long. L'habitation n'a rien d'un palais épiscopal : c'est un très humble presbytère près d'une chapelle rustique à toit de chaume ; mais l'intérieur atteste une existence heureuse, les joies du renoncement, de la tâche librement acceptée. Autour de la salle basse, sur les rayons de bois blanc, se pressent les consolateurs, les fidèles compagnons d'exil, les livres, seuls amis qui ne trahissent jamais. Sur la maisonnette et sur l'oratoire, les rosiers grimpants ont jeté leurs draperies embaumées. Il semble qu'en pareil lieu, la méditation doit être facile et particulièrement douce, la prière monter allégrement, au chant des oiseaux dans les fleurs.

A Kim-Long, des sœurs appartenant à l'ordre de Saint-Paul de Chartres ont installé un établissement à plusieurs fins : asile, école, orphelinat, léproserie. Il y a de tout dans leurs enclos, vaste comme un parc, aux avenues nettes, bordées de haies vives.

Sous un hangar, des marmots épellent tant bien que mal la leçon écrite en gros caractères au tableau noir, quelque maxime annamite avec la traduction française. Plus loin, dans une grande paillote, une cinquantaine de couchettes où reposent, emmaillotés dans des couvertures, de petits êtres vagissant, pleurant et souffrant, cramponnés quand même à la vie. Les uns ont quelques mois, d'autres seulement quelques heures, ces derniers grelottants, misérables ; j'en ai vu que l'on tentait de calmer en les enveloppant de coton ; plusieurs, — les désespérés ceux-là, — suspendus dans leurs corbeilles au-dessus d'un récipient rempli de cendres chaudes. Ils ont été recueillis un peu partout, dans les cases sordides, sur le corps des mères mourantes ou mortes, au bord du chemin parfois ou sur les marches d'une pagode.

Et chaque jour on en apporte : c'est un défilé de pauvres

diables trimbalant leurs nouveau-nés. Souvent la place manque, les couvertures font défaut. On improvise alors d'étranges literies, dans des caisses, sur des nattes. Alors on retire des coffres la réserve suprême, des langes bigarrés, des courtepointes extraordinaires, faites de pièces et de morceaux, chiffons de laine et de soie, assemblés à la diable, cousus à grands points par des fillettes ravies de se piquer les doigts pour l'œuvre de la Sainte-Enfance et jouant de l'aiguille, sous l'œil satisfait des mamans, au fond de quelque manoir de France, là-bas, très loin. Je me souviens d'avoir assisté à ces travaux d'enfants. J'avouerai même qu'il m'est arrivé de scandaliser très fort et de mettre en courroux d'aimables et mignonnes zélatrices de huit à dix ans, en leur demandant si elles étaient bien sûres que leurs chefs-d'œuvre dussent passer les mers, parvenir à destination et préserver des courants d'air les bébés noirs ou jaunes. C'est le cas ou jamais de faire amende honorable. J'ai vu vos envois, mesdemoiselles, et je puis vous assurer qu'ils sont ici les bienvenus. Expédiez vos chiffons. J'aime jusqu'à leur bariolage. Il y a je ne sais quoi de fantasque et de touchant à la fois dans cette défroque d'Arlequin jetée sur des agonies.

Et combien sont-elles à prendre soin de ce petit monde? Combien pour l'école, pour la crèche, pour la vaste salle dissimulée au fond des jardins, derrière les verdures, asile de souffrance où des mains de femmes pansent de hideuses lèpres? Huit; pas davantage : deux Françaises, assistées de six sœurs converses annamites. Les plus valides de leurs pensionnaires les aident du mieux qu'ils peuvent; les enfants vont puiser de l'eau, frottent, nettoient : des vieillards s'occupent au potager, à la basse-cour, à la cuisine. Assistance mutuelle, au sens le plus étroit du terme; association de pauvres soulageant bien des misères. Non pas toutes, il s'en faut. Rarement, dans les milieux indigènes, j'ai constaté autant d'infirmités, de plaies et d'ulcères. La populace de Hué, il est vrai, témoigne pour les lois les plus élémentaires de l'hygiène d'une parfaite insouciance. Impossible de pousser plus loin la malpropreté et l'incurie. Même aux pays noirs, on n'atteint pas à cette perfection dans l'ordure. La plupart des intérieurs sont des cloaques. Cependant l'Annamite sait être, à l'occasion, adroit et industrieux ; il a sous la main de quoi bâtir un gîte convenable ; la nature lui fournit ce précieux bambou, dont Japonais et Malais tirent un si merveilleux parti. Mais, faute de soin, il n'obtient, avec des matériaux identiques, qu'une masure prête à se disloquer au premier coup de vent.

Il est difficile d'évaluer de façon tant soit peu précise cette population dispersée dans plusieurs villages. Toutefois, je ne pense pas exagérer en disant que Hué doit compter tout près de 40,000 âmes. Il convient en effet d'ajouter au chiffre d'habitants établis sur la terre ferme les centaines de familles qui ont élu domicile dans les jonques et dans les sampans, population flottante s'il en fut jamais.

Aucune industrie. Les émaux sur cuivre, les porcelaines connues sous le nom de porcelaines de Hué et dont on peut se procurer encore, avec tant soit peu de chance et une patience de fureteur, quelques curieux spécimens, étaient en fait de fabrication chinoise. Les empereurs, notamment Gia-Long et Min-Mang, avaient fait venir de Canton un certain nombre d'ouvriers céramistes qui se bornèrent à fabriquer suivant les procédés chinois des pièces de formes et de décorations particulières répondant au goût annamite ou aux fantaisies de la cour. Ces maîtres fort habiles n'ont point laissé d'élèves : les potiers de Hué ne façonnent aujourd'hui que des ustensiles de ménage, en terre grossière.

L'agriculture n'est guère plus prospère : la rizière familiale, juste de quoi vivre ; rien de plus. Quant au commerce, réduit d'ailleurs à son expression la plus simple, il est — à une seule exception près — aux mains des Chinois et de deux ou trois Malabars. Sans doute, les différents marchés sont on ne peut plus animés, le va-et-vient de la foule pourrait, de prime abord, faire croire à un véritable mouvement d'affaires ; mais on s'aperçoit vite que les neuf dixièmes des échoppes sont des guinguettes, les étalages occupés par des tasses de thé de la dimension d'un dé à coudre, par des pâtées de riz et de poisson salé, des gelées verdâtres aux algues de mer, et qu'il se débite dans ces assemblées moins de marchandises que de paroles.

Hué, 18 mars.

Hué est cependant, depuis quelques jours, plus affairé que de coutume. Une caravane venue du Laos, à dos d'éléphants et de bœufs porteurs, est campée sur la rive gauche du fleuve, en face de la résidence supérieure. Il y a là une centaine d'individus des deux sexes représentant presque tous les types des races échelonnées dans le bassin du Mékong : Laotiens, Muongs, Xhiengs, Shans, etc., etc. Ces gens amènent avec eux cinq à six cents têtes de bétail, buffles et bœufs, qu'ils comptent échanger contre des marchandises européennes.

Jusqu'ici les Laotiens avaient dirigé leurs convois sur Bangkok. La distance était considérable et les hasards du voyage singulièrement compliqués par les exigences des différents chefs établis sur le parcours. Pillés maintes fois, rançonnés toujours, ils employaient environ six mois pour franchir, aller et retour, le trajet compris entre la haute vallée du Mékong et le golfe de Siam. Dans ces conditions, plusieurs de nos chefs de poste du Laos s'étaient depuis longtemps préoccupés de détourner au profit du protectorat tout ou partie de ce trafic. Il s'agissait de démontrer aux indigènes qu'ils avaient intérêt à se diriger de préférence vers la côte d'Annam; la distance était plus courte des deux tiers, les chemins beaucoup plus sûrs. Cette propagande a porté ses fruits; cette année les Laotiens, tournant le dos au Siam, ont marché sur Ai-Lao, Dongoï, et sont parvenus sans encombre à Hué, après un voyage de vingt-cinq à trente jours.

L'arrivée d'une caravane de ce genre dans la capitale de l'Annam offrait tout l'attrait d'une première. Aussi s'était-on mis en frais pour la recevoir. La cour avait fait édifier en toute hâte de grandes paillottes pour les gens, des hangars et des enclos pour le bétail. La foire laotienne a obtenu un vif succès. Mandarins et simples mortels, c'est à qui viendra chaque jour passer quelques heures à cette sorte d'exposition, regarder les nouveaux venus installés dans leur campement et vaquant à leur petit ménage, aussi tranquilles que s'ils se trouvaient encore dans leurs montagnes, les éléphants parqués au nombre de vingt ou trente, les harnachements empilés, énormes bâts où des familles de six à huit personnes peuvent tenir à l'aise.

Nombreux enfin sont les visiteurs venus là, moins en curieux que pour conclure une affaire. En trois jours les Laotiens se sont défaits de tout leur bétail contre argent comptant. Cet accueil cordial, la facilité des transactions, le prix immédiatement soldé en bonnes piastres sonnantes et trébuchantes, c'était là, semblait-il, plus qu'il n'en fallait pour les décider à renouveler l'expérience et à prendre désormais la route de Hué. Tel n'est point le cas, malheureusement. Il est à craindre que la caravane ne reparaisse pas l'an prochain. Ce n'est pas le tout de vendre. L'essentiel pour ces gens, est de pouvoir remporter chez eux les objets d'utilité première qui font défaut dans leur pays. Or, ils se plaignent très haut, paraît-il, de n'avoir trouvé à acheter ici aucun des articles, pas une des cotonnades en particulier, dont ils avaient coutume de s'approvisionner couramment à Bangkok. De sorte qu'ils vont repartir, sinon les mains vides, du moins chargés de piastres, de peu de valeur à leurs yeux, puisque cet argent n'a pu leur servir à acheter quoi que ce soit.

La tentative pourtant est intéressante, ne fût-ce que par les données qu'elle fournit sur le trafic *actuel* du Laos. A en juger par ce que j'ai eu sous les yeux, cela se réduit encore à peu de chose. Cette caravane, dont la préparation représente une année d'efforts et de patientes démarches, n'amène en définitive que quelques bêtes à cornes : on peut en trouver autant sur le moindre champ de foire de France. Pas un objet de fabrication indigène ; aucun produit du sol. Il n'y a pas d'ailleurs à s'en étonner. J'ai eu l'occasion de rencontrer nombre de gens qui revenaient du Laos, à commencer par les organisateurs de la caravane en question. La plupart sont des enthousiastes que plusieurs années passées à parcourir ces lointains territoires, les fatigues mêmes et l'isolement n'ont point lassés. Pour rien au monde ils ne renonceraient à ce rude genre de vie. Arrivés depuis quelques semaines, ils songent déjà à repartir, à courir de nouveau la brousse, tant l'exploration et ses hasards, l'existence libre et mouvementée à travers monts et plaines à la recherche d'horizons nouveaux, l'inconnu en un mot, ont d'attraits pour certaines âmes. Toutefois, malgré ce bel élan, si disposés soient-ils à reprendre avec plus d'ardeur que jamais la tâche commencée, ils ne font aucune difficulté de reconnaître que leur champ d'action n'a rien d'un paradis terrestre.

Ces régions, à les entendre, sont très peu peuplées, les

villages pauvres, situés parfois à plusieurs jours de marche les uns des autres. Les indigènes sont de mœurs paisibles, mais d'une paresse invétérée : ils ont peu de besoins, travaillent juste ce qu'il faut pour se nourrir, ce dont, au surplus, on ne saurait leur faire un crime. Le pays, sans doute, est susceptible d'être mis en valeur : il se pourrait même que le sous-sol renfermât, comme on l'a prétendu, des richesses considérables. Malheureusement, la population est trop clairsemée. La main-d'œuvre fait complètement défaut. Des exploitations sérieuses ne deviendront possibles que du jour où la race annamite, laborieuse et prolifique, refluera vers ces territoires. Quand et comment se produira cette migration? C'est le secret de l'avenir. Il est à présumer que le mouvement n'aura pas lieu avant longtemps. Il faut, au préalable, rendre la contrée accessible, ouvrir des routes : tout cela exigera des années et coûtera cher. Enfin, quoi qu'on en ait dit, il ne paraît pas que les Annamites, spécialement les populations si denses massées dans le delta du fleuve Rouge, s'y trouvent trop à l'étroit au point de songer à quitter leurs antiques rizières pour essaimer dans la vallée du Mékong. Elles ne manifestent jusqu'ici que de la répugnance pour les exodes aventureux. L'exil, à leurs yeux, est pire que la mort. Elles redoutent le changement de climat, les fièvres des bois; elles ont l'horreur instinctive de la brousse. Pour tous ces motifs, il est permis de supposer que le Laos, d'un intérêt politique incontestable, ne révélera pas de sitôt son importance au point de vue de la colonisation proprement dite.

N'ayant point trouvé sur le misérable marché de la capitale un choix de tissus et d'autres articles à leur convenance, les Laotiens n'ont cependant pas voulu s'éloigner sans procéder à quelques emplettes. Ils ont acheté des femmes. Plusieurs *jeunesses* de Hué ont consenti, moyennant un prix honnête, à convoler en justes noces avec ces enfants des montagnes. Mais ce n'est point évidemment sur des transactions de cette nature qu'il convient de compter pour déterminer un courant d'affaires appréciable et suivi entre le littoral et le bassin du Grand-Fleuve.

A la façon dont certaines personnes parlent de mettre en mouvement des foules, de décider, parmi des populations trop denses, quelques milliers de familles à se répandre au loin sur de vastes régions jusqu'alors inhabitées, il semble que l'entreprise soit la chose la plus aisée du monde; on serait du moins tenté de croire que l'Européen a commencé par prêcher d'exemple. A cet égard, le nombre des Européens établis à Hué est singulièrement instructif. Défalcation faite de l'élément militaire, on en compte vingt-deux, ni plus ni moins. Le chiffre, on l'avouera, n'a rien d'imposant. Encore, cette population civile — si cela peut s'appeler une population — est-elle, pour la grande partie, composée de fonctionnaires du protectorat, employés de la résidence, chanceliers, commis, agents du Trésor, des postes et télégraphes. Quant aux commerçants, ils sont... un! Il est juste d'ajouter que cette unité s'adonne à des occupations multiples, à la fois négociant et colon, au vrai sens du mot. Avec les bénéfices réalisés dans la vente des denrées alimentaires, des approvisionnements de toute nature à l'usage des différents mess et popotes, notre compatriote s'est improvisé planteur. Il a acheté des terres à une vingtaine de kilomètres de Hué, sur les premières pentes de la grande chaîne, et créé une exploitation caféière. Ses essais datent de cinq ans à peine : déjà il possède près de vingt-cinq mille plants en plein rapport. Ici, comme aux environs de Tourane, les résultats obtenus sont des plus encourageants. Mais, après avoir constaté la réussite, on ne peut s'empêcher de regretter que cette initiative intelligente n'ait point trouvé d'imitateurs. Un seul colon sur le territoire de Hué, en vérité, c'est bien peu. Il n'est guère possible de se livrer à de longs développements au sujet de notre expansion coloniale en Annam, alors que, dans la capitale, après des années d'occupation, on trouve ce Français unique, personnifiant le commerce et l'agriculture.

Les forces militaires cantonnées à Hué comprennent deux compagnies d'infanterie de marine et une demi-batterie d'artillerie. Le gros de cette troupe occupe le Mang-ka, ouvrage détaché situé à l'ouest de la citadelle. Sur la rive droite du fleuve, à près de quatre kilomètres du Mang-ka, une compagnie, installée dans des casernements spacieux, est affectée à la garde de la résidence supérieure. Je devrais dire « était affectée », car elle vient d'être appelée par télégramme au Tonkin, afin de renforcer la colonne destinée à occuper le territoire de Baky, chef soumissionnaire, dont la soumission laissait, paraît-il, fort à désirer. Elle s'est mise en route, il y a trois jours, vers Tourane, où elle devait prendre le paquebot pour Haïphong. Une partie de la garnison du Mang-ka a été également mobilisée. Il ne reste actuellement à Hué que quatre-vingt-dix hommes. Les casernements de la Concession sont vides; la résidence, absolument isolée, n'a plus même un factionnaire. Je ne puis m'empêcher de songer que les circonstances n'ont jamais été plus favorables pour un coup de main. Si, comme certains le prétendent, la cour et les mandarins étaient gens à tenter une réédition du guet-apens de juillet 1885, il est évident qu'ils ont la partie belle.

La nuit parfois, chassé de mon lit par la chaleur accablante, je fais quelques pas au dehors jusqu'à la rivière. La résidence, privée de sa garde accoutumée, se dresse, solitaire, toute blanche dans le clair de lune. Et je me dis qu'une poignée d'individus déterminés pourrait y pénétrer sans coup férir. Je vois d'ici la scène : la demeure envahie, la domesticité indigène en fuite, le résident et sa famille enlevés en moins de temps qu'il n'en faut pour le dire, embarqués sur un sampan qui les emporte Dieu sait où, à travers le dédale des lagunes et des arroyos. La chose se ferait vivement, à la muette. A supposer que quelque tumulte se produisît et qu'on eût le temps de crier à l'aide, l'appel serait vain. La petite garnison est à une lieue de là. Lorsque l'alerte serait donnée, les conjurés auraient depuis longtemps disparu avec leur prise. De plus, la troupe de secours aurait à contourner la citadelle, les faubourgs, les canaux encombrés de jonques : dans l'hypothèse d'un complot ourdi de longue date et qu'appuierait un véritable soulèvement populaire, l'opération serait délicate, la marche ne s'effectuerait pas sans combat.

Je me laisse aller à ces songeries tout en faisant les cent pas sur la berge, dans la nuit pesante, aspirant avec délices le moindre souffle de brise égaré sur l'eau. Mais cela n'est qu'illusion et mauvais rêve. Tout est tranquille : on ne perçoit d'autres bruits que la plainte des chiens aboyant à la lune, les coups de pagaie d'un sampanier, des voix de pêcheurs occupés, dans leur lourde jonque qui descend à la dérive, à manœuvrer le grand filet à bascule, le cri des veilleurs postés dans le mirador, sur la partie du rempart faisant face au palais. Si les mandarins et la cour ont de méchants desseins, il faut croire que, pour eux, rien ne presse et qu'ils ne se hâtent point de saisir l'occasion ailée. Pour le moment, tout est paisible, tout repose dans la citadelle noire.

20 mars.

La caravane laotienne a quitté Hué. Hier, dès l'aube, éléphants et bœufs porteurs, tout harnachés, étaient massés devant le campement. Un peu après huit heures, la troupe s'est mise en marche lentement dans la direction de Dongoï, escortée longtemps par une foule de curieux.

Le départ a donné lieu à des scènes plaisantes. Les pères, mères, frères et sœurs des filles ou femmes qui ont consenti, contre argent comptant, à se fiancer à des Laotiens étaient accourus pour l'adieu, accompagnés de leurs amis et connaissances. La séparation, du reste, n'a rien de pénible, bien que celles qui s'en vont aient peu de chances de revoir jamais leurs familles. On bavarde sans émotion apparente, comme s'il s'agissait seulement d'une courte absence. C'est à peine si, de-ci de-là, quelque vieille essuie à la hâte une larme qui roule sur sa joue parcheminée. Les voyageuses, elles, font bonne contenance. C'est affaire conclue : le prix demandé par ces dames leur a été compté en belles piastres. En route maintenant pour l'inconnu, vers de nouvelles destinées.

Au dernier moment, un incident se produit. Une des donzelles manque à l'appel. Son futur seigneur et maître la demande vainement à tous les échos. La fine mouche, spéculant sur la passion manifestée un peu inconsidérément par le naïf montagnard, lui avait tenu la dragée haute, exigeant pour elle cinquante piastres, autant pour ses parents, plus je ne sais quelle autre somme destinée, disait-elle, à un sien frère aîné, lequel était dans la gêne ; enfin, elle avait exigé, en manière de trousseau, un assez joli lot de crépons et de foulards. Le soupirant avait accordé tout, sans compter. Sur ce, la demoiselle s'était retirée satisfaite, promettant de revenir une heure après, dès qu'elle aurait pris congé de sa famille. Elle n'avait point reparu depuis la veille. Désolation du bonhomme, qui, dans sa mauvaise fortune, déplorait surtout les avances consenties en pure perte. Intervention du mandarin ; la police annamite ne tarde pas à mettre la main sur la mariée récalcitrante. On l'amène. Elle a, ma foi, fort bonne tournure dans sa tunique feuille-morte. Elle est coiffée de l'immense chapeau tonkinois, en forme de plateau, à bords rabattus, sous lequel sa figure apparaît pas plus grosse qu'une pomme. Nullement troublée, d'ailleurs; narquoise plutôt, un imperceptible sourire sur les lèvres que n'a point encore salies le bétel.

Mais l'inattendu, le comique, ce fut l'attitude du mari. Subitement désenchanté, il regrettait amèrement son emplette : renonçant à s'encombrer de cette compagne inquiétante et subtile, il cherchait à repasser le marché à un autre. Il avait déboursé pour cette femme plus de cent piastres : il la céderait pour cinquante. Qui en voulait? L'assistance écoutait, très égayée; mais l'infortuné en fut pour ses frais d'éloquence. Aucun amateur ne se présenta. La jeune personne, évidemment, avait sa réputation faite à Hué, et nul ne se souciait de l'acquérir, fût-ce à bon compte. Elle-même semblait s'amuser fort de ces tentatives de revente au rabais; sa mine de poupée se faisait plus souriante encore et plus moqueuse dans l'ombre du grand chapeau. Le mandarin coupa court au débat en invitant le Laotien à garder pour lui sa femme retrouvée : ce qui fut fait. Le couple prit place sur un bœuf porteur, qui s'éloigna d'un pas grave sur la route baignée de soleil où les grands lilas agités par le vent matinal répandaient des jonchées de fleurs, comme pour fêter cet hyménée. Quelque chose me dit que ces gens-là ne feront jamais bon ménage.

CHAPITRE III

LOGIS ROYAUX. — LA FÊTE DU PRINTEMPS. — UNE RE-PRÉSENTATION DE GALA A LA COUR DE HUÉ.

Hué, avril.

Les logis royaux sont de deux sortes : palais du souverain régnant; palais où les majestés défuntes reposent loin des rumeurs de la foule, dans la paix de la montagne et des bois.

De ces monuments, les plus magnifiques sont incontestablement les tombes. A cela rien d'étonnant dans un pays où la religion n'est autre chose que le culte des ancêtres divinisés par la mort. Quiconque en a les moyens se plaît à faire édifier sous ses yeux, et souvent à grands frais, sa dernière demeure. Cette préoccupation de la fin inéluctable qui, chez ce peuple, se mêle à tous les actes de la vie, n'est point ici le fait d'une âme inquiète ou morose. S'assurer pour le repos suprême l'emplacement de son choix, dans un site agréable, c'est, lui semble-t-il, chose toute naturelle et fort simple. Il n'y a pas là de quoi s'émouvoir. On peut y songer sans amertume tout en vaquant à ses affaires. Ici, comme en Chine, le plus touchant témoignage de tendresse filiale, le plus beau cadeau que des enfants puissent offrir à leur père, le jour de sa fête, c'est un cercueil, une bière solide et massive à laquelle, chaque année, les donateurs feront ajouter par le sculpteur et par le peintre quelques coûteuses fioritures.

Les empereurs, dont le premier devoir est de maintenir en honneur les traditions, ne pouvaient manquer de prêcher d'exemple. Les plus célèbres, en particulier ceux qui, depuis un siècle, se sont succédé sur le trône d'Annam, songèrent, dès leur avènement, à préparer leur sépulture. Gia-Long, Min-Mang, Thieu-Tri, Tû-Duc, ont mis à profit les loisirs de leurs longs règnes pour faire bâtir ces tombeaux incomparables, plus imposants peut-être que la plupart des mausolées où s'est complu l'imagination fastueuse d'autres potentats asiatiques.

L'Inde, sans doute, possède les chefs-d'œuvre du genre, faits de matériaux plus riches, les marbres du Tadj-Mahal ciselés à miracle où la fantaisie de l'artiste a prodigué les éblouissements, serti les cristaux multicolores, combiné en des floraisons exquises les agates et les lapis. Elle nous a conservé dans leur splendeur première les monuments de Jehangir, les granits roses de Futtehpore-Sikri. Je ne sais pourtant si ces puissantes architectures ont le charme, la poésie enveloppante et douce des édifices plus frêles, pavillons et pagodes, perdus au milieu des forêts, loin des villages, loin des routes, dans le labyrinthe de coteaux et de vallons qui s'étend des plaines de Hué jusqu'aux escarpements de la chaîne d'Annam.

Ici, point d'immenses colonnades, de marbres précieusement fouillés : la roche brunâtre, calcinée par le soleil, la pierre taillée à grands coups, les blocs assemblés à cru, les hautes terrasses à parements frustes. Sur ces assises cyclopéennes, de légères constructions de bois dont les piliers laqués de rouge, les toitures aux arêtes incurvées, enjolivées de faïences polychromes, s'enlèvent en vigueur sur le vert sombre des futaies. Cela n'a rien de triste ni de sépulcral. C'est la demeure annamite, agrandie et parée, le rêve matérialisé de quelque mandarin épris de solitude.

Et de fait, ces nécropoles ont ceci de particulier, qu'avant de recevoir les dépouilles royales elles furent longtemps lieux de plaisance. Le monarque, désireux de surveiller lui-même les travaux, s'était fait construire une sorte de palais d'été avec ses dépendances : il y venait volontiers passer quelques jours, parfois plusieurs semaines, durant la saison chaude. La cour était là comme en villégiature. Aujourd'hui encore, l'habitation semble attendre le maître. Dans la vaste salle où les stores en lamelles de bambou ne laissent pénétrer qu'une clarté discrète, la couche royale est préparée, drapée de soie jaune. Sur les rideaux, sur les coussins, rampe le dragon emblématique, rouge et azur. Les menus objets ayant servi au défunt, coupes, aiguière, boîtes à bétel, sont disposés sur de petites tables, à portée de la main, ainsi que les pinceaux et l'écritoire : d'une immense potiche, sur le seuil, s'échappent des grappes fraîchement coupées. Un faisceau de baguettes d'encens qui achèvent de se consumer au fond d'un brûle-parfums pique d'un point d'or la pénombre.

De loin en loin, dans les cours inondées de soleil, sur les dalles brûlantes, des ombres passent, rapides, ou bien c'est tout à coup, dans le demi-jour des vérandas, quelque pas léger, un frôlement d'étoffes, des chuchotements, un va-et-vient de serviteurs aux pieds nus. La maison n'est point déserte. Une domesticité nombreuse est là qui veille, prend soin de tout, comme si le mort, invisible et présent, la regardait faire. Avec un zèle trop rare en ce pays, elle promène partout le balai et le plumeau, frotte, nettoie, astique les cuivres et les bronzes, s'occupe dans le vaste parc à curer les fossés et les étangs, procède à la toilette des allées où vous ne verriez pas une herbe folle. Il n'est, en Annam, que les trépassés pour être si bien servis.

Au surplus, l'entretien de ces palais n'est pas uniquement confié à la valetaille. Dans la dernière demeure des rois vivent, retirés comme en un cloître, des êtres qui leur furent chers : filles que leur illustre naissance condamne à ne devenir jamais épouses, femmes vouées à un éternel veuvage. Elles vieillissent là, près du père et du maître endormi, honorant sa mémoire par l'accomplissement fidèle des rites. Quelques-unes de ces reliques des cours disparues subsistent encore, que leur âge vénérable affranchit, dans une certaine mesure, des rigueurs de l'étiquette. Après tant d'années d'une existence absolument murée, elles peuvent sans danger entr'ouvrir timidement la porte de leur geôle. Leur apparition fugitive ne risque plus de troubler les cœurs : elle ne fera désormais couler ni sang ni larmes. Nul n'épie leur démarche, hélas ! Ici, plus de gardiens aux aguets, plus de mystère, plus de tragédies soudaines : rien que des souvenirs et des décrépitudes. Parfois, le store, pendu devant une porte basse, s'écarte à demi, laissant passer la tête curieuse d'une aïeule : et le visiteur effaré peut contempler une minute le chef branlant, la face ravagée par les rides de cette houri nonagénaire qui peut-être a consolé la vieillesse de Gia-Long ou embelli l'adolescence de Min-Mang.

Ce qui est le moins en évidence, c'est la tombe elle-même, toujours fort simple, située à l'écart, dans l'endroit le mieux abrité et le plus solitaire, presque en pleine forêt. Il faut quelquefois errer pendant près d'une heure avant de la découvrir. On a tenté l'impossible pour la soustraire aux regards indiscrets et surtout aux profanations souvent à craindre en cas de troubles. Cette crainte a été poussée si loin, que certains monarques avisés se sont fait ériger plusieurs monuments, semblables de tous points, afin de dérouter les malfaiteurs. Personne ne pourra vous dire quel est le véritable mausolée. On assure même — et l'opinion me paraît assez fondée — qu'aucun d'eux ne renferme la dépouille impériale. Celle-ci a été enfouie on ne sait où, au plus épais du bois, sans qu'une pierre indiquât la place ; et, mieux que le granit ou le bronze, le rempart mouvant des feuillages la protège.

Quant au plan général des jardins et des édifices, il est le même partout. Les détails seuls diffèrent. La personnalité du défunt se révèle dans le choix du site, dans l'ornementation, dans tel ou tel caprice de formes ou de nuances. C'est ainsi que Thieu-Tri a voulu reposer à une faible distance de sa capitale, dans un bois de pins, un peu au delà de l'esplanade des Sacrifices où il venait une fois l'an, en grande pompe, immoler quelques victimes et appeler sur la terre les faveurs du ciel. Les divers bâtiments et le parc qui les environne sont de dimensions plutôt restreintes, mais d'une grâce achevée. Le royal architecte s'est plu à multiplier les canaux, les rocailles. Il a recherché les couleurs vives, les ors, les chatoiements de la brique vernissée et des porcelaines, marié les tons clairs aux verdures pâles. C'est le recueillement, mais non la mélancolie d'un cimetière. Le lieu n'invite point aux pensées graves. La promenade est l'une des plus agréables et des plus fréquentées des environs de Hué. Les gens viennent là, à la tombée du jour, prendre le frais. On s'y rend, entre amis, en pique-nique, pour déjeuner sur l'herbe et sabler le saki.

Tout autre est la retraite imaginée par Tû-Duc, hors des sentiers battus. De proportions grandioses, celle-ci, avec ses fossés profonds, son mur d'enceinte, les hautes terrasses où se dressent des temples aux piliers massifs, des portiques, des arcs triomphaux, des pyramides et des pylônes, des stèles gigantesques, d'un seul bloc, dont les inscriptions célèbrent le long règne du prince. Les larges escaliers, les arbres plantés en quinconces, les haies taillées

TOMBEAU DE TU DUC.

TOMBEAU DE MIN-MANG.

çà et là en figures géométriques, donnent l'impression de choses déjà vues sous d'autres climats, sous un ciel plus terne, l'impression d'un Versailles asiatique. Il n'est pas jusqu'aux bassins, jusqu'aux naumachies aux eaux mortes, où se mirent des groupes de dragons et de dieux moussus, qui n'évoquent le souvenir inattendu du grand roi. Celui pour qui fut préparé ce majestueux sépulcre a voulu se dérober, dans le dernier sommeil comme durant sa vie, aux familiarités des foules. Aujourd'hui encore, il reste l'idole redoutable que nul n'a contemplée face à face, le maître omnipotent et caché dont on ose à peine prononcer le nom; son règne de près de quarante années en a fait un personnage quasi légendaire. Il est de ceux qui, dans l'imagination populaire, ne sauraient être à tout jamais disparus. Peut-être, dans le silence des mornes avenues le vieil empereur revient-il errer aux heures troubles, prêt à saisir au vol les paroles imprudentes. Aussi, bien rares sont les promeneurs qui s'aventurent aux environs du palais funéraire de Tû-Duc. L'éloignement et surtout je ne sais quel respect mêlé de crainte le défendent contre les curiosités indiscrètes.

Plus isolé encore est Min-Mang, qui fit édifier son mausolée à environ cinq lieues de la capitale, au milieu d'un lac où s'ébattent les pélicans roses et les aigrettes, où à la tombée du jour, au fond des anses, entre les branches plongeantes des banians séculaires, des cerfs que n'a jamais traqués la meute, issus du fourré à pas lents, viennent boire.

En pleine brousse, enfin, dans la montagne, à une faible distance du point où la rivière de Hué, coupée de rapides, cesse d'être praticable même aux embarcations les plus légères, s'élève le tombeau de Gialong. On peut s'y rendre de Hué, en quatre ou cinq heures, avec le canot à vapeur de la résidence, en dix ou douze heures à la rame.

J'ai parcouru plusieurs fois le trajet en chaloupe et en sampan, à l'aube et le soir, dans la clarté crue du plein jour ou par les pâles matins ouatés de brume. Mais c'est surtout la nuit, aux étoiles, c'est dans la barque effilée que quatre hommes, penchés sur leurs longs avirons, manœuvrent en chantant, qu'il fait bon voyager sur la rivière. Aucune parole ne peut rendre le calme de ces soirées, la sensation de repos, la quiétude infinie des êtres et des choses. Aussitôt le soleil meurtrier passé sous l'horizon, une brise se lève, un frémissement de joie agite les feuillages. Cela dure quelques minutes à peine ; puis, de nouveau le silence se fait, le sommeil descend sur la terre rafraîchie. Entre les masses très noires des berges, la coulée du fleuve garde un peu de clarté : des étincelles jaillissent en fusées dans le clapotis du remous, des essaims de lucioles tourbillonnent au ras de l'eau. Démesurément agrandies, les silhouettes des rameurs se profilent sur le ciel, debout, oscillant avec la régularité d'un pendule. Ils procèdent par coups largement espacés, accompagnant leur balancement d'un chant à l'unisson, mélopée étrange, tour à tour grave et suraiguë. Par instants, des voix répondent de la rive ou d'une jonque de pêche ancrée au milieu du courant.

Et lentement on avance. Depuis longtemps les dernières lumières de Hué, la ligne sombre des remparts, le grand mirador de la citadelle où le veilleur de nuit crie les heures, ont disparu. Nous passons devant le temple de Confucius, une tour chinoise à sept étages, d'un blanc d'ivoire sous la lueur stellaire ; plus loin, à mi-côte sur un promontoire rocheux, enclavée dans des blocs éboulés que dissimule la végétation folle, la petite pagode de la Sorcière émerge du fouillis des palmes et des bambous ployés par la rosée. Au delà, sur l'une et l'autre rive, plus une habitation, pas un défrichement, nulle trace humaine; la solitude, le mutisme des bois profonds où le lointain appel d'un carnassier, la chute d'une branche morte, rendent plus saisissants encore les longs intervalles de silence.

Peu à peu, la lune levée, une brume monte de la rivière, d'abord estompant, puis masquant tous les objets, les contours des berges, l'embarcation elle-même et les bateliers. Allongé au fond du canot, prêt à m'endormir, je ne distingue plus mes rameurs. Ensommeillés, eux aussi, ils ont cessé leurs chants et, par suite, ralenti l'allure; ils manœuvrent désormais d'un mouvement machinal. Les avirons plongent sans bruit dans l'eau à peine refoulée. Et j'ai la sensation de flotter dans une blancheur de rêve, entre terre et ciel.

Au petit jour, on arrive, non sans avoir échoué plus d'une fois sur les bas-fonds. Le sampan accoste au pied d'une falaise que l'on escalade par un sentier glissant taillé dans la marne rouge. De ce débarcadère primitif, une admirable avenue bordée de jaquiers dont les hautes branches se rejoignent en ogive, conduit à la tombe de Gialong. Une heure de marche sur un terrain accidenté, à travers bois, dans une pénombre d'église. La route, çà et là, s'infléchit, contourne des rocs isolés, de formes bizarres, que l'on prendrait pour des pagodes en ruine, pour des groupes de sphinx mutilés. Et partout, accrochées aux troncs noueux, aux lianes pendantes, de grandes orchidées formant lustres, appliques et girandoles, des orchidées à fleurs rouges où le moindre rayon de soleil glissant à travers les feuillages met une flamme.

Puis, brusquement, c'est le plein jour, le vaste parc, les chaussées dallées, la perspective fuyante des clairières, des étangs fleuris de lotus. Des toits de pagodes, des pavillons de bois penchés sur l'eau, montrent leurs ors éteints, leurs laques entre les rameaux grêles des frangipaniers.

La tombe est adossée à la forêt. Du lac, un immense escalier aboutit par quatre terrasses au mausolée impérial, de forme rectangulaire, en maçonnerie pleine, sans le moindre ornement. Mais un peuple de statues l'environne : des cavaliers, des éléphants armés en guerre sont massés sur les paliers; sur chaque marche est planté un soldat, la lance au poing. Des mandarins en tenue de cour veillent sur le repos du maître. Et, dans leurs longues tuniques à plis rigides, les oiseaux viennent nicher. Perchés sur les parasols de pierre, des échassiers rêvent, une patte repliée sous l'aile.

Pas un être humain n'est en vue. Cependant les allées sont bien tenues, débarrassées de ronces et de branches mortes. Tout semble indiquer que la place est habitée. Les serviteurs, intimidés sans doute par la venue inopinée d'un étranger, se tiennent cois. Tout est silence et solitude. C'est le Palais du Roi dormant.

Le site est d'une majesté souveraine. A moins d'un quart de lieue, la chaîne d'Annam aux arêtes étrangement découpées se dresse, colossal écran de verdure et de rocs sombres, où court en fines broderies le fil d'argent des cascades. Point d'autres bruits que ce murmure lointain de sources, les gouttelettes de rosée qui tombent de feuille en feuille avec un son métallique et, de minute en minute, l'appel strident des cigales. Le prince, dont l'existence fut si mouvementée, la jeunesse errante, qui connut les pires misères de l'exil et les enivrements de la toute-puissance reconquise; celui qui, pour ressaisir son royaume, sollicita l'appui de la France et lui concéda, en retour, quelques parcelles de territoires, nos premiers établissements sur le littoral indo-chinois, a voulu, après tant de luttes et d'efforts, reposer en un lieu tranquille, presque ignoré, dans la paix crépusculaire des forêts et des montagnes.

Le vieil empereur a bien choisi sa sépulture, demeurée intacte en dépit des révolutions et des guerres. Les rumeurs de la ville n'arrivent point jusqu'à lui : les curieux que la distance déconcerte visitent bien rarement sa pierre tombale. Celle-ci n'est pas encore maculée d'inscriptions au couteau, destinées à commémorer le passage de touristes imbéciles. De longtemps sans doute les caravanes de l'agence Cook (*personnally conducted*), les théories de gentlemen guêtrés, de misses à voiles verts et de respectables ladies à lunettes d'or n'y viendront pas — après avoir, quelques semaines auparavant, interviewié le Sphinx et évoqué à l'heure du lunch, entre deux sandwiches, l'ombre d'un Pharaon, — déballer leur attirail de lorgnettes, de chambres noires, d'albums et de boîtes d'aquarelles. En cela Gialong est plus heureux que Néko et que Ramsès le Grand.

Parmi les nécropoles dissimulées dans la verdure aux environs de la capitale annamite, il en est d'infiniment plus modestes que les dernières demeures des Gia-Long, des Min-Mang, des Tû-Duc, décédés pleins de jours après avoir pris eux-mêmes et tout à loisir les dispositions nécessaires pour perpétuer dignement leur mémoire. Dans ces édifices de moindre importance reposent des princes enlevés à la fleur de l'âge, tels que Dong-Khan, et des Majestés éphémères, mortes par le poignard ou le poison : Hiep-Hoà, qui régna cinq mois; Dzuc-Duc, qui régna quatre jours. On les néglige un peu, ces pauvres rois ; leur souvenir risquerait d'éveiller chez leurs successeurs des réflexions par trop mélancoliques. Ils gisent oubliés, comme honteux, à l'ombre des petites pagodes peinturlurées. Pourtant la plus délaissée de ces tombes me paraîtrait un séjour enviable, comparée à la morne enceinte dans laquelle est confiné le monarque régnant, au lugubre palais de Hué.

Les journées doivent sembler cruellement monotones et longues, l'atmosphère pesante derrière ces remparts de citadelle qui interceptent toute brise. La lumière y pénètre par le haut, comme dans un préau de prison, réverbérée sur les dalles, aveuglante. Et cette clarté crue accentue la désespérante tristesse de cette résidence royale où règne le silence, mais non la tranquillité sereine des cloîtres.

Ici, le calme a je ne sais quoi de menaçant : on devine combien d'intrigues, combien de drames furent lentement préparés naguère sous le couvert de cette paix trompeuse. A cela près, la place, il faut le reconnaître, est loin de présenter ces apparences de délabrement et d'incurie qui caractérisent nombre de cours exotiques. A cet égard, le roi Than-taï est installé de façon plus digne que Norodom, du Cambodge. Certes, de l'omnipotence d'autrefois il ne lui reste guère que le simulacre : il est diminué, non déchu, et demeure toujours, aux yeux de la multitude, le vivant symbole de la nationalité. L'hommage qu'on lui rend vise plus haut que sa personne, a quelque chose de religieux ; c'est plutôt le culte d'une idée. La foule le considère moins comme un chef que comme le représentant des traditions et des rites. En définitive, un roi, et beaucoup mieux qu'un roi d'opérette.

Du palais, à vrai dire, on voit peu de chose, ce qu'on pourrait appeler les préliminaires : la grande porte, de style chinois, surmontée d'un pavillon à deux étages ; la cour d'honneur, à l'extrémité de laquelle s'ouvre la salle du trône, aux lourds piliers de teck recouverts de laque rouge et or. Là, ont lieu les audiences ; là, à l'occasion de certaines fêtes solennelles, deux ou trois fois l'an, les mandarins de tous grades, en rangs serrés, viennent faire leurs *laïs* et se prosterner devant le maître. La cérémonie est particulièrement curieuse à l'époque du Têt (le jour de l'an annamite), alors que des centaines de personnages vêtus de soie et de brocart sont réunis, et d'un seul mouvement, sur un signal donné par le chef des rites, s'inclinent jusqu'à terre, comme une jonchée de fleurs abattues par le vent.

La salle d'audience traversée, nous pénétrons, — par faveur spéciale, paraît-il, — dans une deuxième cour moins vaste que la précédente, puis dans la salle dite « des Conseils de guerre ». Aux murs sont accrochés de vieux lavis représentant les plans, coupes et élévations des citadelles de l'empire construites par des ingénieurs français sous le règne de Gialong. Ces feuilles jaunies retracent un fragment de l'histoire militaire du vieil Annam : elles nous montrent ce qu'étaient alors Saïgon, Nam-dinh, Ninbinh, Hanoï et d'autres places aujourd'hui méconnaissables. Hué seul a conservé sa physionomie d'autrefois ; ce plan à la main, sans autre guide, je pourrais retrouver ma route à travers l'immense citadelle, dans le dédale des enceintes, des chemins couverts, me reconnaître au milieu des jardins du roi, parmi les étangs et les chaussées, et gagner les champs, le grand air, les rives animées du fleuve.

La salle des Conseils de guerre et les petites pièces qui l'avoisinent servent actuellement d'antichambre pour les ministres. Eux et leurs scribes y viennent attendre le moment de paraître devant le roi, généralement avant l'aurore, entre cinq et six heures. A supposer que ces convocations matinales devinssent à la mode chez les chefs d'État d'Occident, il est à croire que nombre d'Excellences déposeraient bientôt leurs portefeuilles.

C'est ici que l'exploration deviendrait vraiment intéressante. Et précisément il nous faut tourner les talons. A défaut des convenances, les règles imprescriptibles de l'étiquette nous interdiraient de pousser plus avant. Au seuil de cette porte gardée par deux eunuques, en tunique vert-pomme, d'allures patibulaires, commence la zone défendue et, par cela même, attirante. Résignons-nous donc à contempler le palais de Ioin, c'est-à-dire à n'en voir que les toits. Mais est-ce bien un palais? Le terme convient-il pour désigner ces constructions disséminées dans les arbres?

Si l'on prétend donner la sensation nette de choses et de formes essentiellement différentes de ce que nous voyons en Europe, on s'aperçoit bien vite combien notre vocabulaire est insuffisant. Le mot précis nous manque; il faut, de toute nécessité, se contenter d'un à peu près. En réalité, les mots palais, péristyle, véranda, colonnade, ne signifient pas grand'chose lorsqu'on essaye de les appliquer à certains édifices de l'Extrême-Orient. Il n'existe pas ici, à parler exactement, de monument de quelque importance dont les parties intimement liées l'une à l'autre, en une ordonnance savante, témoignent de l'unité du plan, constituent une œuvre complète. Rien de pareil aux palais — de vrais palais, ceux-là — élevés dans l'Inde par les empereurs mongols. C'est l'architecture chinoise procédant par sections distinctes, éparpillant les pagodes et les pavillons; c'est la singulière toiture concave, dont la forme rappelle l'abri des nomades, le morceau de toile soulevé par deux piquets, et qui semble dénoter chez les premiers constructeurs comme un vague souvenir de la tente ancestrale.

Palais ou tente, nous n'en connaîtrons que l'extérieur. Toutefois, même en Asie, les habitations royales, si bien gardées soient-elles, ont perdu beaucoup de leurs mystères. Ce dont on ne peut se rendre compte *de visu* vous est révélé par des bouches indiscrètes. Aussi n'hésiterai-je pas à m'improviser votre cicerone et à vous introduire dans le palais de Than-taï. Nous en saurons la disposition générale, nous écarterons les gardes, viendrons à bout des verrous et des grilles et ferons rapidement connaissance avec la maison et les hôtes. Nous observerons, sinon par le menu, du moins dans ses détails essentiels, l'existence menée par ces invisibles, les travaux, les délassements, les ennuis aussi, d'un jeune roi d'Annam.

Les bâtiments occupent une superficie considérable et se décomposent en plusieurs corps de logis, cours et promenoirs. Après avoir franchi la cour d'honneur, la salle du Trône et celle des Conseils de guerre, on arrive à une enceinte circulaire percée de deux portes que gardent des postes d'eunuques, puis à une deuxième et enfin à une dernière circonvallation, défendant l'accès des logements réservés aux femmes. Au centre du système est l'appartement privé de Sa Majesté, séparé du harem par une série de bassins et de piscines assez vastes pour que ces dames puissent y nager et même s'y livrer, dans de légères gondoles, aux plaisirs du canotage.

Chacune a sa maisonnette particulière, un jardinet orné de potiches et de rocailles, son petit ménage, dont prennent soin deux servantes d'âge mûr. Les femmes ne peuvent pénétrer chez le roi que lorsqu'il les fait mander. En ce cas, l'ordre est transmis de la façon suivante par l'eunuque de service. Dans le poste placé à l'entrée de l'appartement des femmes, un cadre pendu à la muraille contient des plaques de jade sur lesquelles sont gravés les noms des princesses. L'eunuque, sans mot dire, se borne à retourner l'une de ces plaques, et aussitôt les servantes vont quérir l'élue. On la baigne, on la parfume, puis on l'enveloppe dans une pièce de soie jaune et on la conduit, ou plutôt on la porte, ainsi parée, à son seigneur et maître. Sa toilette achevée, elle doit en effet, suivant les rites, arriver à la couche impériale sans que ses pieds aient effleuré la terre.

J'allais oublier d'ajouter que le fait est immédiatement

relaté sur un registre spécial par le chef des eunuques. Il n'est pas de comptabilité plus régulièrement tenue. L'inscription constate, en termes très explicites, que tel jour, à telle heure, Mme X... fut « distinguée » par son auguste époux : l'expression annamite est *Lây giông-roi*. Je renonce à la traduire autrement que par une périphrase.

Le roi mène, somme toute, une vie parfaitement monotone. Ses occupations sont multiples. Mais l'emploi de son temps déterminé avec une rigueur mathématique, la même heure ramenant chaque jour les mêmes visages et les mêmes grimoires, ne laissent aucune place à l'imprévu.

Le petit lever a lieu dès l'aube, sur le coup de cinq heures, à la fin de la dernière veille. A ce propos, il n'est pas inutile d'expliquer que la nuit *officielle* est ici de dix heures : l'usage veut qu'on la divise, pour les gardes, en cinq factions ou veilles, de sept heures du soir à cinq heures du matin. La première se nomme *khan-môt*, la dernière *khan-nam*. Laissons de côté les autres *khan;* leurs terminaisons importent peu. Le roi est donc sur pied lorsque finit *khan-nam*. Ses dames d'atour l'habillent. Il prend une légère collation et passe dans son cabinet de travail, où ses professeurs attendent. Dans cette première séance, qui se prolonge jusqu'à sept heures, on compulse les livres des hautes études, les auteurs classiques, Mentzé, Lao-tse et Dja-nin, et l'on fait un peu de versification. Puis le prince rentre dans ses appartements. Trente minutes d'entr'acte. De sept et demie à neuf, les maîtres lui commentent le Livre des lois et des rites. De neuf à dix, c'est le déjeuner, à l'annamite. Cependant, sur le menu figure toujours un plat français ou soi-disant tel. Mais, à la cour comme à la ville, la base de l'alimentation est le riz. Seulement, le roi ne consomme qu'un riz spécial, nommé *luangu*, un riz trié grain à grain. Il ne doit se servir, en guise de fourchette, que de bâtonnets. Encore faut-il que ces bâtonnets aient été fabriqués avec un bambou d'une espèce particulière, coupé à l'époque du *Nguxoân* (fête du Printemps).

Après le déjeuner, le roi se retire chez lui pendant une heure, dans ce qu'on appelle le *noi-kong;* ce n'est autre chose que l'appartement privé. La traduction littérale est « l'endroit des poules ». Pourquoi ce surnom bizarre? Le voisinage du sérail, apparemment! S'il en était ainsi, je préférerais « cocottes ».

D'après les rites, le prince devrait sortir du — comment dirai-je? eh bien, soit : du « poulailler », puisque poules il y a, à midi, pour retourner à ses études. Mais ici les rites reçoivent un accroc : il est rare que les professeurs le voient reparaître avant deux heures. De deux à trois, leçon de caractères chinois; de trois à cinq, encore les lois et les rites, remplacés, tous les deux jours, par une leçon de français. Entre cinq et six, un peu de sport; un temps de galop dans le manège ou dans les jardins. Ensuite le dîner; puis, sur les huit heures, on se couche en se disant qu'on n'a point perdu sa journée.

Trois fois la semaine le programme est corsé par un conseil des ministres et, tous les cinq jours, par la visite aux reines mères.

Elles sont trois : 1° la mère de Tù-Duc, quatre-vingt-sept ans, aveugle; 2° la veuve de Tù-Duc, soixante-dix ans; 3° la mère du roi actuel, quarante ans. Les rares personnes qui l'ont entrevue dans ses promenades, lorsque le vent écartait les rideaux de son palanquin doré, la disent charmante. Elle est la veuve du roi Dzuc-Duc, qui nous était dévoué et qui avait sollicité directement l'appui des autorités françaises pour triompher des factions. Cette démarche lui fut fatale. La cour le fit assassiner (21 juillet 1883). Il avait régné quatre jours. Les instigateurs du meurtre furent les régents Nguyen Van Tuong et Nguyen Van Thyet, les mêmes qui fomentèrent l'échauffourée de juillet 1885. Le premier, déporté à Tahiti, y est mort ; le second, qui a pris la fuite en même temps que l'ex-roi Hamghi, est parvenu, dit-on, à passer en Chine, où il fut retenu prisonnier ; d'autres assurent qu'il a péri dans la brousse. Ces individus ne s'en tinrent pas, du reste, à ce premier meurtre : ils tuèrent également, de leurs propres mains, le successeur de Dzuc-Duc, le malheureux Hiep-Hoa qu'ils avaient eux-mêmes placé sur le trône. Ils daignèrent pourtant lui donner le choix entre plusieurs genres de mort et, un beau soir, lui présentèrent une tasse de thé, un poignard, un lacet de soie. Refus énergique du roi, qui menace d'en appeler aux Français, cherche à fuir, crie à l'aide. Les assassins le saisissent, le couchent sur une table et lui ingurgitent de vive force le breuvage empoisonné. Son règne avait duré cinq mois (30 novembre 1883).

Les trois reines mères vivent très retirées et vénérées, passées à l'état d'idoles et de fétiches. Le roi lui-même ne paraît devant elles que pieds nus et ne leur parle qu'à genoux. Il leur doit les *laïs* tous les cinq jours. Le cérémonial est étrange. Les reines sont cachées derrière un grand store de soie, l'octogénaire assise entre ses compagnes, sur un siège plus élevé, leurs femmes debout derrière elles. En entrant dans la salle, le jeune roi s'agenouille et prononce d'une voix très basse ce seul mot : Kône! (« L'enfant! ») Alors, sur l'ordre de la vieille reine, le store est levé. Immédiatement, le roi se prosterne, front contre terre, et réitère neuf fois la même salutation. Presque aussitôt, le store retombe. C'est à peine si « l'enfant » a eu le temps de regarder ses « mères ». Les laïs terminés, il se retire *à reculons* jusqu'au fond de la pièce, se dissimule dans l'ombre d'un pilier et, toujours à

genoux, attend les ordres ou les remontrances. S'agit-il
d'une réprimande, elle lui est communiquée par une des
femmes de service, qui lui présente en même temps, sur
un plateau, le symbole du châtiment, une baguette en
rotin. On raconte qu'une fois — une seule fois — l'enfant
s'oublia, saisit le bâton et, furieux, le jeta au loin en
s'écriant : « On ne frappe pas un roi d'Annam ! »

Avec tout cela, le roi s'ennuie. Au milieu de ses femmes,
de ses professeurs et de ses mères-grand, ce monarque de
seize ans trouve les heures longues, soupire après le plein
air et la liberté. Il sort trois ou quatre fois dans l'année,
pas davantage, notamment à l'occasion de la fête du
Printemps, de la fête des Moissons et de la visite obliga-
toire aux tombeaux des rois. Et chacune de ces sorties lui
est une joie longtemps attendue. Il compte les jours ni
plus ni moins qu'un écolier aux approches des vacances.
Sa patience en ces derniers temps a été plus que jamais
mise à l'épreuve. La promenade du Printemps devait avoir
lieu il y a six semaines. Un concours de circonstances
fâcheuses, mauvais temps, maladies de reines mères,
indispositions de régents, je ne sais quelles autres causes
encore, l'ont retardée.

Nous l'avons faite il y a huit jours, par un après-midi
rayonnant. Dès la veille, le long des avenues que le cortège devait suivre, des étendards, des banderoles de toutes
nuances flottaient au vent, les gens de la ville et des villages voisins élevaient de petits autels chargés de fleurs et
de fruits, disposaient au-dessus les parasols dorés, ali-
gnaient les brûle-parfums et les lanternes peintes.

La fête a commencé par une visite à la résidence supérieure. Le roi, escorté de ses gardes vêtus de rouge et
coiffés de chapeaux laqués en forme d'éteignoir, s'est
acheminé vers le fleuve, où l'attendait sa jonque de
parade. Les uniformes laissaient un peu à désirer, les

hommes allaient pieds nus, alignés tant bien que mal, ceux-ci brandissant des lances, ceux-là des mousquetons rouillés. Malgré tout, l'ensemble avait grand air. Le soleil redonnait de l'éclat aux friperies, faisait reluire les cuivres ; l'on oubliait la soldatesque en guenilles pour regarder défiler les mandarins en superbes tuniques de soie flanqués de leurs porte-parasols, de leurs porte-pipes et de leurs porte-chiques.

Une longue embarcation manœuvrée par une quarantaine de rameurs prit à la remorque la jonque royale où se tenait, à la proue, une sorte de grand amiral lançant ses commandements à l'aide d'un porte-voix, allant, venant, gesticulant, très ému de sa reponsabilité, comme s'il s'agissait de diriger une périlleuse croisière. Par surcroît de précaution, un serviteur dévoué et, qui plus est, nageur habile, tirait sa coupe à côté de la jonque, afin de repêcher Sa Majesté, en cas de naufrage.

La traversée a bien duré dix minutes. Du débarcadère à la résidence, l'infanterie de marine faisait la haie. La distance est de cent mètres au plus : Than-taï l'a franchie dans sa chaise à porteurs, où il se tenait dans une attitude hiératique, les yeux fixes, les mains jointes, pareil à un Bouddha. Parvenu au perron, il a lentement, gravement, gravi les degrés, puis a traversé le grand vestibule et le premier salon d'un pas saccadé, en balançant les bras, ce qui n'est pas fort gracieux, mais est considéré ici comme une démarche noble.

Une collation était préparée. A la table du roi avaient seulement pris place le résident supérieur, le commandant des troupes et le plus haut personnage de la cour après le roi, le prince Touli, fils de Min-Mang. Son âge avancé — il a plus de quatre-vingts ans — ne l'a pas empêché d'exécuter les laïs à l'arrivée de son souverain. Pour rien au monde le vieillard n'eût voulu qu'on le dispensât de ces marques de respect. N'est-ce point à ceux qui vont bientôt rejoindre les ancêtres qu'il appartient de donner l'exemple aux jeunes générations, en accomplissant rigoureusement les prescriptions rituelles? C'était cependant un spectacle étrange que celui de ce patriarche prosterné devant un petit bonhomme de roi qui acceptait l'hommage sans broncher, la mine hautaine, impassible dans sa longue robe de drap d'or constellée de pierreries, brillante comme une châsse.

Pourtant, une fois à table, et le champagne aidant, S. M. Than-taï s'est montré à son naturel. L'idole a fait place à un joli garçon de mine étourdie, dont le regard un peu vague sautait d'un objet à l'autre avec des curiosités et des inquiétudes de moineau franc. Il s'arrêtait plus volontiers à considérer par la baie grande ouverte l'assistance réunie dans la pièce voisine, autour d'un buffet bien servi : les officiers et les fonctionnaires civils, une trentaine de personnes, toute la colonie moins l'élément féminin. Les dames ne sont point admises à ces réunions. Il m'a paru que Than-taï en était au regret, qu'il eût donné quelque chose pour surprendre au milieu de ces uniformes et de ces habits noirs un gracieux visage, un frou-frou d'étoffes claires. Par moments sa physionomie, devenue soudain songeuse, un pli dédaigneux des lèvres, semblaient révéler le fond de sa pensée : « Cela manque de femmes! »

La conversation a été ce qu'elle pouvait être, contenue dans les limites des banalités officielles. Le roi, d'ailleurs, parlait peu; des compliments à l'adresse de l'ancien gouverneur général, un souhait de bienvenue pour le nouveau, quelques questions enfantines sur un détail d'ameublement, sur un tableau, sur une tenture, et ce fut tout. Il était manifeste pourtant qu'il s'amusait et faisait en sorte de prolonger la visite. Ses frères, deux bambins de huit à dix ans, se divertissaient fort, eux aussi. Tout de vert habillés, ils se tenaient debout derrière son fauteuil, croquant des gâteaux et des dragées et jacassant entre eux comme de petites perruches.

Au bout d'une heure, le roi se retirait, retraversait la rivière et procédait à son tour de ville. Jusqu'à la chute du jour, le long cortège se déroula sur les deux rives du canal de Dong-Bà. Les habitants restaient cachés dans leurs maisons, par respect : se poster sur le passage du roi et le dévisager équivaut à une insulte. Seuls, devant les petits autels où l'encens fumait dans les cassolettes, quelques vieillards étaient prosternés. Ceux qui ont supporté longtemps les tribulations de la vie ont droit à certains privilèges.

Et je songeais, en contemplant cette scène d'un caractère presque religieux, en voyant ces têtes blanches inclinées très bas devant l'idole vivante dont le passage doit porter bonheur à la ville, faire épanouir les fleurs, mûrir les fruits, rendre les forces aux malades, l'espoir aux misérables, je songeais à quel point est profondément enraciné dans l'âme de ce peuple le respect des vieilles coutumes et des formes surannées, combien sont téméraires ou naïfs ceux qui s'imaginent de bonne foi pouvoir, sans le secours du temps, effacer tout cela.

Au coucher du soleil seulement, la lente procession rentra dans la citadelle. Les derniers hommes de l'escorte avaient depuis longtemps disparu, que l'on devinait encore le chemin qu'elle venait de parcourir, à la poussière soulevée par ses piétinements, à la poudre d'or en suspens dans l'air immobile.

Hué, mai.

Ma dernière quinzaine dans la capitale de l'Annam. Mais combien remplie! Les fêtes se succèdent presque sans désemparer. Quarante-huit heures après la promenade du Printemps, qui d'habitude a lieu vers le milieu de février, mais que diverses circonstances ont retardée cette année de près de six semaines, nous avions l'anniversaire de naissance du roi.

S. M. Than-taï venait d'accomplir ses dix-sept ans. Les cérémonies destinées à célébrer cet événement mémorable devaient occuper plusieurs jours. Les réjouissances, malheureusement, ont été contrariées par les intempéries. Très pénible en toute saison, le climat de Hué est particulièrement insupportable à l'approche des changements de mousson. Les variations barométriques et thermométriques que nous subissions depuis quelque temps eussent sérieusement éprouvé les tempéraments les plus robustes. Dans la même journée, dans la même heure parfois, c'étaient des sautes de température vraiment extraordinaires : chaleur d'étuve, puis, sitôt le soleil masqué par une nuée, la bourrasque se déchaînait, furieuse, la pluie tombait en cataractes; on grelottait. Époque redoutable entre toutes, période où vous guettent les fièvres et la dysenterie.

Les averses, l'humidité persistante qui, du soir au matin, recouvre d'une odieuse moisissure tous les objets, salit d'une mousse blanchâtre les boiseries et les cuirs, ronge les vêtements et les chaussures et ruisselle sur les cloisons dans les chambres les mieux closes, ont fait bon marché des projets mirobolants élaborés par les organisateurs des fêtes rituelles. Le vent a éteint les lampions, bousculé les arcs de triomphe, arraché guirlandes et banderoles, transformé en une pâte incombustible la poudre des pétards et des bombes. Les courses de sampans, les joutes, le feu d'artifice qu'on devait tirer sur la rivière, autant de numéros qui ont été purement et simplement rayés du programme ou remis, de toute nécessité, à des temps meilleurs.

A défaut de la vraie fête, celle qui se fût déroulée en plein air, aux regards amusés des foules, on s'est diverti dans l'intimité, à l'abri des ondées et des rafales. Quatre jours durant, il y eut spectacle au palais. Devant une assistance peu nombreuse, mais singulièrement bariolée, les comédiens ordinaires du roi ont donné les meilleures pièces de leur répertoire.

Ce théâtre de cour ne ressemble à aucun autre. Il n'a, bien entendu, quoi que ce soit de commun avec l'abomination exhibée naguère aux promeneurs de l'Exposition sous le nom de Théâtre annamite et dont l'étourdissant charivari a retenti pendant six mois sur l'esplanade des Invalides. Autant vaudrait comparer les baraques de foire à l'Opéra, Guignol à la Comédie-Française. Non que je prétende exalter outre mesure les agréments d'un spectacle qui ne serait point pour plaire aux abonnés du mardi et ne réussirait certes pas davantage auprès du grand public, si disposé soit-il à encourager les essais d'exotisme risqués de temps à autre sur les scènes parisiennes. Les manifestations de cet art rudimentaire veulent être vues dans leur cadre : elles exigent, chez le spectateur, un état d'esprit très particulier, cette sorte d'endurance somnolente acquise sous l'influence du climat tropical, au contact de ces civilisations étranges cristallisées dans leurs formes plusieurs fois séculaires, près de ces peuples hypnotisés par le passé, ne rêvant autre chose que ce dont s'accommodaient les ancêtres.

Il en est de ces productions dramatiques comme de la cuisine indigène, des mixtures servies dans des dés à coudre et dégustées tant bien que mal à la pointe des bâtonnets d'ivoire. On y goûte par curiosité, on s'en lasse vite. Il faut les avaler à petites doses. Celui qui sait en user avec cette sage mesure a chance d'y prendre de-ci de-là un réel plaisir. Si l'ensemble est indigeste, certains détails

ACTEURS DU PALAIS. — HUÉ.

ne manquent pas de saveur. J'ai été véritablement surpris de la grâce et de l'originalité de quelques scènes, de la mimique souvent ingénieuse, d'une certaine recherche dans le costume et les attitudes, toutes choses inconnues des histrions qui jouent pour la multitude dans les plus importantes cités de la péninsule indo-chinoise et du Céleste Empire. Au lieu de la cacophonie redoutée, de l'extravagant vacarme de gongs et de chapeaux chinois qui d'habitude souligne les moindres répliques, l'accompagnement discret d'un petit orchestre d'instruments à cordes ne couvrant jamais la voix des acteurs. Par instants, un bout de phrase d'un joli dessin mélodique. J'ai encore dans l'oreille un air de danse au rythme lent, ainsi qu'une chanson de route dont le thème alerte était repris plusieurs fois à l'unisson par une troupe de soldats marquant le pas. Un musicien eût noté cela séance tenante et tiré bon parti de sa trouvaille.

Le théâtre n'est autre chose qu'un immense hangar rectangulaire, à toit incurvé de pagode, supporté par des piliers massifs en bois de teck laqué de rouge. Il est adossé à la partie du palais où se trouvent les appartements privés du roi et les logements des femmes. Celles-ci assistent à la représentation du haut d'une vaste loggia occupant tout le fond de la salle et devant laquelle sont tendus des stores en fibres de bambou. A travers cette cloison frêle et mouvante, blotties dans la pénombre, elles voient sans être vues, mais ne laissent pas de caqueter et d'échanger leurs impressions à voix basse. Dans ce gazouillement de volière, les éventails battent avec un bruit d'ailes. C'est aussi, mêlé au frou-frou des étoffes soyeuses, le son métallique de bijoux entre-choqués, le tintement des lourds bracelets assemblés par des chaînettes d'or. Parfois même un rire éclate, un petit rire d'enfant, vite réprimé et suivi d'un long silence où se trahit la confusion de la coupable

L'ornementation de la salle est sobre : le Dragon d'Annam reproduit çà et là sur des cartouches ou rampant autour des colonnes. Au plafond, couleur azur, figurées en haut relief, les principales constellations avec les signes du zodiaque.

Le mobilier est à l'avenant. Au pied de la tribune occupée par les reines mères et par les femmes du harem, le trône royal, sur une estrade isolée; à droite et à gauche, les sièges réservés aux invités, au personnel de la résidence supérieure, au commandant des troupes et à son état-major. Sur les côtés, deux rangées de banquettes drapées d'étoffe cramoisie pour les hauts dignitaires du royaume, les membres du conseil de régence et du conseil secret. Là, notamment, avaient pris place le dernier et vénérable représentant de la lignée de Gia-Long, le vieux prince Touli, fils de Min-Mang, et auprès de lui Son Excellence Nguyen-Trong-Hiêp, troisième régent, véritable chef du pouvoir exécutif, l'homme qui depuis des années préside avec plus ou moins de bonheur aux relations étroites, mais parfois délicates, établies, de par les traités, entre l'Annam protégé et la France protectrice. Régents, princes, ministres, mandarins civils ou militaires, les plus éminents portant sur la poitrine, entre la plaquette d'ivoire insigne du grade, l'ordre royal, le *kim-khanh* d'or retenu par un cordon de soie écarlate, donnaient, avec leurs vêtements d'apparat, dans leurs longues tuniques brochées, brodées au petit point, chargées de fleurs de toutes nuances, l'illusion d'une plate-bande superbe et touffue, où foisonneraient les solanées et les chrysanthèmes. Le spectacle était doublé d'une collation servie sur une table tellement élevée qu'elle nous venait presque au menton. Tout un étalage de friandises affriolantes, préparées par les femmes pour le roi et ses invités. Ces dames emploient volontiers leurs loisirs à confectionner des gâteaux et des bonbons, la confiserie étant, d'après les rites, un art auquel les princesses peuvent s'adonner sans déchoir. Nous n'avions que l'embarras du choix entre les innombrables échantillons de leur savoir-faire déposés en capricieuses mosaïques sur les grands plateaux laqués : croquettes à la farine de riz et à la colle de poisson, fondants à la gélatine, pastilles de plâtre; si bien arrangé, ce dessert, si délicatement enveloppé de papiers multicolores, que c'était un régal pour les yeux. Pourquoi y toucher? N'eût-il pas été cruel de détruire cette belle ordonnance, de déchirer ces papillotes que, peut-être, de royales épouses avaient si gentiment chiffonnées de leurs doigts menus?

Des serviteurs en soutanelles rouges allaient, venaient sans bruit, la démarche souple et les pieds nus, versant le champagne aigre avec le geste grave d'enfants de chœur présentant les burettes.

La pièce, espèce de féerie sans trucs, exige une mise en scène très peu compliquée. Le théâtre proprement dit n'existe pas. Point de tréteaux ni de rampe : rien qui sépare le domaine de la fable du monde réel, les acteurs du public. Les personnages se meuvent de plain-pied avec les spectateurs, dans le vaste quadrilatère inscrit entre le fond, le trône royal et les places réservées aux mandarins. Le décor immuable a la simplicité des premiers âges : un mur percé de deux portes; les mouvements s'exécutent suivant un ordre invariable, les entrées par la droite, les sorties par la gauche.

Le sujet a du moins un mérite : il est clair. Le poète ne s'est pas mis en frais d'imagination. Renseignements pris, il paraît que nous assistons aux aventures du guerrier Cao-Siéu et de la belle Kim-Dinh. Le rôle de la jeune première est rempli par un homme; en Annam comme en Chine, l'accès des planches est interdit au beau sexe. Il en était de même au Japon où, depuis deux ou trois ans seulement, les femmes sont tolérées sur le théâtre. Encore le fait est-il exceptionnel : l'innovation a été introduite par les troupes dites *soshis*, artistes de tempérament révolutionnaire, affectant le plus parfait mépris des vieilles coutumes et dont la façon de faire rappelle les procédés inaugurés chez nous par le Théâtre-Libre.

J'ai cru comprendre qu'il s'agit, comme dans la *Grande-Duchesse*, d'une haute et puissante dame éperdument éprise d'un militaire. La princesse Kim-Dinh, une amoureuse quelque peu sorcière, poursuit de ses assiduités le jeune soldat qui, je ne sais pourquoi, semble médiocrement flatté de cette bonne fortune et décline nettement ses avances. La commère, pour arriver à ses fins, a recours à des moyens tout à fait bizarres et que je n'hésiterai point à qualifier de déloyaux. Ce n'est plus de la séduction, mais de la persécution pure et simple. La terrible fée ne trouve rien de mieux que de s'acharner après ce fiancé récalcitrant et de combiner à son intention une série de farces d'un goût douteux. Le malheureux ne peut faire un pas sans choir dans une embuscade. Des voleurs l'attaquent; il dégringole dans un puits que la mégère a inopinément ouvert au milieu du chemin. S'engage-t-il sur un pont? Une poutre casse, et le voilà barbotant dans la rivière. Et cent autres plaisanteries du même genre. La réussite de ces sortilèges suppose chez la victime une complaisance rare ou une myopie extrême. En effet, en l'absence de toute machinerie, faute de trappes et de trappillons, les accessoires requis sont apportés à dos d'homme. Au moment voulu, des garçons de théâtre arrivent avec des cartonnages figurant le puits, les chevalets et les planches de la passerelle, le baquet qui doit représenter la rivière.

Ces balivernes mettent l'auditoire en joie. Peut-être le

dialogue, dont le sens m'échappe, contient-il des perles, des *concetti* d'une rare finesse. Il faut croire que la versification habile est faite pour charmer des lettrés. Toujours est-il que tout le monde est ravi, à commencer par le roi. Sa Majesté paraît s'amuser ferme. Ce n'est plus la figurine hiératique que j'avais vue quelques jours auparavant, dans son palanquin, traversant la ville et les faubourgs où l'encens fumait sur les petits autels dressés devant chaque maison comme pour célébrer la descente d'un dieu sur la terre. Le délégué du ciel a fait place à un adolescent un peu grêle, aux traits délicats : la pâleur du visage d'un ton de vieil ivoire dit l'enfance vécue loin du grand air et du soleil, dans le demi-jour du palais-prison. Mais aujourd'hui la statuette s'anime; elle sourit, des lueurs passent dans ses yeux vagues.

Il est gentil, ce petit roi que plusieurs seraient d'avis de rendre aux douceurs de la vie privée, comme on relègue au grenier un meuble suranné et inutile. J'avoue humblement ne point avoir eu le temps de me faire une opinion sur les mérites respectifs de l'administration directe, préconisée par quelques-uns, et du régime de protectorat tel qu'il fonctionne en Annam. Et, chose étrange, plus je vais, moins j'éprouve le désir de m'attaquer à ces redoutables problèmes. Il y aurait, pour le voyageur qui passe, dont les observations restent forcément très incomplètes et superficielles, quelque naïveté à prétendre donner, en pleine connaissance de cause, la préférence à tel ou tel système. De vous à moi, il ne me paraît point gênant, ce petit prince, qui règne si peu et ne gouverne pas. Ensuite il est décoratif; et la couleur locale, le pittoresque se font si rares par le temps qui court!

On objecte que tout n'est peut-être pas pour le mieux dans le plus triste des palais. Ici, plus que partout ailleurs, les murs ont des oreilles : les échos rapportent que les fantaisies du maître sont quelquefois brutales. C'est possible. Jeux de roi, et surtout de monarque asiatique, ne sont pas précisément jeux innocents. Il vaudrait évidemment mieux que ce jeune homme se livrât à des passe-temps louables, qu'il se prît de passion pour l'aquarelle ou pour la bicyclette. Mais, que voulez-vous? Ces choses-là ne se commandent point. Il faut avoir le don. Les rajahs de l'Inde en font bien d'autres, et l'Angleterre ne s'émeut pas autrement des drames de harem, du moment qu'ils ne gênent point sa politique. Je me souviens — le fait date de sept ou huit ans — d'une partie de lawn-tennis, par un clair matin, dans les jardins de la résidence, à Hyderabad. Le jeu battait son plein lorsqu'un retardataire survint, un officier qui raconta comment, la nuit précédente, le Nizam avait tué de sa propre main deux de ses femmes. La nouvelle, il faut le reconnaître, fut accueillie par un murmure réprobateur. Une dame s'écria : *Two girls!... Oh! shame!*. Mais, ce disant, elle n'en relevait pas moins la balle d'un joli coup de raquette. Et la partie continua.

Du haut de son trône doré, le roi suivait la représentation, très intéressé, semblait-il, avec de temps à autre de petits gestes d'impatience, comme s'il eût regretté les exigences de l'étiquette qui l'empêchaient d'exprimer son contentement tout à son aise. Il eût donné le signal des applaudissements, s'il était de bon ton d'applandir. Mais ici, de même que devant les cours et tribunaux, « toute marque d'approbation ou d'improbation » serait incorrecte au premier chef. Le soin d'apprécier le talent des artistes est confié à un fonctionnaire spécial qui cumule les attributions de claqueur en titre et de critique officiel. Ce personnage siège du côté cour sur une petite estrade. Devant lui est une grosse caisse sur laquelle, à la fin d'une tirade à effet ou d'une réplique bien lancée, il tape à tour de bras. Le nombre de coups indique le degré de satisfaction du juge ou, si vous le préférez, la cote obtenue par l'artiste. Un coup veut dire : « Assez bien » ; deux coups signifient : « Bon, cela » ; trois coups : « Très bien ! » — Un roulement : « Superbe ! » — Un scribe assis à la droite du critique inscrit aussitôt le nom de l'acteur et la récompense qui doit lui être allouée sur la cassette royale. La somme varie entre cinq sapèques (un septième de centime) et une demi-ligature (vingt centimes).

Peut-être cette façon de comprendre la chronique théâtrale, ce critique qui bat du tambour et, surtout, le procédé qui consiste à faire solder les « feux » des artistes par le chef de l'État sembleraient innovations heureuses à certains de nos directeurs parisiens. A parler franchement, la méthode me paraît d'une application difficile et par trop tapageuse ; elle n'a point chance d'être adoptée par les princes de la critique. Je ne me représente pas un Sarcey ou un Jules Lemaître exprimant son opinion suivant la mode annamite. Et, n'en déplaise à la cour de Hué, j'aime mieux leur manière.

Le spectacle se donne en matinée. Jamais l'expression ne fut plus exacte. Il commence en effet d'assez bonne heure, généralement avant midi, pour finir à la nuit tombante, soit une séance de sept à huit heures. L'épreuve serait au-dessus des forces de l'amateur de théâtre le plus déterminé. Nous n'avons point assisté au commencement et sommes partis avant la fin, si toutefois les poèmes de ce genre comportent une conclusion. Nous étions arrivés vers deux heures ; il en était cinq, et les épisodes se succédaient sans que rien fit prévoir un dénouement proche. Ces histoires-là peuvent se prolonger durant des journées et des semaines jusqu'à complet épuisement des acteurs. Mais, loin de paraître demander grâce, la troupe et l'orchestre redoublaient d'entrain à chaque scène, les serviteurs, avec une gravité d'officiants, circulaient de plus belle, remplissant les coupes, tandis que, toutes les cinq minutes, une porte masquée d'une tenture et communiquant avec la tribune des femmes livrait passage à un eunuque en robe bleu pâle qui venait apporter aux dames européennes les compliments des reines mères, demander de leur part si l'on se trouvait bien, si l'on n'était pas incommodé par la chaleur, si l'on s'amusait. Ce à quoi il était poliment répondu que la salle était fraîche, la collation exquise, le spectacle le plus plaisant du monde.

Cependant, un peu après cinq heures, le roi se retirait ; la plupart en ont profité pour prendre aussi congé. Le troisième régent et plusieurs ministres nous accompagnèrent jusqu'à la première enceinte du palais où attendaient les équipages, les montures et les pousse-pousse. Des pages en tunique rouge et jaune ouvraient la marche, brandissant les hauts parasols en papier huilé qui n'ombragent point, mais font bien dans le paysage.

A pas comptés, notre cortège procédait à travers le labyrinthe des cours et des avenues dallées. Nous étions loin déjà que les rumeurs du théâtre nous arrivaient encore et, dominant tous les autres bruits, les témoignages de satisfaction ponctués sur la grosse caisse par le critique officiel.

Nous ne saurons jamais si le troupier Cao-Siéu se décide enfin à faire le bonheur de l'inflammable Kim-Dinh.

CHAPITRE IV

SILHOUETTES MANDARINES. — CHEZ LE PRINCE TOULI. — UN REPAS DE NOCE. — NGUYEN TRONGHIÊP. — LES IMPRESSIONS DE VOYAGE DU TROISIÈME RÉGENT.

J'ai déjà eu l'occasion de parler incidemment du prince Touli. Mais quelques lignes c'est peu lorsqu'il s'agit d'un personnage de cette importance, le plus considérable du royaume après le roi. A vrai dire, son rôle politique est plutôt effacé. A quatre-vingts ans sonnés, on peut, sans se désintéresser absolument des affaires, se complaire dans la retraite, sous ce climat du moins. Car l'Europe n'en est plus à compter les hommes d'Etat chez qui la puissance de travail n'a point diminué avec l'âge. Les cours orientales ne connaissent guère ces vertes vieillesses. Mais le prince Touli, s'il fait peu de bruit dans le monde et n'élève que rarement la voix dans le conseil, reste de par sa naissance une des grandes figures de Hué. Contemporain du vieil Annam, fils de l'empereur Min-Mang, on le vénère comme une relique.

J'avais aperçu pour la première fois le vieillard à la résidence supérieure, le jour de la fête du Printemps, pendant la visite royale, alors qu'il procédait en conscience aux *laïs* prescrits par les rites et, les genoux ployés, le front touchant la terre, rendait hommage à son souverain, à cette Majesté de seize ans d'aspect frêle, presque enfantin, sous la longue tunique de brocart d'or à plis rigides.

Nous l'avions revu au palais où, à la tête des mandarins de tous grades, il recevait le résident supérieur le jour de la représentation de gala. Le surlendemain il nous conviait dans sa maison située de l'autre côté du fleuve, vis-à-vis du faubourg de Dong-Bà, à la pointe d'une île verdoyante, au milieu des bambous et des lataniers géants, à une fête non moins originale quoique plus intime : un déjeuner donné en l'honneur... de son mariage.

Parfaitement : cet octogénaire prenait femme. Ce n'est point qu'il eût attendu si tard pour renoncer au célibat ou qu'il voulût ne pas terminer ses jours dans un triste veuvage. La destinée lui a été clémente, la mort a fauché autour de lui à coups discrets. Des trente épouses dont l'affection embellit sa longue existence, il lui en reste encore vingt-quatre à l'heure présente. Mais, au déclin de la vie, on ne saurait trop être entouré ; ensuite, un homme de ce rang se doit à lui-même de laisser en mourant un très nombreux personnel, dont l'unique fonction sera désormais de veiller sur sa tombe et d'honorer sa mémoire. De là le désir bien naturel de combler, avec des éléments plus jeunes, les vides regrettables que l'âge et les maladies ont causés dans le gynécée.

Quoi qu'il en soit, le prince s'occupe activement à reconstituer de son mieux la demi-douzaine disparue : étant donnée sa robuste santé, il est en droit d'espérer pouvoir mener à bonne fin l'entreprise. Selon toute apparence, le chiffre primitif sera atteint d'ici peu de mois. En attendant, debout sur le seuil du logis pavoisé pour la circonstance aux couleurs de France et d'Annam, il nous souhaitait la bienvenue de la façon la plus affable. Une bandelette de crêpe violet soigneusement enroulée dissimulait son crâne chauve ; vêtu d'un fourreau de soie amarante qui descendait jusqu'aux genoux, accusant davantage sa petite taille et les sinuosités du buste tordu comme un vieux cep, il accueillait ses invités avec la politesse cérémonieuse du grand siècle, trouvait pour chacun une parole aimable qu'on devinait telle sans le secours de l'interprète.

Du menu très panaché, pas grand'chose à dire, sinon que les plats d'étiquette française y alternaient avec les mets annamites, ceux-ci de beaucoup les plus appétissants. Les efforts du cordon bleu indigène pour européaniser son style aboutissaient à des résultats imprévus et inexplicables. On nous a présenté des filets sauce Périgueux qui n'avaient de périgourdin que le nom, et du poisson sauce hollandaise tel qu'on n'en vit jamais dans les Pays-Bas. En revanche, le service, d'une originalité saisissante, ne laissait rien à désirer. Ce fut l'attrait de cette petite fête. L'événement qu'on célébrait intéressant spécialement la famille, la domesticité, complètement tenue à l'écart, avait été remplacée par les enfants de la maison. Je veux parler des mâles ; les femmes, naturellement, y compris la nouvelle épousée, restaient confinées dans leurs appartements.

Il faudrait, pour trouver une postérité comparable à celle du prince Touli, remonter aux temps bibliques. Je ne vois guère que les tentes d'Abraham et de Jacob d'où soient issues aussi imposantes lignées. Le ciel assurément a béni sa couche. De ses unions diverses il lui est né de cinquante à soixante enfants, dont trente-cinq fils. Notre hôte nous confesse ingénument ne point se rappeler au juste le nombre des filles.

J'ai compté là vingt-sept garçons, depuis le gamin de douze ans jusqu'au lettré à besicles frisant la cinquantaine. Tous nu-pieds ; la tenue seule différait suivant l'âge : les aînés en tunique bleu foncé et larges pantalons de foulard blanc, les adolescents vêtus de vert avec le pantalon de soie cerise, les plus jeunes habillés de rouge du haut en bas. Le rôle de ces derniers consistait seulement à manœuvrer les immenses éventails de plumes fixés au bout d'une gaule et dont le courant d'air violent donne, de minute en minute, la sensation d'une douche. Seuls, les grands avaient charge de la table, tendaient aux convives, en fléchissant légèrement le genou, les plats que les moyens étaient allés quérir aux cuisines.

Notez que, parmi ces serviteurs improvisés, plusieurs occupaient dans le mandarinat un grade enviable, une haute fonction dans l'État. Un personnage de mine distinguée qui venait de m'offrir du cerf en gibelotte remplissait, paraît-il, en temps ordinaire, l'important et double emploi de conservateur des tombes royales et d'inspecteur des Rites — on dirait chez nous des *Pompes funèbres*.

Et c'était véritablement touchant de les voir, attentifs et empressés, se relayer auprès du père, se faire tout petits, très humbles, attendre, inclinés et muets, les ordres que le vieillard leur jetait à voix basse.

Je suis sorti de là profondément impressionné. Tandis que, par un soleil terrible, l'embarcation de la résidence remontait lentement le fleuve, je me sentais pris d'enthousiasme pour un pays où les plus respectables traditions sont demeurées à ce point vivaces, où l'autorité de l'aïeul et du père est la loi suprême. Peut-être, sous l'empire de ce sentiment, me serais-je laissé entraîner à des appréciations d'un optimisme tant soit peu hors de saison, si la scène suivante, dont je fus témoin, ne m'eût rappelé fort à propos qu'il est toujours imprudent de conclure du particulier au général.

Le hasard me faisait assister quelques jours plus tard, chez un Européen, aux négociations relatives à l'un de ces mariages de la main gauche à la faveur desquels la plupart des célibataires cherchent à oublier un moment la patrie lointaine et les petits ennuis de l'exil. Il s'agissait de l'achat ou, si le mot vous choque, de l'engagement d'une *congaï*.

Ici, permettez-moi d'ouvrir une parenthèse. Quiconque a séjourné, fût-ce seulement quelques semaines, en Indo-Chine, n'a pu manquer d'être frappé de l'usage immodéré que les Européens établis depuis un certain temps dans le pays font des locutions indigènes substituées à tout propos, et sans nécessité apparente, au vocable français. C'est ainsi que vous entendrez à chaque instant revenir dans la conversation les mots *congaï*, *nhaqué* (prononcez *niacoué*), *baia*, *canha* (prononcez *cania*), *gno*, etc., etc., sans compter les termes anglais, tels que *boy* (domestique), *auction* (enchères), qui, dans le jargon colonial, sont, depuis longtemps, monnaie courante. Exemple : « Ce sont des *nhaqués*. Mon *boy* a vu la *congaï* devant la *canha* avec la *baia* et le *gno*. » Ce qui, — l'eussiez-vous deviné? signifie : « Ce sont des paysans. Mon domestique a vu la fille devant la case, avec la vieille maman et le petit garçon. » Et dire qu'il s'est trouvé des gens pour prétendre que les Français n'avaient pas le don des langues! Je n'ai jamais, pour ma part, goûté beaucoup ce mélange, et l'on m'excusera de n'en user que très rarement dans ces notes de voyage. Vous ne m'en voudrez donc pas, je l'espère, de continuer à dire : une jeune fille, une cabane, un bambin, etc. La couleur locale y perdra peut-être, mais ce sera tout profit pour la clarté du discours.

Il s'agit donc, pour en revenir à mon histoire, de l'engagement d'une... disons *congaï*, une fois n'est pas coutume. La jeune personne exerçait le métier de sampanière sur le canal de Dong-Bà. Vingt ans, gracile et svelte, des mains et des pieds d'enfant, une physionomie de chatte maigre, des yeux superbes. Au moment de prendre un parti grave, elle avait cru devoir en référer à sa famille. L'affaire se discutait au domicile du soupirant ; sous la véranda avaient pris place la jolie batelière, ses père et mère, un frère aîné, ainsi qu'un oncle, homme prudent et de très bon conseil. Et chacun de préciser ses conditions : tant pour la demoiselle, tant pour les parents. Ceux-ci désiraient une case neuve, le frère un sampan et des ustensiles de pêche ; l'oncle voulait un buffle. L'accord se fit en quelques minutes.

Admirable, n'est-ce pas? cette intervention de la famille dans tous les actes de la vie ! Seule, jusqu'ici, la famille Cardinal m'avait semblé de force à aborder certaines questions délicates d'une façon aussi magistrale et franche, avec cette sérénité que donne la conscience du devoir accompli. Singulière contrée que celle où une jeunesse, sollicitée de mal tourner, réplique avec candeur : « Monsieur, je ne dis pas non. Mais parlez-en d'abord à ma mère. »

On ne saurait, dans une esquisse, si rapide soit-elle, de l'Annam central et de sa capitale, laisser dans l'ombre la physionomie si intéressante et quelque peu mystérieuse du troisième régent (1). Le personnage n'est pas de ceux que l'on puisse se flatter de connaître après deux ou trois entrevues. Aussi n'ai-je point eu la naïveté de supposer un seul instant que je rapporterais de mes visites des documents précieux et inédits concernant les affaires d'Annam, les dessous de la politique, les espoirs ou les projets de la régence et de la cour. Le premier devoir de l'homme d'État est de ne pas penser tout haut et de ne pas se départir de l'impassibilité professionnelle. Les Orientaux sont passés maîtres dans cet art, et Nguyen

---

(1) Le rôle politique de Nguyen Trong Hiêp est aujourd'hui terminé. L'un des premiers actes de M. Doumer, gouverneur général de l'Indo-Chine, a été l'émancipation du jeune roi d'Annam. Le conseil de régence n'est plus qu'un souvenir.

Trong Hièp plus qu'aucun d'eux. Homme d'État, il l'est de la tête aux talons. De très haute mine, d'une courtoisie et d'une aménité parfaites, il cause volontiers, tout en conservant un faciès impénétrable, sans qu'un éclair du regard ou une contraction des lèvres trahisse une émotion intérieure, les secrets de cette âme murée. La figure n'est point banale. En elle semblent se résumer les traits caractéristiques de cette race ondoyante et subtile à laquelle on a souvent reproché son penchant instinctif pour la ruse et le mensonge. Le reproche est naïf. Comme si la ruse n'avait pas toujours été la seule arme des faibles !

Il n'est personne chez nous, fût-ce dans les milieux où l'on se passionne le moins pour les questions coloniales, qui n'ait ouï parler de Nguyen Trong Hièp. L'homme, en dépit de son récent voyage en France, est peu connu. Il est passé inaperçu de la foule. Combien de gens, en croisant, dans nos promenades et nos musées ou dans le parc de l'Exposition lyonnaise, un groupe de personnages officiels, ont remarqué, parmi les redingotes, cette silhouette d'Oriental en tunique de soie sombre ? Combien, dans le nombre de ceux qui l'ont considérée d'un regard distrait, se sont doutés qu'ils avaient devant eux une Excellence exotique, l'homme le plus influent d'Annam, naguère notre ennemi, aujourd'hui le collaborateur correct, sinon convaincu, de notre politique ? Notre adversaire, certes, il l'a été, et il serait puéril de s'en étonner. N'étions-nous pas, à ses yeux, l'étranger, le vainqueur ? Lors de la prise de possession d'un pays, je me méfierai plutôt de l'indigène, mandarin ou non, qui saluerait avec transport ses nouveaux maîtres. Ces amitiés soudaines sont difficilement durables. Quant à sa collaboration actuelle, elle est, nul n'en ignore, très discutée. Plusieurs dénoncent sa duplicité, l'accusent de fomenter en sous-main le désordre et de garder au plus profond de son cœur, avec l'amer regret de l'indépendance perdue, je ne sais quels espoirs de revanches lointaines. Quelques-uns, malgré ses protestations d'amitié, voient en lui un irréconciliable et expriment leur opinion sous cette forme familière : « En voilà un qui n'aime pas la France ! »

Ne trouvez-vous pas qu'il y a quelque chose d'étrange dans ce besoin que nous avons d'être adorés? Nous oublions avec une facilité vraiment surprenante que les relations de protégé à protecteur ne sont point affaires de sentiment, mais la conséquence d'un fait brutal. Être aimés, oui, ce serait là le rêve; mais nous vivons sur la terre, et celle-ci, que je sache, n'est pas encore peuplée d'anges. Tenons-nous donc pour satisfaits si l'on nous accepte. Renonçons à sonder les cœurs. A quoi bon, de parti pris, suspecter les gens dès qu'ils nous font bon visage? L'extrême défiance et la confiance aveugle ont également leurs dangers.

Il est permis, à en juger sur les apparences, de supposer que le troisième régent, surtout depuis son voyage d'Europe, sans être précisément enthousiaste de l'ordre de choses actuel, s'est cependant résigné, en définitive, à l'irrévocable. Il est trop intelligent pour ne pas avoir compris que la France est déterminée à conserver, coûte que coûte, la position acquise en Annam, et que même une insurrection, un moment victorieuse, ne saurait émanciper le royaume de cette tutelle. Au surplus, à défaut d'un élan du cœur, son propre intérêt l'engagerait à se tourner vers nous. N'est-ce pas pour lui l'unique chance de détenir le plus longtemps possible un pouvoir amoindri, mais toujours désirable, d'en conserver du moins les apparences, en un mot de *sauver la face*, selon la pittoresque expression chinoise? Tirer le meilleur parti d'une situation difficile et, ce faisant, servir son pays en développant dans la paix, et sous l'influence de la civilisation d'Occident, ses ressources naturelles, c'est encore là de quoi suffire au sage.

Ma dernière visite à Nguyen Trong Hiêp n'a point modifié mon impression première. L'avant-veille de mon départ, entre sept et huit heures du matin, — on est matinal sous ce climat — je franchissais le seuil de la petite maison qu'il occupe dans la citadelle, à cent mètres du palais. Logis modeste. On se tromperait singulièrement si l'on supposait que les mandarins, même d'un grade très élevé, mènent une existence fastueuse. Rien de plus uni que leur train de vie, de plus simple que leur tenue. Dans certaines occasions seulement, pour les fêtes rituelles et les grandes réceptions royales, ils arborent les voyants costumes de satin et de brocart. En temps ordinaire, rien ne distingue le haut dignitaire de l'employé subalterne, si ce n'est, en public, le nombre de parasols déployés autour du palanquin et, dans l'intimité, le ton, le geste, le maintien, toujours d'une correction suprême.

Dans la pièce où je fus introduit, point d'ornements criards, point de dorures; seulement une assez belle table et des sièges décorés de vieilles incrustations tonkinoises. Au mur, à la place d'honneur, un assez bon portrait de Paul Bert et la photographie du dernier gouverneur général, M. de Lanessan.

Au bout d'une minute, une tenture s'écarta, un serviteur parut, l'échine ployée, les bras croisés sur la poitrine, précédant le régent qui vint à moi, la main tendue.

De taille moyenne, maigre, relevant à peine de maladie, mais très droit et robuste encore, bien qu'il ait dépassé la soixantaine. La tête est fine, le teint presque d'un Européen. Seule, la coupe du visage, les pommettes légèrement saillantes, rappellent la race jaune. Les yeux sont d'un gris d'acier tirant sur le bleu, nuance très rare chez l'Annamite : la longue moustache tombante, d'une blancheur de neige, donne à la physionomie une expression analogue à celles de certaines images bouddhiques, de ces figures de bonzes ou de demi-dieux esquissées sur les *kakémonos* japonais. A ce propos, peut-être n'est-il pas inutile de noter qu'à une époque déjà lointaine les populations du Nippon avaient essaimé dans ces parages. Leurs petites colonies s'étaient établies sur plusieurs points du littoral d'Annam, principalement dans la région qui avoisine Tourane. Il serait bien difficile d'établir jusqu'à quel point cette immigration éphémère a influé sur la race. Toujours est-il que, suivant une opinion fondée sur les dires d'Annamites de très bonne foi, dont quelques-uns même sont apparentés avec Nguyen Trong Hièp, la famille du troisième régent compterait des Japonais parmi ses aïeux. Je donne l'allégation pour ce qu'elle vaut. Mais le racontar m'a paru assez piquant pour n'être point passé sous silence.

A peine étions-nous assis qu'un domestique apparaissait avec un plateau et des coupes. L'une contenait du thé — le régent ne boit pas de vin, de si bon matin du moins, et je l'en félicite — l'autre du champagne. J'ai remarqué maintes fois, chez mes amphitryons asiatiques, cette marque invariable de politesse. Tous semblent pénétrés de cette idée qu'un Français doit nécessairement sabler le champagne à plein verre, fût-ce à huit heures du matin.

La causerie, avec l'aide d'un excellent interprète, se prolongea une bonne demi-heure et roula forcément sur des banalités. Mon interlocuteur avait un sujet de conversation tout trouvé : le voyage de France.

On a prétendu que Nguyen Trong Hièp était rentré fort mécontent de nos procédés à son égard, de l'accueil plus que froid, que sais-je encore? A l'entendre, au contraire, loin de se plaindre qu'on lui ait fait faire antichambre, qu'on l'ait tenu à l'écart, presque ignoré, il se louerait bien haut des attentions dont il fut l'objet. Il a gardé de son excursion outre-mer le meilleur souvenir. Sa surprise, devant les manifestations les plus éclatantes du génie occidental, a été grande. « J'ai compris, s'est-il « écrié, combien il est difficile de se faire une idée de « ces civilisations nouvelles — nouvelles pour lui ; tout « est relatif — par ouï-dire. Il faut avoir touché du doigt « ces choses. Les livres ne les peuvent faire comprendre. « Celui qui les regarde pour la première fois reste devant « elles comme un petit enfant... » Et alors seulement, tandis qu'il évoquait ses étonnements d'explorateur, son masque impassible s'est illuminé d'un sourire, son regard, jusque-là perdu dans le vague, s'est fait expressif et mobile.

Ces admirations, apparemment très sincères, ne prouvent point, encore une fois, qu'il ait entièrement dépouillé le vieil homme et nous porte, comme on dit vulgairement, dans son cœur. Peut-être même, à l'occasion, serait-il prêt à libeller, sans rien changer au style, une lettre de créance comme celle dont étaient porteurs les membres de l'ambassade qui l'accompagnèrent à Paris, au printemps de 1894.

Quelques mots seulement au sujet de ce fait peu connu, d'importance minime d'ailleurs, mais intéressant parce qu'il éclaire d'un jour très vif un trait de caractère de la race, la façon dont un lettré pratique l'escrime au pinceau, sait user de cette arme d'un nouveau genre pour se donner, sur le papier, des airs d'indépendance et traiter d'égal à égal avec la puissance suzeraine. Très curieuse à cet égard, la missive apportée par la mission annamite. Mais, pour en faire apprécier toute la valeur, il est nécessaire de recourir, au préalable, à quelques explications. Rassurez-vous, elles seront brèves.

Il me suffira, sans vouloir me faire passer pour sinologue, de rappeler ici ce que beaucoup n'ignorent point, à savoir que suivant les règles de l'écriture officielle — en Annam comme en Chine — il existe dans la disposition des caractères quatre sortes d'alinéas ou de niveaux différents. Chaque fois que, dans le libellé d'une lettre officielle, on doit employer les signes idéographiques représentant le ciel, l'empereur, le chef d'État auquel la lettre est destinée, il est d'usage d'aller à la ligne. La coutume veut également que ces caractères, et d'autres dont la liste est énoncée dans les règles du style officiel chinois, soient placés à la même hauteur. Or la lettre de créance des envoyés annamites, lettre adressée au président de la République, débutait ainsi : « Mon pays — c'est l'empereur qui parle — entretient avec la France des relations amicales qui se développent et s'affirment chaque jour... » Le copiste, au lieu d'aller à la ligne lorsqu'il arriva aux trois caractères qui veulent dire : « la France », continua, sans même laisser d'intervalle appréciable, dédaignant ainsi de placer sur le même niveau les signes idéographiques de la France et ceux de la dignité impériale. Il agit de même dans tout le cours de la lettre, montrant sa volonté bien arrêtée de méconnaître sur ce point la tradition dûment établie. On ne saurait voir là le résultat d'une erreur. Le dernier des scribes sait ces minuties sur le bout du doigt. D'ailleurs, le document est, de la première ligne à la dernière, écrit sur un ton familier qui contraste singulièrement avec le style des factums analogues expédiés naguère à Pékin. Il conclut ainsi : « Par ces moyens, notre envoyé accroîtra la dignité de notre État et consolidera l'amitié entre voisins. » Comme salutation finale, c'est un peu sec. Comparez à cela certaines lettres de même provenance, par exemple l'épître écrite en 1881 par le roi d'Annam au Fils du Ciel en lui envoyant le Tribut des quatre ans (1). « Votre serviteur — y est-il dit — courbant la tête jusqu'à terre et frappant du front la poussière, vous salue et vous prie de l'entendre... » Sa Majesté chinoise est traitée de « lumière brillante qui ne cesse d'éclairer les nations », de « souverain principe de toutes choses », etc., etc.

Nous n'en demandons pas tant et nous nous contentons d'un style plus sobre. La missive annamite a été acceptée telle quelle; non pas qu'on ne se fût aperçu de l'accroc fait aux règles du protocole asiatique, mais parce qu'il eût été puéril de s'échauffer pour ces chinoiseries. Enfantillages qui ne tirent point à conséquence, vengeances d'écoliers qui, ne se croyant pas vus du maître, lui font la nique : pas autre chose. Il n'y a pas à s'émouvoir pour si peu. Tant que l'esprit de révolte ne va pas plus loin, le plus sage est de fermer les yeux sur ces peccadilles.

Malgré ces écarts de langage, le régent se plaît à reconnaître que la tutelle française peut avoir pour son pays d'excellents résultats. Je n'en veux d'autre preuve que la décision, toute spontanée, par laquelle une somme de 1,500,000 ligatures, c'est-à-dire 250,000 piatres — environ 700,000 francs — était récemment inscrite au budget particulier de l'Annam et mise à la disposition du protectorat. Elle était prélevée sur l'impôt foncier, impôt encore perçu directement par la cour d'Annam, et venait s'ajouter aux 420,000 ligatures représentant la portion des impôts directs qui doit être régulièrement, chaque année, affectée aux travaux d'utilité publique. Cette somme devait avoir la même destination. On demandait

---

(1) *Choix de documents officiels* (textes chinois et français) publiés par le P. Couvreur, 1894.

seulement que les travaux, dont, au surplus, les autorités du protectorat détermineraient à leur gré la nature, fussent exécutés en Annam, sous la direction d'ingénieurs français. Il est bon de remarquer en effet que, jusqu'ici, l'Annam a été, pour des raisons diverses et qu'il serait trop long d'énumérer, quelque peu délaissé au profit du Tonkin. Nous n'y avons, depuis notre occupation, pas fait grand'chose. Il est difficile de tenir pour œuvres accomplies le port de Tourane encore à l'état de projet, la route du col des Nuages dont sept ou huit kilomètres au plus ont été ébauchés par le Génie et que des bêtes de somme ne pourraient parcourir de bout en bout sans rompre charge. Parlerai-je des tronçons de chemins tracés aux environs immédiats de Hué afin de permettre au résident supérieur de France de se promener autrement qu'en chaise à porteurs, chaussées du reste à peine empierrées et presque impraticables après les pluies?

La capitale reste, aujourd'hui comme hier, malaisément abordable, qu'on y vienne par terre ou par eau. La barre de Thuan-An devient infranchissable dès la moindre houle, et il y a peu d'espoir d'arriver à creuser un chenal définitif dans ces sables mouvants. Quant à la passe de Chou-May, située plus au sud, à l'abri du cap du même nom, et par où l'on pourrait accéder en tout temps dans la lagune, elle est barrée par un seuil de roches que seules les embarcations de tonnage insignifiant peuvent franchir. Il suffirait d'en faire sauter une partie avec la dynamite pour permettre le passage, de façon permanente, à des chaloupes à vapeur de 80 à 150 tonneaux. La dépense serait évaluée à 250,000 ou 300,000 piastres. Des études sommaires ont été faites, quelques sondages pratiqués. Tout s'est borné là. Aussi, à l'époque de la mousson de sud-ouest, des semaines parfois s'écoulent pendant lesquelles la navigation est complètement interrompue.

Le voyage de Tourane à Hué, qui, par mer, est de six à huit heures, exige alors, par le sentier scabreux qualifié de route mandarine, deux ou trois jours. Les desiderata du gouvernement annamite ont donc leur raison d'être. Les sommes qu'il inscrit spontanément à son budget, l'appel qu'il fait au protectorat et aux ingénieurs français peuvent, à la rigueur, être considérés comme des marques de confiance et de bon vouloir.

On me dira que la satisfaction exprimée bien haut devant moi au sujet de la visite en France, les phrases admiratives sur Paris et ses splendeurs, ne sont peut-être, au bout du compte, que des démonstrations de pure politesse. Aussi étais-je assez curieux de jeter un coup d'œil sur les notes rédigées par mon interlocuteur, à l'usage de ses compatriotes. Le troisième régent, en veine de tourisme, a voulu lui aussi publier ses impressions de voyage. Il m'a été donné de pénétrer dans le sanctuaire où les scribes s'occupaient à mettre l'ouvrage au net, en caractères savamment moulés. L'un d'eux eut l'obligeance de m'en traduire les bonnes feuilles, et je ne saurais résister au plaisir de vous en offrir un extrait. Un mandarin globe-trotter, cela ne se voit pas tous les jours.

Le voyageur ne s'attarde pas à des préfaces. Il nous explique simplement que, « désigné pour aller en ambassade à Paris, il a profité de la douceur du climat et d'une saison magnifique pour écrire ce qu'il a remarqué dans ce pays renommé ».

L'œuvre remplit une soixantaine de feuillets. Est-il besoin de dire qu'elle est en vers? Un lettré qui se respecte doit savoir mettre en sonnets la géographie et l'histoire et, d'une manière générale, ciseler des hémistiches sur toutes sortes de sujets : témoin ce Chinois de Hong-Kong guéri de la cataracte et qui, pour remercier son médecin, lui dédiait une ode où l'opération était poétisée en dix-sept strophes.

« J'ai, déclare Nguyen Trong Hiêp, reproduit ma pensée dans un poème suivant le mode annamite appelé *Tuyêt-Cù*, qui comprend, par alinéa, quatre phrases de sept caractères. »

L'auteur ajoute que, désireux de préparer son voyage et de se renseigner par avance sur Paris, il a pioché les livres. Comme ses confrères en tourisme, il s'est muni d'un bon guide; Joanne et Bædeker étant pour lui lettre close, il les a remplacés, raconte-t-il, par un ouvrage intitulé *Dinh hoan chi luoc* (Rapport d'un envoyé en mission) composé par un Chinois qui fit le tour du monde « il y a plus de cent ans ». Cent ans, c'est beaucoup, et je crains fort que le volume ne soit pas très au courant. Mais qu'importe! L'essentiel est que le Céleste ait dit vrai en son temps, et notre voyageur-poète l'affirme. Le Chinois n'a rien exagéré. « Paris tient le premier rang parmi les capitales de toutes les nations d'Europe. » Notre humble Seine elle-même trouve grâce à ses yeux. « Ce fleuve, *d'une limpidité parfaite*, divise la ville par le milieu, de même que la Voie lactée traverse le ciel. » On n'est pas plus aimable. Cependant, entre nous, « limpidité parfaite » par ce temps du tout-à-l'égout, c'est beaucoup dire!

Ce qui le frappe très vivement, c'est l'aspect de Paris le soir, le ruissellement du gaz et de la lumière électrique, la gaieté aussi, partout épandue, le joyeux murmure qui monte des foules, « si bien que chaque endroit semble un lieu de plaisir et de délices ».

Il passe en revue consciencieusement les monuments et les promenades et s'attendrit, au Jardin d'acclimatation, devant une touffe de graminées : « Depuis mon départ pour l'Occident, c'était la première fois que je revoyais nos chers bambous. Le feuillage était très vert et la poussée très vigoureuse. » Un bon point au Jardin d'acclimatation! Le Bois, les courses le ravissent; il s'extasie au *Bon Marché* et consacre trois pages à la description de ce *Bonheur des dames*.

Tout y passe : le Muséum, le Val-de-Grâce, l'institut Pasteur, l'Obélisque, l'Opéra. « On y chante à ravir. Au début, une troupe d'une cinquantaine de femmes s'avance au milieu de la scène et chante en faisant des gestes... » Le critique est d'une indulgence extrême pour les dames des chœurs : « On croirait, dit-il, voir apparaître des fées venues du ciel. » Il a visité le foyer de la danse et, ses souvenirs classiques venant à la rescousse, il le compare à un palais mirifique appelé Quân Hang, peuplé de génies, dans lequel un magicien avait transporté, par une belle nuit, sur un rayon de lune, certain monarque nommé Minh Hoàn, de la dynastie de Duong.

Cependant, par moments, il semble que l'observateur s'égare, est victime de quelque méprise. De là, sans doute, le paragraphe suivant, dont le sens est assez obscur : « Dans le livre intitulé *Thi-Loc-Phù* on disait jadis : « Les grands doivent toujours être suivis des gens
« de moindre importance, ce qui signifie que les maîtres
« doivent avoir le pas sur leurs serviteurs et que les
« dames de haute origine doivent l'avoir aussi sur leurs
« servantes et observer une démarche grave dans leurs
« promenades au dehors pendant leurs instants de
« liberté... » « J'ai vu, ajoute Nguyen Trong Hiêp, suivre ces indications à Paris, et je ne cacherai pas que j'ai éprouvé une grande joie en pensant que Loc Phù disait vrai. » N'en déplaise à Loc Phù et à son éminent commentateur, il me paraît qu'il y a là quelque malentendu, que ces us et coutumes, cette ligne de démarcation entre grands et petits, ces préséances si bien réglées sont chez nous choses d'antan. Quant à nos dames de haut parage, ont-elles véritablement un maintien si grave

« pendant leurs heures de liberté » ? Je n'en crois rien, et ne sais trop si elles seraient flattées du compliment. Si fantasques, ces Parisiennes !

Je passe sur les longues considérations relatives au service militaire, aux voies ferrées, à la télégraphie, à la visite à Lyon et au Creusot. En dépit des nécessités du mètre et du mode annamite *Tuyêt-Cú*, le lettré a trouvé moyen de dresser, dans ses phrases de sept caractères, un mémorandum assez complet de son voyage à travers nos mœurs, nos idées, les sciences et les industries de l'Occident. Cela est curieusement et parfois finement observé, sous une forme archaïque, avec des tours de phrase qui rappellent les relations des anciens explorateurs, les étonnements de Marco Polo à la cour de Gengis-Khan.

Aussi m'a-t-il paru intéressant de résumer en quelques lignes ce carnet de route d'un homme d'État que des circonstances indépendantes de sa volonté ont fait notre protégé, le collaborateur de notre politique indo-chinoise. A coup sûr, on ne peut s'étonner qu'il honore d'un souvenir et d'un regret le bon vieux temps, l'époque heureuse où les puissances européennes ne songeaient point à s'immiscer dans les affaires des potentats asiatiques. Mais c'est là un regret dont on ne saurait lui faire un crime, à la condition qu'il reste tout platonique, une manifestation de pure forme, quelque chose comme le *laï* d'un petit-fils devant la tablette de l'ancêtre.

TROISIÈME PARTIE

AU TONKIN

CHAPITRE PREMIER

LES APPROCHES. — HAÏPHONG. — LA BAIE D'ALONG. — HONGAY ET KÉBAO.

Il est des terres qui, de prime abord, séduisent, des rivages longtemps espérés dont la seule apparition, indécise encore dans le miroitement du flot, met l'âme en joie. Tandis que, à chaque tour d'hélice, les grandes lignes se précisent, puis les détails, les nuances des plages et des falaises, les moindres échancrures de la côte, anses, caps bordés de cocotiers échevelés, très loin enfin, dans une buée lumineuse, des arrière-plans de montagnes et de forêts, une impatience s'empare du voyageur. On voudrait hâter la marche du navire, fouler ce sol attirant, gagner l'intérieur au plus vite, vagabonder à travers monts et vallées. Ainsi vous apparaissent Ceylan, Java et quelques points de la péninsule indo-chinoise. On est sous le charme dès la première rencontre, avant même que l'ancre soit tombée. Les désenchantements peuvent suivre; ils n'effaceront point le souvenir de l'arrivée radieuse.

Au Tonkin, l'impression première est tout autre. Rien de plus morne que les approches : la tristesse et la banalité mêmes. On a peine à se persuader que, derrière ce décor quelconque, se cache une des plus originales et des plus curieuses contrées de l'Indo-Chine, ce Delta où se pressent dix millions d'hommes et dont la fertilité n'a d'égale que celle des plaines fécondées par le limon du Nil. Pour un peu, on serait tenté de reprendre le large, découragé, croyant avoir fait fausse route. La sensation est peut-être moins aiguë pour qui vient du Nord et a vu se dérouler pendant de longues journées l'âpre côte de Chine. Mais lorsqu'on a l'avant-veille contemplé pour la dernière fois, dans le soleil couchant, la silhouette bleuâtre des montagnes d'Annam drapées de forêts descendant lentement sous l'horizon, le contraste est d'une brutalité douloureuse.

Il était cinq heures de l'après-midi, quand la *Tamise* stoppait au mouillage de Hondo. Cette journée d'avril s'éteignait dans un crépuscule hivernal, sous un ciel bas, un ciel du Nord chargé de brumes. Sur la gauche, quelques îlots pelés, la tache blanche d'un phare qu'on eût pu prendre, à distance, pour un grand oiseau de mer posé sur le roc. Au delà, dans la pénombre, un morceau du continent, la pointe de Do-Son, une ligne de faîte vaguement estompée sous le brouillard.

L'aspect de la mer est sinistre. Hier si bleue, maintenant méconnaissable, salie de particules terreuses, de bois mort, d'herbes pourries. Le navire roule sur ses ancres, immobilisé dans cette boue rougeâtre pour cinq ou six heures.

Dans le golfe du Tonkin, la marée est diurne, c'est-à-dire qu'il n'y a qu'une seule marée par vingt-quatre heures. Aussi les bâtiments doivent-ils régler leur allure en conséquence, sous peine de s'exposer à perdre près d'un jour entier à attendre le flot. Depuis le matin, on avait poussé les feux. Mais, malgré cet effort, le vent contraire et les courants nous contraignaient de mouiller à moins de vingt milles du but. Nous ne débarquerions, selon toute vraisemblance, que le lendemain.

A la nuit close, une embarcation accoste : c'est le pilote qui vient nous prendre. Sur le coup de onze heures, ce fonctionnaire déclare que la mer est assez haute. On repart. La soirée est humide, très fraîche, les ténèbres épaisses; le pont, balayé par les embruns, devient inhabitable. Mieux vaut regagner sa cabine et renoncer au plaisir, toujours très vif, d'assister à l'entrée au port.

Nous nous y sommes faufilés sans bruit vers les deux heures, si doucement que pas un passager n'a eu conscience de la manœuvre et n'a quitté sa couchette. C'est à peine si j'ai perçu l'arrêt de la machine, le grincement d'une amarre contre le bordage. J'ai ouvert un moment les yeux, juste le temps d'entrevoir, dans l'encadrement du hublot, un coin d'appontement désert éclairé par deux foyers électriques, des charpentes de fer, des wagonnets, une double ligne de rails s'enfonçant dans la nuit vers les entrepôts d'une douane invisible.

Débarqué au petit jour. Aurore maussade; derrière la nuée, le soleil monte pareil à un astre mort, sans un rayon. Haïphong, surtout à cette heure matinale et sous ce jour blafard, n'a d'exotique que le nom. On ne se croirait pas en Extrême-Orient, sous le tropique. C'est comme une impression alanguissante de *déjà vu*. J'arrive ici pour la première fois, et cependant tout ce qui m'entoure m'est familier de longue date. J'ai séjourné dans des villes de tout point pareilles à celle-ci et sous les latitudes les plus diverses, en Australie, dans le Far-West. Toutefois, l'aspect général et le plan rappellent plus particulièrement les jeunes villes des deux Amériques : mêmes larges chaussées se coupant à angle droit, *blocks* de constructions ou terrains à bâtir figurant les cases d'un damier, maisons d'habitation, magasins où le génie de l'architecte s'est affirmé dans une heureuse association de la brique, du fer et de la tôle galvanisée; enfin, brochant sur le tout, les innombrables fils du téléphone et du télégraphe, entre-croisés haut dans le ciel, qui font songer au travail d'une araignée géante déjà occupée à tisser sa toile sur cette cité à peine née.

Ce qu'il y a d'imprévu et de piquant dans ces jeunes villes, ce qui surtout me plaît en elles, c'est leur physionomie constamment changeante, insaisissable. Ne cherchez point à vous les représenter d'après les descriptions qu'en ont données les voyageurs. La page a été souvent enlevée de main de maître, avec un coloris, un relief incomparables. Le portrait fut ressemblant sans doute, mais d'une ressemblance éphémère. Le modèle s'est transfiguré avant même parfois que notes et croquis fussent devenus livre.

Que n'a-t-on pas écrit depuis une dizaine d'années sur le Tonkin et sur son port? J'ai parcouru nombre de ces publications, dont les auteurs avaient, pour la plupart, séjourné longtemps dans le pays et racontaient, en chroniqueurs fidèles, ce qu'ils avaient vu. J'ai le plaisir de compter parmi mes amis plusieurs officiers ayant fait campagne dans ces parages. L'un d'eux, précisément, médecin de la marine, à la veille de mon départ de France, évoquait devant moi ses vieux souvenirs — des souvenirs vieux de six ou sept ans au plus — et me parlait des longs mois passés à Haïphong. Il disait le marécage pestilentiel, les paillottes plantées de guingois sur pilotis, reliées entre elles par des digues étroites, digues de boue que diluait la moindre averse; comment, par les temps les plus favorables, on ne pouvait se rendre de l'Intendance au Trésor, ou du baraquement à la cantine de la mère Un tel, sans être botté jusqu'aux hanches. Impossible alors, dès le crépuscule, de s'aventurer hors de chez soi sans être escorté de plusieurs serviteurs munis de lanternes. Sortir, la nuit venue, c'était s'exposer à toutes sortes de périls : chutes dans les arroyos ou dans la vase, sans parler des pirates, toujours aux aguets, et qui vous enlevaient un homme à dix pas des factionnaires.

De tout cela, que reste-t-il? Vainement j'ai cherché les digues fondantes, le marécage empesté, les paillottes et les guinguettes. Disparus, évanouis, remplacés par des avenues tirées au cordeau, où se croisent les pousse-pousse, les poney-chaises, les cavaliers, les bicyclistes ; par un hôtel monumental, absolument dépourvu de confortable d'ailleurs, fort mal approprié aux exigences du climat, mais dont l'architecture fantasque et bistournée, surgissant au milieu des constructions de style plus sobre, corrige l'aspect un peu trop neuf de l'ensemble, l'uniformité rectangulaire des lignes, et fait l'effet d'une note gaie éclatant soudain au cours d'une symphonie classique.

Puis des squares aux pelouses bien peignées, un boulevard planté de flamboyants et de lilas de Perse. Là sont les principaux magasins, les cafés, un joli cercle où l'on vous accueille de la façon la plus cordiale, où l'on peut feuilleter à l'aise les journaux, les revues de l'ancien et du nouveau monde. Là chaque soir tout Haïphong — cinq cents personnes qui donnent, par leur va-et-vient, l'illusion d'une population dix fois plus nombreuse — tout Haïphong s'assemble. De cinq à six, on est allé en voiture, prendre le frais hors de la ville du côté du champ de courses ou sur la route de Do-Son. Maintenant on attend l'heure du dîner en faisant les cent pas sur l'asphalte; on discute les télégrammes du jour, les nouvelles arrivées par la dernière malle; on sable ce qu'on est convenu d'appeler l'apéritif sous forme de vermouts ou de coktails à la glace. Cependant la lumière électrique projette sur la chaussée un éclat de fête, et, dans l'élégant hôtel occupé par le *Courrier d'Haïphong*, la salle des dépêches luit comme un phare. C'est, en vérité, restitué là tout d'une pièce, avec un art infini, un coin du Paris boulevardier et flâneur. Il faut un effort de réflexion pour se convaincre que l'on est à l'autre extrémité du monde, à des milliers de lieues, que tout cela n'est qu'un trompe-l'œil, un délicieux mensonge.

Quelques personnes — des étrangers — ont maintes fois raillé ce trait de caractère des Français dont la préoccupation primordiale paraît être de reproduire, où qu'ils aillent, l'image réduite de leur patrie. L'avouerai-je? Cette faiblesse, si c'en est une, ne m'a jamais semblé si ridicule. Elle procède, après tout, d'une idée très haute et très touchante. J'ai toujours éprouvé, pour ma part, une joie enfantine si l'on veut, mais profonde, à retrouver sous les climats les plus disparates ces petites France, parfois bien modestes, réduites à quelques cases jetées sur une grève de Guinée ou du Congo, charmantes pourtant et si vivantes, avec toutes les qualités et tous les défauts de la race, ce je ne sais quoi de subtil et d'intraduisible qui constitue l'âme d'un peuple.

Le soir, trois fois par semaine, pendant l'hiver, il y a spectacle. La troupe, subventionnée par les municipalités, donne des représentations à Haïphong et à Hanoï, un mois ici et un mois là. Pour l'instant, c'est le tour d'Haïphong. La salle est installée au rez-de-chaussée, dans une boutique vacante. La scène est à peine plus large qu'une étagère; un piano tient lieu d'orchestre. Mais les artistes font de leur mieux, le parterre est indulgent et applaudit de bonne grâce à l'exécution capitale d'une comédie ou d'une opérette célèbres.

Haïphong, en dépit de ses dimensions très vastes, n'est point encore un centre commercial des plus actifs. De onze heures du matin à trois heures de l'après-midi, un silence religieux pèse sur la ville européenne. C'est le moment de la sieste. Et je ne puis m'empêcher de penser que cette habitude adoptée dans toutes nos colonies témoigne, non pas précisément de notre indolence, comme l'ont insinué les mauvaises langues, mais des loisirs laissés aux commerçants par la stagnation des affaires. Des gens accablés de besogne n'auraient jamais l'idée de fermer leurs bureaux quatre heures sur huit. Pondichéry, Saïgon, Hanoï, Haïphong s'adonnent à la sieste. Bombay, Calcutta, Singapore, Hong-Kong ignorent, et pour cause, le repos diurne. Les journées y sont trop remplies pour qu'on trouve le temps de rêver étendu sur la chaise longue, derrière les jalousies closes.

Ce n'est pas à dire que nos compatriotes demeurent ici les bras croisés. Quelques-uns même ont créé des industries d'une importance réelle, des forges, des scieries à vapeur. J'ai visité avec intérêt les ateliers de la Compagnie des Correspondances Fluviales du Tonkin qui construit des chaloupes dont la coque et les machines ne le cèdent en rien aux bâtiments sortis des chantiers de Hong-Kong. A citer aussi une savonnerie fort bien installée, laquelle utilise comme matières premières les produits du pays : le coco, l'arachide, le ricin ; un vaste et curieux établissement où l'on prépare chaque mois pour l'exportation plusieurs centaines de tonnes de jaunes d'œufs destinés aux mégisseries de France qui, jusqu'ici, s'approvisionnaient sur les marchés du Levant. Que sais-je encore ! Je renonce à énumérer les autres tentatives non moins heureuses et méritoires, mon carnet de route ne pouvant être comme un supplément à l'Annuaire du commerce et de l'industrie. Toutefois, ces entreprises, si importantes soient-elles, équivalent seulement aux premières assises du grand emporium rêvé, de cet Haïphong destiné quelque jour, au dire des enthousiastes, à traiter de pair avec ses formidables rivales, Hong-Kong et Shanghaï.

La prédiction a-t-elle chance de se réaliser jamais? Je n'oserais l'affirmer. En pareille matière il est toujours imprudent de s'improviser prophète. Peut-être cependant l'état actuel des choses nous autorise-t-il à exprimer timidement la crainte qu'Haïphong

> N'aille qu'à pas traînants vers sa grandeur future.

Certes, il y a là dès à présent l'emplacement d'une ville superbe, un immense effort accompli, de vastes espaces de terrain solide, conquis pied à pied sur les marais. L'essentiel manque : je veux dire un port. Ce qui en tient lieu n'est accessible à toute heure qu'aux bâtiments de très faible tonnage. Les navires calant plus de quatre mètres n'y peuvent pénétrer qu'avec la marée, et, comme nous l'avons dit plus haut, celle-ci n'a lieu que toutes les vingt-quatre heures. Quant aux paquebots ou *cargo-boats* calant cinq à six mètres, ils doivent renoncer à franchir la barre, sauf aux jours de très haute mer, soit une dizaine de fois l'an.

Il reste donc beaucoup à faire. Dieu sait les études, les ardentes polémiques auxquelles a donné lieu cette question du port d'Haïphong, du fameux port « en eau profonde ». Je n'ai point qualité pour opiner sur ce sujet, d'ailleurs épuisé. Bornons-nous donc à mentionner les trois systèmes successivement préconisés : 1° draguer la barre du Cua-Cam; 2° laisser de côté ladite barre et utiliser le Cua-Nam-Trieu qu'un canal ferait ensuite communiquer avec

Haïphong; 3° enfin installer le port dans la baie d'Along, merveilleusement abritée, mais située bien loin. C'eût été l'arrêt de mort d'Haïphong. Renseignements pris, on en serait revenu au premier projet qui consiste à améliorer dans la mesure du possible le chenal du Cua-Cam, projet moins coûteux, paraît-il, et qui, de plus, aurait l'avantage de respecter les droits acquis.

Les *droits acquis*, une de ces tyrannies qui survivent à toutes les révolutions, toujours debout, inexpugnables. Une expédition coloniale a lieu ; l'intérieur du pays n'est accesssible que par eau. Les petites canonnières entrent d'abord en scène, fouillent rivières et arroyos. On a, tant bien que mal, établi leur base d'opérations à l'entrée du chenal le plus praticable, sur un sol spongieux, mouvant, mais acceptable, somme toute, pour une installation temporaire de hangars et de baraques. La conquête achevée, la période d'organisation commence. Le campement devient bourgade. L'administration y élit domicile, à seule fin de tirer parti des bâtisses anciennes. On en élève de nouvelles pour les différents services ; le provisoire se change en définitif. Puis les marchands surviennent, enfin les spéculateurs qui achètent des terrains, construisent. Les « droits acquis » montrent déjà le bout de l'oreille. Le moyen maintenant de quitter la place sans faire crier les propriétaires? Et peu à peu les travaux vont leur train. On comble les marais, on crée des appontements, des docks, des monuments publics, des jardins, — une ville. Il ne reste plus qu'à creuser le port.

On le creusera. Que ne fait-on pas à coups de millions? Le tout est de savoir si les sables constamment charriés par la rivière seront chassés au large ou continueront à se déposer dans le chenal, nécessitant un dragage perpétuel et dispendieux. Dans le doute, peut-être eût-il été plus prudent de choisir un autre point du littoral, sans se soucier des protestations. Les droits acquis eux-mêmes pouvaient être ménagés et n'eussent point souffert. Je n'en veux d'autre exemple que la façon dont les Anglais ont procédé, il y a un quart de siècle, à Ceylan, dans des circonstances presque identiques.

Pointe-de-Galles était alors la rade la plus fréquentée entre Aden et Singapore. Mais le mouillage était peu sûr à l'époque de la mousson de sud-ouest. On décida de déplacer l'escale et de faire un port à Colombo, à soixante milles de là. Afin de dédommager les habitants de la ville déchue, l'administration coloniale leur offrait, sur l'emplacement désigné pour la cité nouvelle, des lots équivalant en superficie à ce qu'ils possédaient à Pointe-de-Galles. L'offre fut acceptée d'emblée. Aujourd'hui Pointe-de-Galles, un site enchanteur, n'est plus guère autre chose qu'un but de promenade. On y va de Colombo, en partie de plaisir, en pique-nique, par un ravissant chemin de fer qui suit toutes les sinuosités de la côte. Dans la baie, jadis encombrée de navires, sillonnée de chalands et de chaloupes à vapeur, quelques embarcations de pêche, des pirogues; la paix suprême, la mélancolie des décrépitudes, un grand silence plus saisissant encore dans le rayonnement du plein jour sur cette rade endormie. Colombo est devenu ce que chacun sait. Les anciens résidents de Pointe-de-Galles ne regrettent point leur déménagement qui fut, en fin de compte, une excellente affaire.

Un courrier annexe des Messageries Maritimes chaque quinzaine, les vapeurs de la compagnie Marty à destination de Hong-Kong tous les trois ou quatre jours, les bateaux charbonniers venant de Hongay et de Kébao, à cela, ou peu s'en faut, se réduit le mouvement maritime d'Haïphong.

L'animation est plus grande aux abords de l'appontement des *Fluviales*. Enfin, sur l'arroyo chinois se presse la flottille du cabotage : chaloupes de toutes formes et de tout âge, jonques, sampans, gabares. Sur la berge, des entassements de sacs de riz, de poisson sec, des barils d'huile, des balles de coton ou de bourre de soie ; dans l'air une odeur vague d'épicerie, une poussière âcre. Tout cela est infiniment malpropre, mais cela vit, cela grouille. Sur cet arroyo et dans les masures sordides des négociants Célestes, il se fait, en une couple d'heures, plus d'affaires qu'on n'en expédie en huit jours dans les majestueux quartiers de la ville européenne.

En définitive, une matinée suffirait pour voir Haïphong ; mais, le cas échéant, on y prolonge volontiers son séjour. Les visages sont avenants, la ville coquette : c'est, au sortir des montagnes d'Annam, comme un retour vers l'existence civilisée. De couleur locale, pas trace ; cela n'a quoi que ce soit d'original ni de pittoresque, mais cela repose des solitudes.

Au moment où je me disposais à prendre le vapeur pour Hanoï, un hasard heureux me mettait en présence du directeur de la Compagnie française des charbonnages du Tonkin, M. Delpon, qui retournait le surlendemain à Hongay et me proposait très gracieusement de l'accompagner. Une occasion inespérée de visiter les plus grandes entreprises industrielles de la région, les houillères de Hongay, de Kébao, et de voir, chemin faisant, la baie d'Along, un de ces endroits célèbres où le touriste ne va pas souvent parce qu'ils se trouvent en dehors de la route suivie par les paquebots-poste. Le bateau des Correspondances Fluviales y passe, il est vrai, en se dirigeant vers Mon-Cay ; mais, comme le trajet s'effectue durant la nuit, ce mode de transport est un leurre. Pour voir quelque chose, il est nécessaire d'affréter une embarcation particulière ou d'obtenir passage sur une des chaloupes de la douane, ce qui implique des démarches multiples, des pertes de temps devant lesquelles reculent les voyageurs pressés. Soit dit en passant, on ne saurait s'imaginer combien de gens pressés courent le monde, globe-trotters qui, résolus à une absence de plusieurs mois, ne peuvent se faire à l'idée de perdre un jour, une heure. Ils brûleront les étapes, regarderont à peine, tout en courant, les êtres et les choses, satisfaits s'ils parviennent à exécuter de point en point le programme tracé longtemps à l'avance, sans dévier d'une ligne de l'itinéraire adopté, s'ils arrivent aux escales prévues à date fixe, avec une ponctualité de chronomètres.

Toujours est-il que ces heures d'attente ne m'ont point paru longues. J'ai employé une journée entière à faire l'excursion de Do-Son. C'est le sanatorium d'Haïphong, la station d'été; la distance est de 21 kilomètres, par une assez bonne route. La plupart des commerçants d'Haïphong possèdent à Do-Son des villas où ils installent leurs familles et où ils viennent, chaque soir après les affaires, aspirer la saine brise du large. Sur une éminence, un grand chalet destiné à la villégiature du gouverneur général. L'habitation, sans être luxueuse, est cependant préférable, surtout pendant la canicule, au logement par trop exigu dont la plus haute autorité de la colonie dispose à Hanoï. Do-Son est également une station balnéaire, les eaux sont rarement visitées par les requins. La plage est magnifique, les élégantes y promènent les dernières modes parisiennes. C'est le Deauville indo-chinois.

Le 8 avril, dès le jour, la chaloupe *Fanny* est sous vapeur et se fraye lentement passage dans l'arroyo chinois déjà très affairé malgré l'heure matinale. Au delà, c'est la morne étendue des plaines à demi submergées, d'immenses espaces qu'on serait fort embarrassé d'attribuer à la terre ferme ou à l'Océan, tant les deux éléments semblent confondus en une chose sans nom, tour à tour ondoyante comme la mer, puis inerte : flaques d'eau trouble où affleurent çà et là des bancs de vase, où pointent par places des touffes d'herbes rigides qui, sous le clapotis produit par l'hélice, s'entre-choquent avec un bruit de blés mûrs courbés par le vent.

Le ciel reste gris, le temps frais ; c'est à peine si l'on devine vers le nord, à travers le brouillard, la ligne sombre des montagnes pourtant très proches. Sur la gauche, au fond d'un arroyo, une flottille de canonnières désarmées depuis plusieurs années et désormais, paraît-il, inutilisables. Elles n'auront pas été longtemps en service. Maintenant elles gisent là à l'état de vieilles ferrailles, étranges, presque comiques avec leurs formes qui n'ont rien d'un navire, semblables plutôt à de grands bateaux-lavoirs ou à des bains flottants. C'est la *Samaritaine* égarée dans le Delta du fleuve Rouge. Notre chaloupe file à toute vitesse dans le canal à peu près désert où se profilent seulement les silhouettes de deux ou trois jonques, leur grande voile de paille alourdie par la rosée battant le long du mât. Bientôt nous dépassons Quang-Yen, l'un des postes les moins insalubres de la contrée. On distingue, dans une éclaircie, des constructions blanches au sommet d'un coteau, les bâtiments de la résidence, un hôpital. Puis, de nouveau, tout s'efface, et nous continuons d'avancer dans une blancheur moite qui nous dérobe les rives, le ciel et jusqu'à l'eau bourbeuse.

Vers huit heures, nous entrons en baie d'Along. Brusquement, la brise s'est levée, déchirant le rideau de brume, et, devant nous, se déroule le plus extraordinaire paysage qui soit au monde : un étonnant archipel de pierres surgissant de la mer, redevenue d'un bleu pâle ; des aiguilles hautes de deux ou trois cents mètres, ajourées, guillochées comme des flèches de cathédrale ; des tours, des bastions, des colonnades en ruine corrodées sous l'action combinée de la mer et des pluies; des parements cyclopéens troués de part en part et dans lesquels le temps a pratiqué des jours, creusé des couloirs, des lucarnes, des porches ouvrant sur le vide, des cavernes à fleur d'eau, où le flot s'engouffre avec un son de cloches. Des monolithes de formes bizarres ont été affublés par les marins de sobriquets tels que : le Capucin, le Bonnet d'évêque, l'Arc de triomphe, le Chandelier. Des blocs surplombent, qui semblent ne tenir à rien ; d'autres, en équilibre sur une pointe et prêts à choir, croirait-on, à la première bourrasque.

A naviguer à travers ce chaos pendant des milles et des milles, rasant les parois verticales, doublant, à la distance d'un jet de pierre, les caps taillés en éperons, sans crainte d'échouer, par des fonds de 30 à 40 mètres, on éprouve à la longue une sensation d'angoisse très particulière, une sorte d'hallucination. On en arrive à se demander si l'on sortira de ce labyrinthe, si l'on reverra jamais la mer libre, la ligne ininterrompue de l'horizon.

La baie d'Along a été maintes fois décrite, célébrée comme l'une des merveilles du monde. Le terme n'a rien d'exagéré, surtout si on le prend dans son acception la plus étroite. Oui, c'est là une merveille, un spectacle qui stupéfie plus qu'il ne charme. Cela est beau, mais d'une beauté spéciale qui réside dans l'imprévu, dans la grandeur inouïe, l'étrangeté suprême d'un décor probablement unique. En dix années de voyage dans les deux hémisphères, pendant tant de milliers de lieues parcourues sur tous les continents, sur toutes les mers, le long des rivages torrides ou glacés, je ne me souviens pas avoir contemplé rien de pareil.

S'il fallait, de toute nécessité, rendre par des mots l'impression ressentie, je dirais que, le premier moment de surprise passé, une image vient à l'esprit, s'impose avec

EN BAIE D'ALONG.

une persistance irrésistible. On se représente ainsi la désagrégation d'un monde après quelque grand cataclysme, l'anéantissement d'une Atlantide, ou bien encore l'éclosion d'un continent ne montrant encore que ses hautes cimes ; des Alpes noyées dont on n'apercevrait que les arêtes et les aiguilles. Les milliers d'oiseaux de mer blottis contre les roches complètent l'illusion et mettent sur ces pierres calcinées une blancheur de champs de neige.

Trois heures dans les méandres de cet archipel mort. Puis soudain, sur un coup de barre, le paysage change. Nous doublons une dernière pointe, et, devant nous, voici Hongay, sa cité ouvrière, ses larges quais, son chemin de fer, les habitations du personnel européen échelonnées au flanc des collines rousses. Les convois de houille se succèdent, les sifflets de locomotives résonnent au loin, répercutés au fond des gorges. Plus inattendu peut-être, plus étonnant que tout le reste, ce coin de civilisation, ce grand outillage industriel, apparu brusquement dans un paysage si prodigieusement désolé.

Hongay, mouillage accessible aux bâtiments du plus fort tonnage, est relié aux houillères par deux lignes ferrées d'un développement total de vingt kilomètres, à voie d'un mètre solidement établie où des trains de vingt à trente wagons circulent à une vitesse de dix lieues à l'heure. La houille est extraite sur deux points, à Nagotna et à Hatou. Ce dernier gisement est de beaucoup le plus riche et le plus facile à exploiter. Le travail, en effet, est poursuivi à ciel ouvert. Je n'oublierai de longtemps l'aspect magnifique de ces chantiers, l'immense entaille pratiquée dans la colline, cette couche compacte de charbon d'une épaisseur de cinquante mètres, dont le volume est évalué à quatre millions de tonnes, les tranchées ouvertes au delà dans la brousse et qui ont permis de constater le prolongement de la masse carbonifère jusqu'à une distance de six lieues vers l'intérieur.

Pendant le premier trimestre de 1894, les mines de Hongay ont expédié à Hong-Kong environ 30,000 tonnes de houille. Encore l'exploitation ne bat-elle pas son plein. Le nombre des ouvriers, qui était naguère de 3,000, a été réduit à 1,600. La société, comme toutes les entreprises de ce genre, eut des commencements laborieux. Je ne rappellerai que pour mémoire les difficultés éprouvées par les concessionnaires pour faire reconnaître leurs droits et, ce qui est plus curieux encore, pour effectuer dans les caisses publiques le versement des sommes qu'ils étaient tenus d'acquitter avant d'entrer en jouissance.

Chacun ici peut vous narrer la plaisante histoire de ce navire nolisé pour emporter les 100,000 dollars d'argent qui, d'après le contrat, devaient être versés en espèces, les précieux colis promenés de l'Annam au Tonkin, le vaisseau fantôme faisant la navette entre Hué et Haïphong, sur le point de périr en franchissant la barre de Thuan-An, échappant on ne sait comment au désastre.

Tout cela est loin. La compagnie, après des débuts pénibles, des millions dépensés en matériel et en travaux d'approche, va connaître enfin des temps meilleurs. De nouveaux apports, fournis par des capitalistes français, ont tout récemment augmenté ses ressources constituées jusqu'ici presque exclusivement par des capitaux de Hong-Kong. La production ne tardera pas à s'accroître dans des proportions considérables, tant à Hongay qu'à Kow-Long, l'annexe continentale de Hong-Kong, où la société possède une grande usine pour la fabrication des briquettes. Une entreprise qui dispose de gisements aussi riches, vraies montagnes de charbon, et dont l'outillage est aujourd'hui complet, ne peut pas ne pas réussir.

De Hongay à Kébao, cinq heures de chaloupe. Toujours

la baie d'Along, les Alpes noyées, les pitons, les crêtes en dents de scie émergeant des eaux calmes. Enfin, les roches s'écartent, la longue île de Kébao dresse à l'horizon ses croupes verdoyantes. Du côté du large, sur la droite, quelques îlots épars couverts d'une végétation très touffue. A présent le paysage rappelle à s'y méprendre certains parages de la mer intérieure du Japon. Après avoir passé par un chenal étroit, mais profond, entre des pentes escarpées dont les futaies descendent jusqu'au niveau de la mer, nous débouchons dans la baie de Port-Wallut, retentissante du vacarme des usines, voilée de poussières noires et de fumées.

Un chemin de fer de 13 kilomètres relie le port à Kébao où sont situées les mines. Et quel chemin de fer! Ce ne sont que tunnels, tranchées en plein roc, ponts métalliques de 20 et 30 mètres de portée jetés sur des abîmes. En réalité les lignes minières de Hongay et de Kébao, malgré leur développement restreint, n'en sont pas moins jusqu'ici les plus sérieusement établies du Tonkin, celles dont la construction, due à l'initiative privée, a nécessité les plus importants travaux d'art, les seules aussi qui possèdent un matériel roulant digne de ce nom. Il y a loin de ces voies bien assises, de ces rails robustes, au petit tramway Decauville de Lang-Son, avec sa voie lilliputienne de 60 centimètres, ses machinettes poussives et ses wagonnets hors d'usage, reliques vénérables, mais sordides, de l'Exposition de 1889; rails, machines et voitures qui, vu l'importante toujours croissante du trafic, devront être remplacés à bref délai.

A Kébao, l'exploitation se fait à flanc de coteau, en galeries et par un puits d'une centaine de mètres, le puits Lanessan, inauguré l'an dernier. Tandis qu'à Hongay, la main-d'œuvre est exclusivement annamite, ici les travailleurs — il y en a trois mille — sont des Chinois. L'Annamite aime le plein air et la lumière. Toute cette chinoiserie recrutée un peu partout me fait l'effet d'avoir des antécédents assez louches. Beaucoup de ces gaillards-là, avant de prendre le pic et la pioche du mineur, ont très probablement manié l'escopette. Presque tous ont des figures plus ou moins patibulaires.

J'ai emporté de ma visite rapide à Hongay et à Kébao une impression ineffaçable. On a discuté et l'on discute encore la valeur des houilles tonkinoises. D'aucuns prétendent qu'elles brûlent mal, d'autres qu'elles brûlent trop vite. Enfin, elles brûlent, c'est le principal. Où est la vérité? Il y a quelques années, un éminent ingénieur des mines, M. Sarran, envoyé en mission spéciale par le gouvernement, affirmait nettement dans son rapport l'excellence de ce combustible, son extrême pureté, ajoutant qu'il présentait des avantages marqués sur la plupart des charbons employés dans les mers de Chine et d'Australie. Il y a apparence que ce spécialiste doit s'y connaître. A supposer que cette houille ne vaille pas le Cardiff, elle n'est pas inférieure aux charbons de l'Illinois que consomment les chemins de fer et les vapeurs américains. Tout ce que je puis dire, c'est que j'ai vu flamber des briquettes de Hongay et de Kébao à bord de bâtiments anglais, de la compagnie Jardine Matheson, dont les mécaniciens ne se répandaient point en récriminations contre les fournisseurs. On a plaisir à voir sur cette terre française — si loin de France — de semblables industries, aussi puissamment outillées que les entreprises du même genre qu'il m'a été donné de visiter, en Europe et en Amérique. Le Tonkin ne nous eût-il donné que ces dépôts de charbons, si précieux pour notre flotte, en cas de complications plus que jamais à prévoir dans ce vieux monde asiatique, cela seul suffirait à compenser bien des déboires.

De retour à Haïphong, je trouvais une lettre par laquelle

un ami m'invitait à aller le voir à Haï-Duong. Pourquoi non? De la sorte, je voyagerais le jour dans le Delta, qu'il ne me serait pas possible d'entrevoir en montant directement vers Hanoï. En effet, en raison des mouvements de la marée, les Fluviales avaient établi leur horaire pour un mois, de telle sorte que l'on partait d'Haïphong entre cinq et six heures du soir. Mon correspondant m'annonçait, en post-scriptum, que de Haï-Duong je pourrais aisément gagner Hanoï à cheval. En route pour Haï-Duong!

A bord d'une petite chaloupe chinoise très vieille, très sale. Nous remontons le Lach-Tray, dont on s'occupe de rectifier l'entrée au moyen d'un canal qui facilitera les mouvements des bateaux entre Haïphong et Hanoï au point de leur permettre de passer à toute heure, quel que soit l'état de la marée. Les travaux très activement poussés seront achevés sous peu.

Après quoi nous nous engageons dans les replis du Nœud-de-Cravate et, deux heures durant, procédons sans gagner, en ligne droite, une demi-lieue. Enfin, après avoir dépassé la montagne de l'Éléphant, isolée au milieu de la plaine, nous abandonnons la route qui conduit au canal des Bambous, puis au fleuve Rouge, pour remonter le Taï-Binh. Voici de nouveau les rizières, les plantureuses rizières de la Cochinchine, mais moins mélancoliques. La campagne est d'une animation extrême. Toute une population à demi nue s'agite enfoncée dans la vase jusqu'aux genoux, femmes, enfants, vieillards en train de repiquer le riz ou de curer les rigoles. Les grands chapeaux-parasols plantés sur les corps fluets s'abaissent et se relèvent comme de lourdes fleurs oscillant sur leurs tiges. De loin en loin, sur la rive, un blockhaus évoque le souvenir des temps difficiles où les pirates de rivière s'en donnaient à cœur joie dans le Delta.

Haï-Duong, où je débarque au bout de cinq heures,

est une jolie petite ville aux rues propres, fait assez rare dans les agglomérations où dominent les Célestes. Le commerce local consiste surtout dans l'exportation du paddy, et ce commerce est aux mains des Chinois. Je ne pense pas qu'il y ait ici d'autres Européens que les fonctionnaires. Leur existence a quelque chose de la vie de province dans un de nos chefs-lieux d'arrondissement ou de canton. Beaucoup de paperasserie, les monotones occupations du bureau, coupées par les distractions que permettent le bon marché des loyers, des vivres, et le chiffre relativement élevé des appointements. Il n'est chancelier, interprète, commis de résidence, agent du fisc qui ne possède un cheval, et ne fasse, de cinq à six, son *tour de ville*.

C'est dans ce milieu si paisible en apparence que j'ai, pour la première fois, entendu parler des pirates. Il paraît qu'ils ne sont pas loin. Au demeurant, peu de chose ; de tout petits pirates, voleurs de bétail, détrousseurs sans importance. Rien d'une rébellion. Toutefois, ces malandrins disposent de cent vingt fusils et opèrent précisément dans la région comprise entre Haï-Duong et Hanoï. Il est vrai que 250 miliciens, expédiés tant d'ici que de Bac-Ninh, et des Sept-Pagodes, sont à leurs trousses. Tout rentrera bientôt dans l'ordre. Ces apparitions de malfaiteurs coïncident presque toujours avec les années de mauvaise récolte. Les trois dernières années ayant été très bonnes, aucune alerte ne s'était produite dans le Delta. Cette année-ci les pluies se font bien attendre, on commence à redouter la sécheresse et la disette. Aussi quelques ruraux dépourvus de scrupules songent-ils à se dédommager en prélevant un impôt sur les passants revenant du marché et sur les villages réputés riches.

Cela étant, adieu la chevauchée vers Hanoï. J'y monterai par le fleuve. Je m'y résous d'autant plus volontiers que la route de terre n'offrait par elle-même aucun intérêt.

D'ailleurs, il y a beau temps que je suis accoutumé à ces voltes-faces imposées par les circonstances. Point n'était besoin pour cela de venir au Tonkin. N'ai-je pas, il y a deux ans, en pleine civilisation anglo-saxonne, au cœur de l'État de Californie, assisté aux derniers exploits de deux bandits, MM. Evans et Sonntag, qui depuis plusieurs années exploitaient un comté, battaient les routes, pillaient, rançonnaient et faisaient du commerce à leur façon, employant le produit des vols à commanditer leurs femmes, lesquelles tenaient tranquillement boutique à San-José? Quand l'autorité se décida enfin à agir, il fallut organiser une véritable expédition; les mécréants, assiégés dans leur repaire, ne furent pris qu'après un combat acharné. Ces choses se passaient à quelques heures de San-Francisco, en pays cultivé, pareil aux campagnes de France. Tant il est vrai que, de l'autre côté du Pacifique tout comme ici, on est exposé quelquefois aux mauvaises rencontres.

J'ai donc rebroussé chemin pour prendre le steamer, un petit palais flottant qu'il me semble avoir habité déjà sur les rivières américaines. Ne l'ai-je pas vu sur le Missour ou sur la Wabash, ce bâtiment à deux étages où luisent les lampes électriques et qui, sifflant, soufflant, semant derrière lui une poudrée d'étincelles, m'emporte dans la nuit vers le fleuve Rouge?

CHAPITRE II

HANOI.

Par une nuit sans lune, dans le silence infini des choses. Le steamer s'attarde dans les méandres des canaux et des rivières, la proue dirigée tour à tour vers tous les points du compas. Le crépuscule descendait quand nous sortions d'Haïphong. A peine entrés dans le Lach-Tray, l'ombre gagnait rapidement de proche en proche. Les mouvantes rizières, le ciel pareil à un velum de velours noir semé de brillants, les eaux troubles, le chenal aux innombrables replis, tout se confondait en un paysage de rêve, en un vague lavis à l'encre de Chine.

Le gong résonna, annonçant le dîner. Dans le vaste salon qui occupe les deux tiers du pont supérieur, le couvert est disposé par petites tables. Les lampes électriques jettent un éclat de fête, avivent les ors des moulures, les tons clairs des panneaux. Les cristaux brillent parmi les fleurs et les feuillages fraîchement coupés. Et je suis seul dans cette salle à manger luxueuse, à considérer le menu imprimé sur un bristol où s'est exercée la fantaisie d'un émule de Grévin. Seul, absolument seul. Aux premières classes, aucun autre passager, militaire ou civil. En bas, sont entassés pêle-mêle les voyageurs jaunes, Annamites et Chinois, avec leur bagage hétérogène, leurs collections de paniers de toutes formes et les rouleaux de nattes qui

TYPES ANNAMITES. — HANOÏ.

servent de literie. Gens tranquilles, dégustant rapidement, à la pointe des baguettes, les bols de riz, le poisson salé, et dont les voix sont couvertes par les trépidations de la machine.

Cette solitude absolue invite à la songerie, et, de plus en plus, je me sens ressaisi par cette sensation étrange d'américanisme éprouvée dès les premières heures en débarquant à Haïphong. Un moment même j'oublie complètement où je suis, où je vais. Je me retrouve, sans surprise aucune, rajeuni de deux années, transporté on ne sait comment fort loin d'ici, de l'autre côté du Pacifique, sur l'Ontario. Nous venons de quitter Kingstown; demain, au petit jour, nous apercevrons les Mille-Iles. Ce timonier chinois, aux pommettes saillantes, au visage de Peau-Rouge, je le reconnais. C'est Baptiste, le pilote indien du Saint-Laurent...

Cet homme cumule les fonctions de capitaine, de maître d'équipage et de pilote. L'unique officier européen est le commissaire, lequel, en dehors de ses attributions de comptable, se borne à assurer la police du bord, l'installation des passagers, le service des approvisionnements et le bon ordre en général. Tout ce qui concerne les manœuvres, la navigation proprement dite, est du ressort du pilote. De sa logette aérienne, accoudé sur la roue, il dirige son bateau dans cette obscurité de cave, sur un canal tortueux dont la largeur n'est souvent que d'une vingtaine de mètres, parmi les circuits et les bas-fonds, avec autant de sûreté qu'en plein midi. Impassible, infatigable, immobile à son poste pendant douze ou quinze heures, trompant seulement de-ci de-là les longueurs de la faction par une pipette, bourrée et fumée en moins de temps qu'il n'en faut pour le dire, je ne puis m'expliquer comment il parvient à suivre sa route que ne jalonne aucun feu. Nous avançons pourtant à toute vapeur, sans accroc sérieux.

Tout au plus, à deux ou trois reprises, dans un coude par trop brusque, un semblant d'échouage : pas le moindre heurt; la proue entaille profondément la berge grasse qui cède comme de la pâte. L'affaire de trois minutes : machine en arrière; le bâtiment s'est dégagé et reprend sa marche dans le noir.

Toute la soirée nous naviguons ainsi à travers le Lach-Tray, le Thaï-Binh, le canal des Bambous. A minuit, nous débouchions dans le fleuve Rouge, invisible d'ailleurs, reconnaissable seulement à l'air devenu soudain plus vif dans le voisinage des eaux courantes, aux courtes vagues qui déferlaient contre le bordage avec un bruit de lac en colère.

Vers deux heures, escale de quelques minutes devant Hong-Yen pour la correspondance avec Nam-Dinh. La chaloupe annexe ne nous amène âme qui vive. L'échange des sacs de dépêches et des colis se fait rapidement à la clarté des falots et des torches; les amarres sont larguées, et, de nouveau, tout est ténèbres.

En sortant de ma cabine, à l'aube, j'ai eu peine à réprimer une exclamation de surprise. Moins que jamais je me fusse cru en pays d'Asie, et en Asie intertropicale. Une nappe d'eau large de près d'un kilomètre, coupée de bancs de sable, coulait entre deux hautes berges de glaise au-dessus desquelles apparaissaient, alternant avec les rizières, des cultures de patates et de maïs; des campagnes absolument plates, un ciel du Nord d'un bleu pâle où couraient de légères nuées chassées par la brise. Les vapeurs matinales estompaient les feuillages, les rares bouquets d'arbustes tranchant sur l'immensité des plaines. Le fleuve Rouge, soit. Mais, à cette heure et sous cette clarté discrète, les apparences sont plutôt celles d'un fleuve septentrional : cela pourrait être aussi bien la Meuse ou l'Escaut.

Cependant, le soleil a bientôt volatilisé les brumes errantes. La température s'élève rapidement. Et, peu à peu, le fleuve s'anime ; de lourdes jonques, des radeaux de bambous démarrent et ne tardent pas à disparaître, entraînés par un courant de foudre. Sur les rives, de grouillantes humanités s'éveillent. Des villages montrent leurs chaumes, leurs murs de terre battue, et de ces réduits une population dévêtue se précipite en se bousculant vers le fleuve afin de procéder à des ablutions sommaires.

Un dernier tournant, Hanoï est devant nous, ou du moins tout ce qu'il est permis d'en voir à distance, sur un sol aussi plat, les points les plus saillants : les magnifiques bâtiments du nouvel hôpital, les tours carrées de la cathédrale et le mirador de la citadelle. Nous dépassons le mouillage des bateaux de l'État, où deux petites canonnières dorment sur leurs ancres en compagnie de quelques chaloupes du protectorat, puis nous accostons enfin au débarcadère où se presse et vocifère la foule des portefaix et traîneurs de pousse-pousse. En amont, en aval, contre la berge, des jonques, des chaloupes amarrées à la file, des canots, des sampans ; tandis que, quatre fois par heure, un ferry-boat bondé de monde fait la navette entre Hanoï et le point de la rive gauche d'où part la route de Bac-Ninh. Cette arrivée n'est point triste.

Le débarquement est assez compliqué. Pendant les basses eaux le fleuve laisse à découvert d'immenses bancs de sable. Les années précédentes ces sables, amenés par le courant lors des grandes crues, se déposaient sur l'autre rive. Par suite d'un récent déplacement de ce chenal si capricieux, ils s'accumulent à présent du côté de Hanoï. Entre le débarcadère et la levée qui sert de quai s'étend une plage large de trois à quatre cents mètres, sur laquelle un millier d'indigènes ont momentanément planté leurs cases, quelques pauvres boutiques, des guinguettes, village éphémère destiné à disparaître à la fin de la saison sèche. Dans trois ou quatre semaines, tout ce petit monde aura plié bagage; les eaux s'élèveront de plusieurs mètres, et l'on franchira en steamer le court trajet parcouru aujourd'hui cahin-caha dans la poussière épaisse.

A travers les ornières, les détritus, mon léger véhicule, traîné par deux coolies robustes, avance péniblement. Enfin, au bout de dix minutes, nous sommes sur le terrain solide. Un dernier effort, et me voici roulant grand train sur une excellente chaussée. Nous avons perdu de vue le fleuve, les sables, le faubourg poudreux. La ville se révèle, avenante dans le clair matin, parmi les fleurs et les verdures.

Elle est véritablement jolie, cette jeune capitale entée sur la vieille cité annamite, mais développée en dehors d'elle, sans nuire à son aînée. Ses créateurs eurent la sagesse de ne point toucher à cette relique d'une civilisation caduque, mais puissamment originale, sinon pour la débarrasser de ses immondices, nettoyer ses carrefours et ses ruelles, la mettre en valeur comme un bibelot précieux. Cette juxtaposition des deux villes, ce contraste entre les élégances, le confort moderne et la guenille asiatique, est précisément l'un des attraits de Hanoï, ce qui, aux yeux de l'artiste ou du simple voyageur curieux d'exotisme, lui donne le pas sur Saïgon, cité majestueuse, mais un peu vide, d'apparence trop administrative et monochrome.

La capitale tonkinoise semble appelée à devenir — elle l'est déjà — une des plus belles et des plus agréables de l'Extrême-Orient. Elle est de celles qui ne désillusionnent point. Elle a son caractère spécial et vaut qu'on s'y arrête, alors même que l'on a encore présentes à l'esprit les magnificences de Bombay, de Batavia ou de Bangkok.

Qui n'a pas vu Hanoï depuis quatre ou cinq ans aurait

peine à le reconnaître. La ville française s'est, depuis lors, transfigurée. Naguère elle se réduisait, ou peu s'en faut, à ce que l'on nommait la Concession, sur le bord du fleuve. Là se trouvaient, là se trouvent encore la demeure — je n'ose dire le palais — du gouverneur général, l'état-major et leurs dépendances. Venait ensuite la rue Paul Bert, habitée par les négociants. Ceux-ci, désormais, semblent vouloir adopter la bonne coutume anglaise qui consiste à séparer absolument la vie de famille de la vie commerciale, le *home* de l'*office*. Chacun, du petit au grand, commence à céder à ce besoin d'air et d'espace. Des villas entourées de jardins s'élèvent sur les boulevards neufs. Tout cela sans doute est un peu dispersé, il y a encore force terrains vagues ; mais ces emplacements trouveront preneurs tôt ou tard.

Pour peu que le Tonkin prospère, Hanoï, dont la population indigène dépasse 60,000 âmes, est destiné à grandir plus sûrement, semble-t-il, que Haïphong, si ce n'est même au détriment de sa jeune rivale. Peut-être n'est-ce là, après tout, qu'une simple impression à l'appui de laquelle je serais fort embarrassé d'invoquer un argument décisif. Mais cette impression, plusieurs voyageurs, français ou étrangers, l'ont déjà éprouvée. Quiconque a passé ici, ne fût-ce que quelques jours, a été séduit non seulement par l'originalité du milieu, mais par les avantages de la position. Hanoï a été de tout temps la vraie capitale du pays. La nature en a fait le cœur de cet organisme dont les artères sont figurées par les cours d'eau affluant au fleuve Rouge.

Il y a là, dès à présent, une vie, un mouvement, une gaieté de la rue qui tranchent avec la quiétude somnolente de tant d'autres cités coloniales. Les allures plus dégagées, les conversations, les discussions elles-mêmes, d'un ton moins âpre, tout dénote je ne sais quelle joie de vivre, l'acceptation virile des difficultés du début, une belle foi en l'avenir. Il se peut que je me trompe. Auquel cas j'aurai été dupe des apparences. Le premier aspect de Hanoï a dépassé de beaucoup mon attente. C'est la façade, me dira-t-on. Il faudrait voir ce que dissimulent ces dehors engageants. Je l'ignore, et j'ajouterai que, pour l'instant du moins, je n'en ai cure. A quoi bon gâter son plaisir par des réflexions maussades? Regardons le décor avant de juger la pièce.

Et il est charmant, le décor, le matin surtout, encore humide de la rosée nocturne, ou dans les soirs empourprés à l'heure où, la sieste finie, les affaires expédiées, le tout Hanoï, civil et militaire, va faire sa promenade quotidienne, hors de la ville, son tour de Bois, au nouveau Jardin d'essai, par la route du Grand-Bouddha. Dès quatre heures se montrent les cavaliers et les équipages, les petits poneys du pays, ardents, piaffant, mordant, les victorias, les paniers gentiment attelés, toute une légère carrosserie de station thermale. C'est, sur les bords du Petit-Lac, un gai défilé de toilettes claires.

Un enchantement, ce petit lac, jadis marécage et dépotoir, aujourd'hui limpide comme un lac alpestre, découpant ses caps et ses baies dans les grasses pelouses d'un parc ombragé et fleuri. Sur un îlot qu'une passerelle de bois relie au rivage, une petite pagode subsiste, très vieille, très vermoulue, exquise encore avec sa double silhouette qui se détache à la fois en vigueur sur le ciel, en reflet sur l'eau calme.

Au delà, c'est le vieil Hanoï, la ville indigène toute blanche, lavée au lait de chaux. Un arrêté municipal a récemment prescrit cette mesure de précaution contre les épidémies toujours à craindre à l'approche des chaleurs. Ce badigeon donne à ces maisons basses, étroits compartiments plaqués l'un contre l'autre, aux toitures guillo-

HANOÏ.
Seuil d'une pagode dans la ville indigène.

chées, un faux air de ville du Levant, un coin de Tunis ou de Smyrne. Il n'est pas jusqu'à la division intérieure, jusqu'à la répartition des différents commerces et métiers constitués en groupes distincts, qui ne rappellent certaines agglomérations de l'Asie antérieure où persistent les mêmes coutumes, la citée primitive en un mot, asiatique ou européenne, avec ses éléments juxtaposés, mais non fondus, son particularisme étroit, les rivalités de ces petites républiques d'artisans et de marchands abritées derrière la même enceinte, mais vivant chacune d'une existence à part, jalouses, se surveillant de près l'une l'autre, toujours prêtes à en venir aux mains pour la défense d'intérêts ou de préjugés plusieurs fois séculaires. Tant il est vrai que l'histoire n'est qu'un perpétuel recommencement, et qu'à l'origine l'instinct de la vie sociale se manifeste à peu de chose près sous les mêmes formes, chez tous les peuples.

Aimez-vous les vieilles villes? Moi, je les adore. Vous plaît-il d'errer des journées entières dans leurs ruelles enchevêtrées, de bazar en bazar, d'échoppe en échoppe, de vagabonder en plein moyen âge, parmi les corporations, les maîtrises et les jurandes? Voyez Hanoï. Les seuls noms de ses rues suffisent à vous faire deviner la physionomie de la place, les tableaux vivants qu'elle recèle. Ils valent tout un programme, un catalogue de musée, ces noms que l'édilité actuelle a eu le bon goût de respecter, réservant aux avenues de la ville nouvelle les plaques destinées à commémorer les renommées militaires ou politiques. Ici vous trouverez, comme par le passé, la *rue des Chapeaux*, la *rue des Nattes*, la *rue des Paniers*, la *rue des Cuirs*. Un tintement de piastres et de sapèques vous révélera de loin la *rue des Changeurs*. Au vacarme des marteaux et des enclumes nous découvrirons sans guide la *rue du Cuivre* où, sous le grand soleil, les étalages de marmites et de brûle-parfums jettent des lueurs d'incendie.

Sur la chaussée, un incessant va-et-vient de foule aux pieds nus : traîneurs de charrettes, marchands ambulants. De loin en loin, un balancement de longs parasols que des coureurs brandissent autour du palanquin aux rideaux fermés où se prélasse quelque personnalité mandarine. Un mouvement endiablé, des appels, des rires, de la poussière, des haillons colorés, de quoi réjouir un aquarelliste.

En revanche, rien ou peu de chose à espérer pour le collectionneur. Peut-être ferez-vous encore, par-ci par-là, une découverte heureuse chez les brodeurs, dans la rue de la Soie. Mais, chez les éventaillistes comme chez les incrustateurs, ce que l'on vous offre aujourd'hui ne ressemble guère aux chefs-d'œuvre d'antan. La venue de l'Européen semble avoir donné le coup de grâce à l'art national. Le mal n'est peut-être pas sans remède. Pourquoi ne pas chercher à reconstituer, dans une certaine mesure, ces délicates et patientes industries dont les productions semblaient réunir le style et les qualités de facture des vieux maîtres chinois et la fantaisie décorative de l'ouvrier japonais? A n'envisager la question qu'au point de vue purement commercial, il serait intéressant et nullement impossible d'obtenir dans le pays quantité d'articles courants, meubles ou laques que l'Europe demande au Japon. La main-d'œuvre est ici à plus bas prix encore ; le pays fournit la matière première. L'Annamite est naturellement ingénieux et habile de ses doigts : il lui manque uniquement une direction intelligente et des modèles pour qu'il soit à même de soutenir la concurrence, au moins en ce qui concerne l'article d'exportation. La remarque en a déjà été faite depuis longtemps, non par des touristes de passage, mais par des observateurs sagaces ayant séjourné longtemps au Tonkin, connaissant parfaitement la contrée et le peuple. Il ne m'appartient pas de rechercher les mesures à prendre pour déterminer cette renaissance ; je la crois cependant réalisable. Toute tentative sérieuse dans ce sens profiterait au pays et à l'indigène. Ce serait là, en définitive, une façon entre mille de témoigner cet intérêt efficacement tutélaire que la nation protégée est en droit d'attendre de la nation protectrice.

Nous voici sortis du labyrinthe, hors de la poussière, du bruit, de la cohue, en pleine campagne maintenant, près de l'imposante pagode du Grand-Bouddha, récemment restaurée et dont les ors, les faïences peintes empruntent des tonalités très douces, une incomparable patine, à la pénombre des banians centenaires. Devant la pagode, le Tay-Cho ou Grand-Lac étale jusqu'à l'horizon sa nappe d'un gris de perle unie comme un miroir, où s'épanouissent les nénufars aux larges feuilles, les lotus couleur de chair.

Vers la droite, les vallonnements du nouveau jardin d'essai reposent le regard lassé de l'infini des plaines. Du haut de l'un de ces coteaux artificiels où un restaurateur a disposé son installation rustique de pavillons et de tonnelles, le promeneur, tout en savourant une boisson glacée, découvre un panorama des plus vastes : les deux lacs, les deux villes, la coulée lointaine du fleuve Rouge et, juste à ses pieds, l'immense quadrilatère de la citadelle que l'on est en train de démolir ou, plus exactement, de réduire des deux tiers.

De l'avis même des militaires, cette enceinte de plus de deux kilomètres de tour n'était qu'une protection illusoire. Sa défense eût nécessité un déploiement de forces considérables. C'était là, comme la citadelle de Hué, moins une forteresse qu'une véritable ville, la ville officielle affectée naguère aux mandarins et à leur nombreux personnel des deux sexes. Elle renfermait beaucoup moins de constructions que de terrains en friche et de mares, sans parler des fossés dont les eaux croupies exhalaient des miasmes délétères. La disparition de cet immense rempart qui, dans la saison chaude, formait écran et arrêtait les brises d'ouest, assainira Hanoï, tout en lui permettant de se développer à l'aise dans des conditions avantageuses, sur un sol relativement élevé, à l'abri de l'inondation et des fièvres. Opération excellente pour la ville... et pour les entrepreneurs auxquels le travail vaudra une soixantaine de mille piastres en même temps que la concession des meilleurs terrains devenus libres, emplacements destinés à acquérir une grande valeur avant qu'il soit longtemps. Quelques bons esprits ont estimé qu'une adjudication en règle eût été préférable à ce contrat conclu de gré à gré; que, tout au moins, le payement en nature était déjà plus que suffisant; et qu'on eût pu économiser la forte somme.

Hanoï, avons-nous dit, possède de larges avenues, un parc autour de son lac intérieur, des squares, un jardin d'essai tracé d'hier, déjà superbe. Si j'ajoute que la ville européenne et la ville annamite sont éclairées à l'électricité, que le nouvel hôpital situé au bord du fleuve, avec ses trois grands pavillons, ses trois cent cinquante lits, l'aménagement très complet de tous les services, est, avec l'hôpital de Saïgon, le plus bel édifice de ce genre élevé en Extrême-Orient, j'aurai tout dit sur les améliorations utilitaires et somptuaires accomplies dans la capitale tonkinoise.

On s'occupe actuellement de lui donner de l'eau potable. L'eau du fleuve Rouge, très courante, n'est pas précisément mauvaise. Mais, à la saison sèche, le fleuve est loin; messieurs les boys, désireux d'abréger le trajet, ne se gênent pas pour remplir les carafes avec une onde puisée à la mare la plus voisine. Les travaux avancent;

ils seront achevés à l'heure où paraîtront ces lignes. Ce sera toujours l'eau du fleuve, mais filtrée à travers les sables, clarifiée, sinon dûment stérilisée. La dépense est évaluée à six millions de francs payables en vingt annuités de 300,000 francs chacune. Ce n'est évidemment pas pour rien. Mais il n'est pas douteux qu'il s'agissait là d'un sacrifice nécessaire et que l'on ne pouvait guère différer. L'entrepreneur a eu l'obligeance de me faire visiter ses chantiers. Il m'a, bien entendu, préconisé les avantages de son système. A l'entendre, d'ici quelques semaines, l'eau la plus pure coulera à flots : il y en aura pour la table et pour la voirie. Saint-Galmier n'a qu'à se bien tenir. J'ai dégusté cette eau. A l'appui de ses explications, mon aimable cicerone a fait donner un coup de pompe et m'en a présenté un gobelet. — Exquise !

Une ville charmante, en vérité, et excellemment française. La société y est accueillante et affable : les femmes s'habillent avec goût, bien que de façon très simple, chose assez rare aux colonies. Dans les réceptions, soit au quartier général notamment où, une fois par semaine, il y a sauterie, soit au Gouvernement, aussi bien que dans les réunions plus intimes, peu ou point de toilettes prétentieuses. Rien des élégances de casino. A cet égard, on pourrait dire que Hanoï est la plus parisienne de nos créations d'outre-mer. Je ne lui adresserai qu'un reproche : encore l'observation est-elle applicable à toutes nos colonies. Pourquoi faut-il que l'oreille y soit à chaque instant blessée par l'extraordinaire jargon substitué, dans les relations avec les indigènes, à la bonne langue française? Certains vocables surtout vous poursuivent avec acharnement : « *Y a moyen... Y a pas moyen... Toi connaître?... Moi pas connaître...* » Les Anglo-Saxons ont doté l'Extrême-Orient du *Pidgin-English*. Nous y importons le « Petit nègre ».

Tout cela n'empêche pas que la ville soit un agréable

séjour. Elle est si vivante et, par certains côtés, si moderne, qu'on en arrive à s'exagérer le chiffre de sa population européenne. Sept à huit cents habitants, pas davantage, une centaine de plus qu'à Haïphong. En y réfléchissant, ce chiffre infime paraît énorme, étant donné qu'il représente uniquement la population urbaine. Quatorze à quinze cents Français pour Hanoï et Haïphong seulement, voilà de quoi étonner quiconque a eu l'occasion de feuilleter les derniers recensements officiels. Je n'ai pas en ce moment sous les yeux le chiffre exact. Mais je me souviens parfaitement n'avoir pu réprimer une exclamation de surprise en constatant, il y a quelques jours, à la Résidence-Mairie, que le nombre des Français établis au Tonkin — défalcation faite de l'élément militaire — n'atteignait pas deux mille! Dix-neuf cent soixante, si j'ai bonne mémoire.

Dans ce total figurent tous les fonctionnaires de la capitale et des provinces, le personnel des résidences, vice-résidences et chancelleries, que l'on peut évaluer à 1,500 personnes ou peu s'en faut. Reste une population *coloniale* d'environ 500 âmes, si toutefois on peut donner le nom de colons à tous les négociants au détail, épiciers, pharmaciens, parfumeurs et cafetiers installés dans les villes. Certes, l'industrie véritable a ici des représentants. J'en ai parlé à propos d'Haïphong. A Hanoï, j'ai eu le plaisir de visiter une filature de coton de 15,000 broches, une fabrique de papier dont les produits égalent ce qui se fait de mieux au Japon. Je sais, d'autre part, des fermes modèles, des élevages, des plantations caféières que je me promets bien d'aller voir. Mais ces entreprises vraiment *coloniales* dans le sens étroit du terme, c'est-à-dire la culture, la mise en valeur du sol, la création d'une industrie nouvelle, combien sont-elles, en somme? Mettons une quinzaine. Les colons du Tonkin ne seraient-ils donc, pour la plupart, qu'une armée de débitants accourue à la suite et pour subvenir aux besoins de deux autres armées, la troupe et les fonctionnaires? L'approvisionnement de ces fonds de commerce constituerait-il, en réalité, le seul genre de transactions entre la France et sa colonie? Je me refuse encore à le croire. Il n'en est pas moins vrai que l'écart considérable entre la colonie citadine et les ruraux m'a laissé rêveur.

Sans doute, beaucoup de ces braves gens, qui sont venus ici poursuivre le même négoce auquel ils s'adonnaient dans quelque province de France; qui, fixés à la ville, derrière leurs comptoirs, continuent à débiter, au prix le plus élevé possible, du calicot ou des liquides, seraient stupéfaits de se voir contester le noble titre de colon. Mon barbier — il existe, vous vous en doutez bien, un salon de coiffure à Hanoï; il y en a même deux — mon barbier, dis-je, me paraît avoir sur ce point des opinions très arrêtées. Tout en jouant du rasoir, il m'a souvent — les Figaros sont volontiers loquaces — fait part de ses appréciations sur la politique coloniale en général et en particulier sur la politique indo-chinoise. Je me gardais de l'interrompre, attendu que ses discours étaient remplis d'idées justes et d'idées neuves. Peut-être les idées justes n'étaient-elles pas très neuves et les idées neuves pas toujours justes. Qu'importe? Il y allait de si bon cœur qu'il en devenait captivant. Dans ses soliloques, une expression revenait avec la fréquence et la cadence d'un *leitmotiv* : « Nous autres colons... Ce qu'il nous faut à nous, colons, etc., etc. » Il est clair que l'excellent homme croit fermement, dans la candeur de son âme, faire œuvre colonisatrice parce qu'il rase aux colonies.

Peu attrayante, la banlieue de Hanoï. Son unique intérêt réside dans les souvenirs, dans l'évocation d'un passé bien récent, mais qui semble appartenir aux âges héroïques. Particulièrement suggestive est la promenade au pont de Papier. Il m'a été donné de parcourir, avec un des témoins des luttes anciennes, la vaste plaine où se dressent, au-dessus des rizières, à moins d'un quart de lieue l'un de l'autre, les monuments — bien modestes — de Francis Garnier et de Henri Rivière. La tragédie de mai 1883, racontée sur le théâtre même des événements, avait quelque chose d'infiniment saisissant.

Nous avions dépassé le joli village de Papier, avec ses ateliers en plein air, sous les arbres. Maintenant c'était, devant nous, la rizière sans bornes. Mon compagnon me désignait, à quelques pas sur la droite, la pagode où fut masacré l'enseigne de vaisseau Balny de Valnègre. Il disait Hanoï harcelé par les Pavillons-Noirs, l'insolente provocation de Liu-Vinh-Phuoc placardée sur les murs de la citadelle; puis la sortie, le commandant grelottant la fièvre et ne pouvant monter à cheval, partant en voiture comme pour une promenade matinale; l'embuscade enfin, l'attaque au delà du petit pont, Rivière tombant, tandis qu'il s'élançait au secours de son aide de camp, Berthe de Villers, mortellement atteint; le cadavre odieusement mutilé, la retraite, la veillée sinistre qui suivit...

Que tout cela est loin!... Dans le calme du jour tombant, ces souvenirs ont je ne sais quoi de légendaire et d'irréel. L'heure est si douce! L'implacable soleil vient de disparaître, un souffle frais passe, un soupir de soulagement s'exhale de la campagne apaisée. A l'horizon, la silhouette déjà assombrie de Hanoï se détache en vigueur sur le ciel rose...

VILLAGE DE PAPIER. — ENVIRONS D'HANOÏ.

CHAPITRE III

SUR LA ROUTE DU YEN-THÉ. — CHEZ LE DÉ THAN. —
UN PIRATE RETIRÉ DES AFFAIRES.

Par un admirable matin de mai déjà brûlant, bien qu'il fût à peine six heures, je quittais Hanoï, au trot de deux coolies vigoureux, dans un de ces légers véhicules d'importation japonaise qui, sous le nom de *jinrikisha* ou *pousse-pousse*, font désormais une concurrence des plus sérieuses à l'antique chaise à porteurs chinoise dans la plupart des grandes villes du littoral asiatique, de Tien-Tsin à Singapore. En pareil équipage et à la même allure, mon boy saïgonnais suivait, avec mes armes et bagages réduits aux dimensions de deux valises, juste ce qu'il faut pour voyager sans encombre par tous pays et par tous chemins pendant trois ou quatre semaines.

Nous retraversions la large place poudreuse jonchée de détritus, les rangées de cases en paille et en torchis qui disparaîtront avec la crue prochaine. En dix minutes, un petit vapeur nous transportait de l'autre côté du fleuve Rouge, et nous voici roulant sur la belle chaussée qui conduit à Bac-Ninh et à Phu-Lang-Thuong; en route pour le Yen-Thé, Lang-Son et le Kouang-Si. C'est, à l'heure actuelle, la voie la plus expéditive pour gagner la frontière de Chine. J'ai dû remettre à une autre saison ma visite à la vallée supérieure du fleuve Rouge. Les eaux sont encore si basses que les chaloupes des Fluviales ont beaucoup de mal à arriver jusqu'à Yen-Bay. Quant à la reprise du service entre Yen-Bay et Lao-Kaï, elle n'aura pas lieu, selon toute vraisemblance, avant plusieurs semaines. Une sécheresse désolante sévit cette année. On m'affirme qu'il n'est pas tombé une goutte d'eau depuis bientôt sept mois, et rien, dans l'aspect du ciel, ne fait encore prévoir l'approche des pluies tant désirées. J'ai donc renoncé à les attendre; et cela d'autant plus volontiers que j'aurai, d'ici quelques mois, l'occasion de parcourir la région aujourd'hui inabordable si, comme je l'espère, il m'est permis de mettre à exécution mon projet de voyage dans les provinces chinoises de l'Ouest et du Sud-Ouest, par le Yang-Tsé-Kiang, le Sé-Tchouèn et le Yun-Nan.

Pour le moment, — vous l'avouerai-je? — je m'en vais faire visite... à un bandit. Non point à un bandit quelconque, pirate de bas étage, vulgaire voleur de buffles ou détrousseur de grands chemins, mais à un malandrin de marque, disposant d'une petite armée, laquelle, il n'y a pas un an de cela, tenait encore la campagne. Je m'en vais voir le Dé Than.

A la fois chef de bande redoutable et spéculateur ingénieux, le Dé Than fut l'un des premiers à mettre en pratique, dans ces contrées, le procédé familier à ses émules de Sicile et de Calabre, je veux dire l'enlèvement des particuliers et leur libération contre argent comptant. Mais il faut faire une fin. Après avoir bien bataillé, pillé et rançonné, le Dé Than vient de se retirer des affaires. Pensionné par le protectorat, il vit maintenant dans ses terres en gentilhomme campagnard. La soumission est-elle définitive? Un jour ne viendra-t-il pas où, las de ce farniente, il retournera peu à peu à ses anciennes habitudes, à l'exemple de ce Ba-Ky, un soumissionnaire et un subventionné lui aussi, contre lequel force a été d'organiser une battue, et qu'une colonne volante dirigée par le commandant du 2⁰ territoire militaire, le colonel Gallieni, vient de déloger de son repaire? A cet égard il serait imprudent de vaticiner, et je ne suppose point que ma visite m'apprenne grand'chose sur les intentions ultérieures du mécréant. Mais j'aurai vu le personnage, et il en vaut la peine. Un brigand à la retraite, en paix désormais avec la justice et la maréchaussée, doté d'une liste civile, vivant à son bon plaisir, en franc-seigneur, à l'abri de toute tracasserie et de toute exigence administratives, maître absolu dans ses domaines, exempt d'impôts, qui plus est, jouissant enfin d'une situation privilégiée et infiniment enviable que ni vous ni moi ne connaîtrons jamais, si ce n'est en rêve, cela à coup sûr n'est point banal. L'interview ne sera pas payée trop cher au prix d'un petit détour et d'un jour ou deux de chevauchée. L'excursion aura de plus l'avantage de me faire entrevoir, sur les confins du Delta, une contrée particulièrement curieuse, solitaire et sauvage, le Yen-Thé. J'avais, quelques jours auparavant, fait part de mon projet au résident de Bac-Ninh. Grâce à son bienveillant concours, la promenade devait être aussi agréable que facile.

C'est à quoi je songeais tout en roulant sur la chaussée droite comme un I, dont la ligne rougeâtre, tranchant sur la pâle verdure des rizières, reste nettement visible jusqu'aux limites extrêmes de l'horizon.

Route animée s'il en fut jamais. De Hanoï à Bac-Ninh, sur une distance de vingt-huit kilomètres, c'est un mouvement extraordinaire de gens et de bêtes : des chars à buffles, des chars à bras, des brouettes, de massives brouettes à roues pleines si bien équilibrées qu'un seul individu parvient à voiturer des fardeaux énormes. J'ai vu des hommes d'apparence assez frêle promener de la sorte, sans grand effort, semblait-il, des chargements de sacs de riz, des madriers pesant une tonne. Ces véhicules étranges s'en vont à la file avec un terrible grincement d'essieux, entendu de très loin sur les plaines. C'est l'une des voix du Tonkin. Dans les faubourgs et la banlieue de Hanoï, cette plainte déchirante domine toutes les autres rumeurs. Aux heures chaudes, quand les moindres murmures s'éteignent, ce bruit-là seul s'élève, d'une persistance et d'une stridence inexprimables dans l'assoupissement de la nature pâmée.

Puis, pêle-mêle, avec les charrettes, passent les portefaix trimbalant leurs charges, balancées aux deux extrémités d'une perche en bambou ; des vendeurs de fourrage ou d'oseraies pour la vannerie : enfouis sous leurs gerbes immenses qui les masquent de la tête aux pieds, ils font songer à la forêt qui marche de *Macbeth*. Viennent enfin, sur les côtés de la route, trottinant dans un nuage de poussière rose, des enfants, des vieux à barbiche blanche, des femmes, leur nouveau-né suspendu dans un lambeau de cotonnade, la caboche du marmot ballottant sur l'épaule maternelle.

Bientôt nous dépassons l'un des établissements agricoles les plus prospères du Tonkin, la ferme modèle de MM. Gobert, où Hanoï s'approvisionne de tous les légumes d'Europe, de beurre et de laitage ; un peu plus loin, nous franchissons sur un pont de bateaux le canal des Rapides, aujourd'hui fort ensablé, par lequel naguère les jonques et les chalands d'un faible tirant d'eau se dirigeaient sur Haïphong en évitant les méandres du fleuve Rouge et du canal des Bambous. Au delà, c'est de nouveau le vaste horizon des rizières, quelques villages, à une certaine distance de la route, épars comme des îlots, ensevelis sous la feuillée, villages fortifiés reconnaissables seulement à la forme rectangulaire de la haute haie vive qui les encadre et dissimule le saut de loup, le rempart de terre battue.

Et toujours, sur le chemin, le même défilé continu d'indigènes se hâtant vers le marché de Hanoï, de jambes nues battant la poussière blonde, de larges chapeaux de paille en forme de plateaux renversés et qui, sur le passage de l'Européen, s'enlèvent en un salut cérémonieux, découvrant les lourds chignons, les visages de la grosseur d'une pomme, les yeux très noirs, les dents laquées plus noires encore que les prunelles.

Cette race est véritablement polie et douce. Avec cela, si dure à la peine, si résistante en dépit de sa tournure grêle. De prime abord, il n'en est guère qui semble plus soumise et plus maniable. « Pur simulacre, m'ont dit certaines
« personnes. Ces gens sont la fourberie même. Ne vous
« fiez pas à leurs sourires et à leurs révérences : aujourd'hui
« bons paysans à mine pateline, demain peut-être mal-
« faiteurs, toujours prêts à déterrer les vieux fusils ou les
« coupe-coupe cachés dans quelque sillon. » Mon Dieu, cela est possible ; mais le voyageur qui passe ne peut guère juger que des apparences. Et puis, ne serait-ce point plutôt la misère, conséquence inévitable d'une saison mauvaise et d'une récolte perdue, qui parfois transmute l'agriculteur paisible en un rôdeur? Il est à remarquer que la recrudescence de la piraterie, — je parle ici du brigandage vulgaire et non des grandes bandes chinoises, — a toujours coïncidé avec les années maigres. Ainsi, pendant les trois dernières années, la récolte a été superbe ; les pluies sont arrivées au bon moment, les riz ont poussé dru. De longtemps le Delta n'avait été aussi tranquille. Cette année, les averses se font attendre, la récolte paraît dès à présent sérieusement compromise. Et voici que l'on signale déjà quelques cas, heureusement isolés, de brigandage. On se pille de village en village, de voisin à voisin. Est-ce à dire que, prises dans leur ensemble, ces populations soient foncièrement mauvaises? Cela donnerait plutôt à penser qu'elles ne sont pas précisément heureuses.

Il ne semble pas que, jusqu'ici, on se soit très sérieusement occupé de l'indigène, si ce n'est pour répartir plus ou moins judicieusement les impôts et la corvée. Mais en ce qui concerne son bien-être *à lui,* la sauvegarde de ses intérêts immédiats, la protection de son champ menacé tour à tour par l'inondation et par la sécheresse, qu'a-t-on entrepris? Peu de chose. Dans ce Delta dont la fertilité égale celle du Delta du Nil, les procédés d'irrigation sont encore des plus rudimentaires : insignifiants aussi, les moyens de défense contre l'afflux torrentiel des eaux. Il reste manifestement beaucoup à faire, et il y a là de quoi occuper longtemps nos ingénieurs. Ceux-ci, sans doute, n'ont point chômé. De grands travaux l'attestent : édifices publics et privés, routes, chemins de fer, éclairage des villes à l'électricité, que sais-je encore? Toutes choses excellentes; mais ce qui n'est pas moins important que l'outillage industriel et que l'ouverture de voies commerciales, ce sont les mesures destinées à améliorer la situation tant soit peu précaire du cultivateur indigène, à faire apprécier de façon tangible par quinze millions d'êtres les avantages de notre protectorat. Ne soyons pas égoïstes : d'autant mieux que prendre en main leurs intérêts, c'est aussi protéger et consolider les nôtres.

Voilà bien des phrases pour un coup de chapeau! Mais que voulez-vous, mes relations antérieures avec l'aborigène, dans nos différentes colonies, ne m'avaient point accoutumé à ces politesses. Réelle ou feinte, cette déférence vis-à-vis de l'Européen a sa valeur en ces pays de traditions, de rites et de formalisme étroit, où les allures égalitaires seront toujours difficilement comprises. Ici, d'ailleurs, comme dans l'Inde britannique, le geste n'a rien d'obséquieux ni de servile. C'est un salut, non une courbette. De vous à moi, je le préfère aux grands airs souverainement comiques du noir de Gorée, du babou de Pondichéry ou du boy saïgonnais qui vous toise au passage et dont le regard semble dire : « Moi aussi, je suis électeur — ou si près de l'être !... »

Bac-Ninh, où nous arrivons après une traite de trois heures, est une petite ville assez banale. N'était la citadelle bâtie sur le même plan que les citadelles de Hué et de Hanoï, mais de dimensions beaucoup plus modestes, la place ressemblerait à n'importe quel chef-lieu de canton. Une cathédrale de style rococo, revêtue d'un badigeon polychrome, est la note claire de cette bourgade incolore. Bac-Ninh est le siège d'un évêché duquel relèvent les missions du Tonkin oriental desservies, on le sait, par des religieux espagnols, les Missions étrangères de France ayant pour champ d'action les contrées situées sur la rive droite du fleuve Rouge. Soit dit en passant, ce partage de l'apostolat entre prêtres de nationalités différentes n'est pas sans présenter quelques inconvénients. Il convient cependant de reconnaître que, d'une façon générale, les missionnaires d'Espagne, comme leurs confrères de France, vivent en excellents termes avec les autorités du protectorat et leur prêtent, le cas échéant, un concours efficace.

Entre la cathédrale bariolée et la triste citadelle, la ville aligne, en bordure de la route de Hanoï à Phu-Lang-Thuong, ses constructions basses, cases annamites en torchis, boutiques chinoises, marché médiocrement achalandé où les foules absentes et leurs clameurs sont remplacées par le bourdonnement des mouches. La chaleur accablante a fait le vide sur les places. Pas un souffle de brise, pas un coin d'ombre. Lorsqu'on vient de quitter, depuis quelques heures seulement, Hanoï aux rues populeuses et bruyantes, Bac-Ninh paraît bien morose. Un centre administratif, rien de plus, et qui tend à se dépeupler au profit d'une localité voisine. Bac-Ninh se meurt; à quatre kilomètres de là, sur les bords du Song-Cau,

Dap-Cau grandit, voit s'élever les entrepôts et les usines, retentit du vacarme des enclumes et du grincement des scieries.

Une cité coquette qui compte déjà près de six mille habitants; l'une des plus salubres du Tonkin. Elle n'est qu'à trois heures et demie de Hanoï, à six heures de Haïphong, par le Song-Cau, que sillonnent chaque jour des chaloupes à vapeur d'assez fort tonnage. Aussi semble-t-elle devoir se développer rapidement et supplanter, avant qu'il soit longtemps, l'ancien chef-lieu de la province. Déjà même elle bénéficie d'un mouvement d'affaires relativement considérable. C'est une jeune ville industrielle. A citer, notamment, les importants ateliers de la maison Leroy qui comprennent une scierie à vapeur, des forges, des chantiers de constructions métalliques.

Sur les hauteurs environnantes, un colon entreprenant, M. Gavanon, a planté plusieurs hectares de vignes. La tentative est intéressante et donne déjà mieux que des espérances. Il a bien voulu me faire les honneurs de son domaine, tout en m'avouant qu'il n'avait jamais eu la prétention de doter un jour la colonie d'un cru susceptible d'entrer en concurrence sérieuse avec les importations du Médoc. Ses visées sont plus modestes. Il s'estimera heureux s'il réussit seulement à fournir aux gourmets de Hanoï et de Haïphong le raisin de table, quelques grappes de chasselas doré, un dessert rare sous ces latitudes.

Et c'est plaisir de contempler les jeunes ceps gonflés de sève, les grains déjà fermes. Cela vous donne, pour quelques moments, l'illusion de la patrie retrouvée, d'une journée d'été alanguie et pesante, d'un après-midi d'août dans un coin paisible de France, là-bas, très loin...

Le résident de Bac-Ninh, M. Muselier, s'est, avec une bonne grâce extrême, occupé de faciliter mon excursion

SUR LA ROUTE DE BAC-NINH.

chez le Dé Than. L'escorte était prête, les relais échelonnés sur la route du Yen-Thé. Il a fait mieux et m'a proposé d'être mon guide. A peine est-il besoin d'ajouter que l'offre fut acceptée avec joie. Le lendemain même de mon arrivée à Bac-Ninh, après le déjeuner, nous partions. Une première étape de 40 kilomètres devait nous amener, pour la nuitée, au poste fortifié de Nha-Nam, à l'entrée du Yen-Thé.

Bientôt nous avions perdu de vue Bac-Ninh, sa vieille citadelle, sa cathédrale neuve. Au sortir de Dap-Cau, nous passions en bac le Song-Cau et, une lieue plus loin, quittant la chaussée de Phu-Lang-Thuong, plus que jamais encombrée de piétons et de charrettes, nous prenions, sur la gauche, une route récemment ouverte, une de ces fameuses grandes routes de treize mètres de large dont on a beaucoup parlé et dont plusieurs ont fait des gorges chaudes. Ces voies existent cependant ; je les ai parcourues. Celle-ci en particulier est tout à fait majestueuse. On dirait d'une de ces routes du temps jadis, où se croisaient, dans un tintamarre de grelots, les diligences ventrues, les malles-poste, les roulages. Les dimensions sont les mêmes : l'empierrement seul fait défaut. Je ne puis m'empêcher de penser qu'un chemin de proportions moins vastes, mais établi de façon plus solide, eût peut-être été préférable. Par ce temps sec, rien de mieux ; le sol est résistant comme de la brique. Mais, survienne une averse, je défie bien qu'on y fasse rouler un véhicule quelconque, fût-ce une brouette. A cela près, c'est une belle route. Absolument déserte d'ailleurs. A perte de vue, pas un être vivant : durant plus de trois heures nous traversons des solitudes.

Notre escorte se compose de six miliciens indigènes juchés sur des poneys à tous crins. Deux galopent en avant-garde, à une centaine de mètres, l'arme haute. Et cela a je ne sais quoi de singulier et d'imprévu, cet appareil guerrier, ce cliquetis de sabres et de mousquetons, dans le calme infini des choses, par cet après-midi paisible et lumineux.

Trois haltes de quelques minutes, pour changer de montures. A part les miliciens qui gardent les bêtes aux relais, nous ne rencontrons pas une âme. Depuis longtemps les derniers villages, îlots de verdure épars dans l'immensité rousse, ont disparu. Maintenant, c'est le désert, mais un désert d'une physionomie spéciale, où l'on distingue nettement les vestiges d'habitations et de cultures anciennes, les champs délimités, les fragments de digues qui encadraient les rizières disparues. Tout ce territoire a été ravagé naguère par le Dé Than et ses bandes. Le cultivateur a battu en retraite devant le pirate. Cependant, des jours meilleurs ayant lui, voici que peu à peu il reprend possession de son domaine. Çà et là, dans la désolation des terres en friche, quelques parcelles fraîchement remises en culture indiquent la confiance renaissante.

Le pays devient de plus en plus accidenté. La route contourne des pitons isolés, serpente entre des vallons brûlés où, sur les pentes, s'accrochent quelques arbustes rabougris, des touffes d'une herbe sèche et coupante. Une nature âpre qui étonne au sortir des grasses campagnes du Delta.

Enfin, un peu avant le coucher du soleil, la végétation reparaît. De nouveau nous débouchons en plaine, dans un vaste cirque entouré de collines vertes. Plantés sur les cimes, trois ou quatre petits blockhaus surveillent l'horizon. En face de nous, à une demi-lieue, le poste principal, Nha-Nam, avec ses casernements lavés au lait de chaux, son enceinte palissadée, son saut de loup, ses chevaux de frise en bambous durcis au feu, sa herse surmontée d'un mirador. A chacun des angles du quadrilatère, s'élève un belvédère semblable où, la nuit venue, un factionnaire prend place et, pour attester qu'il fait bonne garde, répète le signal donné de quart d'heure en quart d'heure par la sentinelle installée au-dessus de la porte, en frappant l'un contre l'autre deux planchettes de bois dur.

Nha-Nam est occupé par un chancelier de résidence et par un garde principal de la garde civile; celui-ci a sous ses ordres une compagnie de miliciens indigènes. Nos deux aimables compatriotes vivent là bien isolés du reste du monde, mais m'ont paru en excellente santé et nullement enclins à la mélancolie. Cependant le paysage qu'ils ont sous les yeux est rien moins que réjouissant. D'un côté, la plaine à peu près inculte; de l'autre, les reliefs tumultueux du Yen-Thé que drape une brousse épaisse. Sur ces solitudes pèse un silence que rendent plus pénible les souvenirs des combats d'hier, l'incertitude du lendemain.

Au crépuscule, nous faisons les cent pas devant la redoute, sur une sorte de rond-point d'où partent quatre grandes routes : celle par laquelle nous sommes venus, une deuxième se dirigeant vers Kep, la troisième vers Than-Nguyen; la quatrième, que nous prendrons demain, mène chez le Dé Than. Routes inachevées et parfaitement solitaires. Telles quelles, elles représentent un développement total de près de deux cents kilomètres et ont été construites en un an, ce qui suppose quelques milliers de travailleurs et un usage peut-être immodéré de la corvée, cette forme rudimentaire des prestations en pays annamite. Combien de gens ont dû abandonner ainsi, durant des semaines, leur famille, leurs champs, pour venir, à plusieurs journées de marche de leurs villages, édifier ces larges voies sur lesquelles la plupart ne remettront jamais les pieds? Ceci soit dit sans vouloir méconnaître la valeur de ces travaux considérables si vite accomplis ; je dirais seulement accomplis un peu trop en hâte et non sans créer, très probablement, chez les corvéables, un certain malaise. Il se peut que je me trompe et que ces pauvres gens soient enchantés. On leur a maintes fois répété, dans des discours d'inauguration : « Vous êtes fiers d'avoir collaboré à ces grandes œuvres de paix et de progrès », et autres compliments du même genre. Mais, en général, les équipes de coolies en chemise et en chapeaux-parasols n'affirment leur satisfaction que par un silence qui, peut-être, n'est pas sans fierté, mais qui témoigne surtout d'un tour d'esprit fataliste et d'une résignation douce devant l'inévitable.

En rentrant, nous traversons, à quelques pas du rempart, un petit enclos soigneusement entretenu, débarrassé d'herbes folles, dans lequel une quarantaine de braves dorment leur dernier sommeil. Il reste assez de jour pour permettre de déchiffrer les inscriptions gravées sur les pierres tombales ou tracées grossièrement au pinceau sur les croix de bois noir. A côté de noms français, j'en lis d'autres qui furent portés par des gens appartenant aux nationalités les plus diverses, officiers ou soldats de la légion étrangère tombés près d'ici dans quelque embuscade, emportant avec eux les secrets d'existences singulièrement accidentées et aventureuses. Des noms seulement : point d'autre date que celle de la mort ; rien qui indique l'âge, le lieu de la naissance. Ils reposent comme ils ont vécu, dans l'oubli, dans le mystère.

La nuit venue, toutes portes closes, la veillée s'est prolongée fort tard. Assis sous la véranda, nous avons bavardé longtemps, tout en contemplant la plaine, les ondulations des coteaux lointains baignés par le clair de lune. Et j'éprouvais une sensation étrange : il me semblait que nous étions en mer, au large, sur un océan inconnu. La voix de la sentinelle postée sur le mirador était l'appel de la vigie veillant au bossoir. Ses claquements de baguettes résonnaient comme les coups de cloche frappant les quarts.

De Nha-Nam, une demi-heure suffit pour arriver chez le Dé Than. Six kilomètres de route neuve, un temps de galop sur un sol fraîchement remué, meuble comme une piste de manège.

En quittant le poste, presque aussitôt le chemin pénètre dans un vallon sauvage, serpente entre des coteaux à pentes raides dont les aspérités disparaissent sous une végétation très touffue. Les parties basses, en revanche, sont admirablement cultivées. Pas une parcelle de terrain qui n'ait été mise en valeur. Au rebours de ce qui s'est passé dans la zone que nous traversions la veille entre Dap-Cau et Nha-Nam, les champs ici ne furent jamais abandonnés, l'agriculteur n'ayant point eu à souffrir de la piraterie, et cela pour une excellente raison : les propriétaires n'étaient autres que les pirates. Les loups ne se dévorant point entre eux, ces messieurs allaient piller plus loin, puis, entre deux expéditions, délaissant l'escopette pour la bêche et la houe, employaient leurs loisirs à cultiver leurs jardins. Nous en apercevons çà et là quelques-uns — cinq ou six, pas davantage — occupés à des besognes champêtres, paissant leurs buffles ou repiquant le riz. Toujours en armes cependant, la carabine en bandoulière. Affaire d'habitude sans doute. On ne se sépare pas, du jour au lendemain, de ce qui fut si longtemps l'instrument de travail par excellence, le gagne-pain. Quoi qu'il en soit, leurs attitudes et leur démarche trahissent la profession quittée à regret. Bergers ou laboureurs, ces gaillards-là ne sont point personnages de pastorale.

A mi-route, passé devant leur ancien repaire, la redoute de Hû-Thué, dont il serait malaisé de déterminer la place exacte sous l'inextricable réseau des lianes et des branches entrelacées. Là, furent donnés les sanglants assauts des 22 décembre 1890, 3 et 11 janvier 1891. Sur ces pentes, plusieurs des nôtres tombèrent sous la fusillade d'un ennemi invisible. Ceux-là reposent maintenant dans le petit cimetière de Nha-Nam. Nous épelions hier leurs noms sur les modestes pierres qui marquent leurs tombeaux.

La résidence actuelle du Dé Than, où le soumissionnaire a établi ses quartiers il y a environ six mois, n'a plus rien d'une place forte, si ce n'est la haie de bambous serrés qui entoure le nouveau village et les factionnaires qui veillent à la porte, l'arme au pied, la cartouchière bien garnie bouclée sur le ventre. Avec leurs blouses longues, leurs mines patibulaires, ils rappellent à s'y méprendre certaines silhouettes de reîtres immortalisés par Callot.

Notre arrivée, prévue peut-être, n'a pas causé grand émoi : tout au plus de la curiosité. Des femmes, des enfants court vêtus sortaient des paillotes, formaient le cercle, et nous dévisageaient sans mot dire. Au bout de quelques minutes, le maître du lieu, flanqué de deux de ses gardes du corps, faisait son apparition : les compliments de bienvenue rapidement échangés, on nous introduisait dans une grande case assez propre, isolée des autres bâtiments et servant tout à la fois de salle de réception et de cambuse, à en juger par la quantité de bouteilles, fioles, boîtes de conserves rangées sur des rayons. Achats, cadeaux ou dépouilles opimes? Je ne saurais dire. Toujours est-il qu'au lieu de la traditionnelle tasse de thé, notre hôte fit apporter des gobelets et nous pria, avec une insistance singulière, de vouloir bien goûter le contenu de quelques flacons; si peu que ce fût, une simple larme.

On eût dit qu'il tenait, avant d'en user lui-même, à être pleinement édifié sur l'innocuité de ces apéritifs. Les cachets de cire intacts semblaient indiquer qu'il les avait jusqu'alors considérés comme suspects. Grâce à notre visite, il allait savoir à quoi s'en tenir. Cette confiance nous honore.

Tout en tâtant du bout des lèvres les rafraîchissements que nous inflige l'hospitalité du Dé Than, je regarde l'homme vêtu d'une tunique de soie puce et, somme toute, infiniment plus recherché dans sa tenue, beaucoup plus propre que ne le sont les neuf dixièmes de ses compatriotes. Trente à trente-cinq ans; bien pris dans sa petite taille, les traits plutôt réguliers, mais durs. Physionomie impénétrable que rendent plus inquiétante encore de petits yeux presque toujours à demi clos. Il semble qu'il lui faille un effort douloureux pour soulever ses paupières charnues et trop lourdes. C'est à peine si, de loin en loin, un regard furtif mettait une lueur sur cette face de mort. En définitive, une de ces têtes qu'on n'aimerait point à rencontrer au coin d'un bois.

L'interview n'a pas duré plus d'un quart d'heure. Encore est-il difficile d'appeler cela une interview. Le Dé Than est un taciturne, et les seules questions que j'eusse désiré lui poser seraient très probablement restées sans réponse. J'aurais cependant été bien aisé de savoir où est passé le reste de la bande. Le Dé Than dispose de 150 ou 200 hommes. Nous n'en avons aperçu, besognant aux champs, qu'une demi-douzaine et à peu près autant musant dans le village. Où donc sont les autres? En voyage ou à la promenade? Où qu'ils soient allés prendre l'air, il est à présumer qu'ils ne reviendront point au gîte les mains vides. C'est là l'inconvénient de ces soumissions équivoques. Le chef en est quitte pour demeurer tranquille au logis, tandis que ses gens vont chercher fortune.

Ils n'opèrent plus en bande, mais isolément : le résultat est le même. Si l'autorité se plaint d'un mauvais coup, le soumissionnaire jure ses grands dieux qu'il n'est pour rien dans l'affaire; si le coupable est un de ses hommes, celui-ci a agi sans son aveu, ce que, pour sa part, il déplore de tout son cœur.

Ensuite, comment se fait-il que tous ces individus, ayant fait leur soumission, soient encore si bien armés? Celui d'entre nous qui s'aviserait de détenir chez lui l'un des fusils de petit calibre que j'ai aperçus entre les mains des serviteurs du Dé Than, courrait risque de payer cher cette fantaisie de collectionneur. Le Dé Than a, paraît-il, fait observer que, s'il ne rendait point ses armes, c'est qu'il en avait besoin pour sa défense personnelle. Ce brigand craint les voleurs. « Mais, mon brave, — aurait-on pu lui dire, — il ne doit plus y en avoir sur vos terres, depuis que vous faites métier d'honnête homme! »

Je n'aurais pas été fâché non plus de prendre la photographie de notre hôte, ce dont lui-même avait tout d'abord paru très flatté. Puis, au moment décisif, brusquement il se déroba. Le motif allégué est assez bizarre. L'ex-pirate relève à peine de maladie. Lorsqu'on lui eut expliqué que l'opération avait pour but de fixer son image sur une plaque de verre, ne s'est-il pas mis dans la tête que cela, du même coup, pourrait bien fixer à tout jamais dans ses moelles le mal dont il souffre encore! Je n'ai pas insisté.

Remontant à cheval, nous filions d'une traite, à travers bois, jusqu'à la forteresse de Mo-Trang, aujourd'hui gardée par la milice, autrefois une des retraites les plus formidables de la piraterie. Il n'en était pas de mieux cachée, ni de mieux défendue. Le coteau sur lequel elle est établie avait été fouillé en tous sens avec un art infini, percé de galeries et de casemates, sillonné de fossés, de

REDOUTE DE MO TRANG, ANCIEN REPAIRE DU DÉ THAN.

LE CHEMIN DE RONDE.

LA POTERNE.

chausse-trapes. Du rempart, le regard embrasse un soulèvement confus de collines, un immense horizon de forêts, la vilaine brousse du Yen-Thé qui, sans avoir la majesté des futaies de Guinée et du Congo, n'est guère moins inabordable. Terrain effroyable pour les opérations militaires. Quant à sa valeur, au point de vue de la colonisation, il faudrait, pour en juger, que le sol fût au préalable débarrassé de la végétation qui l'encombre. Actuellement, la contrée est des plus malsaines. Les Annamites eux-mêmes ne s'y hasardent qu'à regret. Les mares qui dorment dans les bas-fonds dégagent des miasmes empoisonnés.

Tournons bride vers Nha-Nam, vers la région du Yen-Thé, habitable et féconde, réputée jadis le paradis du Tonkin. C'était là, suivant un dicton indigène, le pays des « Trois-Blancs », du riz blanc, des femmes blanches et de l'eau claire. Ces temps sont loin. Mais là du moins il y a de l'espoir. Avant peu, qui sait? les populations trop denses du Delta reflueront vers ces territoires. Tandis que, le soleil couché, nous débouchons dans le vaste cirque de Nha-Nam, il me semble, sous la clarté crépusculaire, voir s'élever, à la place de la redoute, des blancheurs de ville neuve, entendre à travers la plaine hier désolée le murmure du vent courbant les moissons mûres.

CHAPITRE IV

LE PREMIER CHEMIN DE FER TONKINOIS. — DE LANG-SON
A LA PORTE DE CHINE.

Atteindre, ou peu s'en faut, la frontière de Chine en chemin de fer, entendre le sifflet des locomotives répercuté par les échos des défilés qui mènent au Kouang-Si, descendre du train en vue des forts occupés par les réguliers du maréchal Sou et du général Mà, passer enfin en quelques heures des plaines spongieuses indéfiniment déroulées aux paysages alpestres, de l'atmosphère pesante du Delta à la fraîcheur des brises aspirées sur les plateaux, rien de plus réconfortant, n'est-il pas vrai? Rien de moins banal. On peut se procurer à peu de frais et sans fatigue ce changement d'air, grâce au railway dont l'inauguration fut, aux derniers jours de décembre 1894, offerte aux Tonkinois pour leurs étrennes.

Beaucoup ont estimé que la petite fête s'était fait bien attendre. Mais la joie, pour avoir été escomptée longtemps à l'avance, n'en a pas été moins vive. Sans doute, la façon tant soit peu fantaisiste dont les travaux étaient conduits a soulevé, tant dans la colonie que dans la métropole, des critiques parfois amères et malheureusement justifiées. L'achèvement de cette ligne de vingt-cinq lieues à peine (exactement 99 k. 500 m.) n'aura pas exigé moins de quatre ans. Près de deux années furent employées à poser la voie entre Phu-Lang-Thuong et Kep. Ce premier tronçon, en terrain plat, ne présentait cependant aucune difficulté, la ligne étant simplement établie, ainsi qu'un tramway, en accotement, sur l'ancienne route militaire. Ensuite, les erreurs, les tâtonnements qui devaient fatalement se produire, faute d'études approfondies, ont tout arrêté pendant un an et plus. On s'est enfin remis à l'œuvre, et d'un tel élan que les sections les plus longues et les plus accidentées, soixante-dix kilomètres en pleine montagne, furent achevées en quinze mois. Cela peut-être considéré comme un véritable tour de force. C'est, en effet, la première fois, j'imagine, qu'une ligne est construite de la sorte, sans avant-projet minutieusement établi dans les plus petits détails, à tel point que près de huit kilomètres de terrassements, aux environs de Kep, ont dû être abandonnés et les chantiers reportés dans une situation meilleure.

On s'est également ému du prix de revient, évalué à 175,000 francs le kilomètre. Un joli chiffre en vérité, à supposer qu'il représentât uniquement le coût de la voie ferrée proprement dite. Mais on n'ignore pas qu'une partie de la somme a été absorbée par des frais accessoires, tels que la construction des blockhaus destinés à garder la ligne. Défalcation faite de ces dépenses d'ordres divers, on peut évaluer que celle-ci a coûté environ 150,000 francs le kilomètre. C'est déjà beaucoup assurément, étant donné qu'il ne s'agissait point d'une entreprise gigantesque et d'une difficulté exceptionnelle. Les obstacles sérieux provenaient de l'insécurité du pays où la piraterie s'en donnait alors à cœur joie.

Quoi qu'il en soit, en dépit de ces débuts pénibles, malgré des erreurs manifestes et des négligences payées fort cher, le chemin de fer de Lang-Son est, à tout prendre, un succès. Le trafic est déjà plus que suffisant pour couvrir, et au delà, les frais d'exploitation. Il convient, d'ailleurs, d'inscrire à son actif l'économie énorme réalisée sur le ravitaillement des postes de la frontière. Vivres et munitions, jadis acheminés à dos de mule ou à dos d'homme, mettaient souvent quinze à vingt jours pour arriver à Lang-Son. Le prix de transport s'élevait en moyenne à 15 francs par tonne et par kilomètre, soit 150 francs pour un trajet de vingt-cinq lieues. Par voie de fer, à raison de 15 cent. par tonne kilométrique, il est actuellement de 15 francs. L'éloquence de ces chiffres nous dispense de plaider pour ce chemin de fer, qui a donné lieu à tant d'ardentes polémiques, les circonstances atténuantes.

L'importance de cette petite ligne au point de vue militaire ne doit pas faire méconnaître sa valeur commerciale déjà réelle, bien que le trafic soit encore purement local. Du jour où elle franchira la frontière, il est vraisemblable que quantité de marchandises à destination de l'intérieur, aujourd'hui expédiées en transit, *via* Hong-Kong, sur le Kouang-Si et le Yun-Nan, tant par la rivière de l'Ouest et ses affluents difficilement navigables dans la saison sèche, que par les routes terrestres, passeront par la voie tonkinoise bien autrement rapide. Elles parviendront ainsi dans les centres de consommation en quelques jours, — on pourrait dire en quelques heures, — alors que le voyage exige, par les anciens itinéraires, environ deux mois, parfois davantage.

Ce résultat infiniment désirable est d'ailleurs subordonné à certaines conditions. Le Tonkin, si l'on veut qu'il devienne une route commerciale vers les provinces chinoises du Sud-Ouest, doit au préalable être pourvu d'un port aisément accessible aux bâtiments de tout tonnage. Or Haïphong, dans son état actuel, ne saurait rivaliser avec la rade hospitalière de Hong-Kong. Ce n'est pas tout de créer ce havre : il faudra encore, après avoir enlevé les bancs de sable, éviter autant que possible de remplacer ces obstacles naturels par des barrières administratives démesurément élevées, sous forme de droits d'amarrage, d'ancrage, de pilotage et de tracasseries douanières, toutes choses redoutées des armateurs et des capitaines à l'égal des écueils et des tempêtes. Peut-être est-ce là le point délicat par ce temps de tarifs éminemment protecteurs appliqués, sans distinction de latitudes, à la métropole et aux colonies.

Il est aussi de toute nécessité, pour répondre aux exigences du trafic, que l'aménagement du chemin de fer soit modifié du tout au tout. Le matériel est déjà insuffisant; il n'y a que six locomotives et, sur ces six, quatre seulement sont en état de faire leur service. Les véhicules manquent : les marchandises attendent, empilées sur les quais, pendant des jours et des semaines. Enfin, la voie actuelle n'est autre qu'un *porteur-Decauville* de 60 centimètres (1).

Excellente sur un chantier ou pour une exploitation agricole, elle ne saurait être utilisée pour un transit international. Du reste, il est, dès à présent, question de la remplacer par une voie d'un mètre. Il eût été plus simple et moins dispendieux de commencer par là, ce que permettaient les proportions des tranchées, des remblais et des travaux d'art.

(1) Le chemin de fer de Lang-Son cédé à la Cie de Fives-Lille a été remanié de bout en bout, le Decauville de 0^m,60 remplacé par la voie de 1 mètre. La ligne sera complétée avant peu 1° au sud par la section de Phu-Lang-Thuong à la rive gauche du fleuve Rouge en face de Hanoï; 2° au nord par le tronçon de Lang-Son à Dong-Dang et à la frontière de Chine, avec faculté de prolongement ultérieur vers Long-Tchéou. La compagnie a également obtenu du gouvernement chinois la concession d'une ligne reliant Long-Tchéou à Nanning, point terminus de la navigation à vapeur sur la rivière de l'Ouest.

Toujours est-il qu'avec sa voie lilliputienne, ses locomotives qui sonnent la ferraille, ses wagonnets démantibulés, la ligne de Lang-Song fait recette. Le mouvement des voyageurs n'est pas moins actif que celui du fret. C'était, dans la gare de Phu-Lang-Thuong, lorsque j'y pénétrai par une matinée printanière, le brouhaha et la cohue d'une station de banlieue parisienne au temps des lilas. Deux ou trois cents indigènes se bousculaient dans une hâte de troupeau effaré, crainte de manquer le train. Celui-ci, pour votre gouverne, part à 10 h. 50.

Vous vous doutez bien qu'il y a trois classes, tout comme chez nous. La première classe est franchement inhabitable. Imaginez une caisse de quatre mètres carrés subdivisée en trois compartiments. Cela est capitonné, hermétiquement clos, vitré comme une serre et chaud comme un bain turc. Ce n'est pas un wagon, mais un *grill-room*. Aussi ai-je élu domicile dans les secondes, en compagnie du piquet d'escorte, dans une longue voiture-tapissière. Quant aux troisièmes, elles sont mieux ventilées encore, attendu qu'elles n'ont ni toiture ni banquettes. Ce sont des voitures à marchandises du style le plus simple, les vulgaires plates-formes affectées d'ordinaire au transport de la houille ou du ballast. Là s'installent pêle-mêle les voyageurs jaunes. Assis sur leurs talons, ils ne paraissent pas autrement souffrir du manque de confort et mâchent leur chique de bétel avec béatitude. On ne distingue, dépassant les rebords du wagon, que leurs immenses couvre-chefs de paille. Le convoi en partance semble emporter les produits d'une étrange culture maraîchère, des champignons de couche, d'une espèce inconnue et colossale.

Mais à quoi bon vous décrire la voie et le matériel? Pour être renseigné *de visu* sur le premier railway tonkinois, point n'est besoin d'avoir quitté Paris. Nous avons, vous et moi, roulé sur ces mêmes rails entre l'esplanade des Invalides et le Champ de Mars. Comment! ce joli petit train qui filait sur la contre-allée du quai d'Orsay égayée de placards polychromes où s'étalait, dans toutes les langues et jargons de la planète, la recommandation prudente : « Prenez garde aux arbres!... Ne passez ni têtes ni jambes! »... — Lui-même. Mais combien changé, hélas! Daudet, vous vous en souvenez, a, dans une page charmante, noté les plaintes de la diligence vieillie qui jadis parcourait triomphalement nos routes, aujourd'hui honteuse, reléguée outre-mer à l'état de guimbarde coloniale. Les wagonnets défraîchis qui font la navette entre Phu-Lang-Thuong et Lang-Son seraient-ils, eux aussi, conscients de leur déchéance? Il y a, croirait-on, dans leurs trépidations douloureuses, dans les gémissements de leur membrure, en même temps qu'une révolte suprême contre la cruauté du sort, un regret des splendeurs disparues, des jours de fête où, dans tout l'éclat de leur peinture neuve, ils charriaient les foules cosmopolites aux sons des orchestres de tziganes, le long des façades décorées d'écussons et d'oriflammes...

A l'heure dite, nous partons. La vitesse n'a rien de vertigineux. Dix-huit kilomètres à l'heure, en moyenne. Au début le paysage est d'une monotonie extrême : la plaine brûlée. Çà et là seulement des champs de ricin mettent une verdure pâle sur ce sol couleur de brique. Bientôt se montre, à notre droite, la grande ferme des Pins. Alentour, des troupeaux ruminent, des bandes joyeuses de poneys s'ébattent au soleil. N'étaient l'appareil de défense, l'enceinte en pisé, la palissade et la tour du guet, cela rappellerait assez certains coins paisibles de Provence, le vieux *mas* avec son bouquet d'arbres grêles, le haut bâtiment de la magnanerie dont la silhouette se détache agrandie sur le bleu profond du ciel..

Au bout d'une heure, nous sommes à Kep. Le terrain s'élève; les montagnes commencent à poindre vers le nord. Au delà de Kep, la ligne s'éloignant du Song-Thuong s'engage entre des collines embroussaillées. L'endroit est propice aux embuscades. Des blockhaus, perchés de distance en distance sur les hauteurs et reliés par de petits postes, surveillent l'horizon. La ligne entière est gardée de la sorte. On voyage pour ainsi dire entre deux haies de factionnaires qui, correctement alignés, présentent les armes au passage du train. La nuit venue, le dernier convoi expédié, les postes détachés rallient leurs fortins respectifs. Par surcroît de précaution, chaque train de voyageurs est escorté. J'ai pour compagnons de route vingt-cinq soldats de l'infanterie de marine. Au sortir de la gare, les armes ont été chargées comme si nous partions en pays ennemi, pour de graves aventures. Mais autour de nous, à perte de vue, tout est silence et solitude. Des soldats au port d'armes sur chaque mamelon, des soldats sur les banquettes, c'est là de quoi tranquilliser les plus méfiants. Jamais, pour ma part, je ne me suis senti aussi protégé.

Sur le coup de midi, à Sui-Nganh, nous franchissons un pont métallique de trente et quelques mètres, l'ouvrage le plus important de la ligne. Ensuite, des vallons encore, des tranchées profondes, des courbes d'un rayon extrêmement court. La brousse est maintenant plus épaisse : crainte de surprises, des coupes sombres y ont été pratiquées de manière à ménager, de chaque côté de la voie, un espace découvert large d'une vingtaine de mètres.

12 h. 50. Bac-Lé. Une heure d'arrêt : buffet. On croise ici le convoi venant de Lang-Son; les trains échangent leurs escortes. Le buffet n'est qu'une paillote, la terre battue tient lieu de plancher; l'unique table est quelque peu bancale. Mais le buvetier est un brave homme à mine

réjouie; la côtelette est cuite à point, l'omelette appétissante. Que demander de plus?

Huit kilomètres de descente assez raide, et voici que, sur la gauche, se dressent les formidables escarpements calcaires du Caï-Kim que la ligne longe de très près jusqu'à Lang-Nac. Derrière cette chaîne déployée en un hémicycle immense et presque inabordable du côté sud, se cache une des plus belles régions du Tonkin. De fertiles vallées s'abaissent en pentes douces, convergeant vers Cao-Bang et la frontière de Chine comme les branches d'un éventail vers leur point d'attache.

Le soleil était déjà bas quand nous dépassions Lang-Nac. Et brusquement le décor changeait. La muraille du Caï-Kim s'était effacée. Disparue également la brousse épaisse, la draperie de feuillages et de lianes jetée sur les pentes. Plus de roches superposées en énormes parements, élancées en aiguilles, travaillées en hauts reliefs, en arabesques singulières sous l'incessant effort des éléments et des siècles. Des croupes herbeuses que, par endroits, les pluies ont défoncées, salies sous les coulées de glaise. Nous remontions toujours la vallée du Song-Thuong de plus en plus solitaire et sauvage dans le crépuscule. La rivière n'était plus qu'un mince filet presque imperceptible, un suintement de source entre les joncs. Et les courbes se succédaient, d'une hardiesse inquiétante, pendant près de vingt kilomètres d'une rampe sans palier dont l'inclinaison dépasse en maint endroit 22 millimètres. La petite machine de dix tonnes avait peine à remorquer le train, dédoublé pourtant depuis Lang-Nac. Toutes les cinq minutes elle s'arrêtait à bout de souffle. Enfin, au moment où, la nuit tombée, nous atteignions le col de Banti, ligne de partage des eaux qui s'écoulent d'une part vers le fleuve Rouge, de l'autre au Si-Kiang, un tube crevait; nous demeurions en détresse dans les ténèbres jusqu'à ce que la seconde moitié du convoi, arrivant à la rescousse, nous redonnât un peu d'élan, juste assez pour franchir le seuil et dévaler ensuite, les freins serrés, vers Lang-Son

Dix heures allaient sonner quand nous entrions en gare. L'arrivée était indiquée pour cinq heures trente-sept. Vingt-cinq lieues en onze heures, ce n'est évidemment pas très brillant. Mais lorsque l'on songe qu'il y a peu de temps le même trajet accompli par la route militaire — et quelle route! — eût exigé trois ou quatre jours, peut-être une semaine à la saison des pluies, on oublie de pester contre les lenteurs du voyage. Le train-joujou vous fait l'effet d'un train-éclair.

Lang-Son ne possède encore aucune auberge. Le voyageur qui ne connaît personne dans la place doit faire appel à l'obligeance des autorités, toujours très hospitalières. J'ai été reçu de la façon la plus cordiale par M. le commandant Vallance qui, en l'absence du colonel Gallieni, administrait le chef-lieu du deuxième territoire militaire. Et je ne saurais trop le remercier ici, lui et les officiers qui ont bien voulu m'accueillir comme un ami longtemps espéré. Grâce à eux, deux journées de séjour à Lang-Son ont très agréablement coupé, à l'aller et au retour, mon excursion sur la frontière chinoise et dans le Kouang-Si.

Ces messieurs m'ont fait les honneurs de la ville. Elle a déjà bonne apparence, quoique les travaux d'embellissement et d'assainissement datent de quelques mois à peine. D'innombrables fondrières et cloaques ont été comblés; les paillotes, où se propageaient tour à tour avec une égale facilité les incendies et la fièvre, ont été remplacées peu à peu par des constructions en pierre et en brique. On a tracé de larges avenues, — un peu trop larges peut-être. En plein midi parfois, sur ce terrain presque entièrement découvert, où les jeunes arbres plantés en bordures ombragent à peu près aussi efficacement que les poteaux du

LE SONG-KI-KONG A LANGSON.

télégraphe, on se prend à désirer des boulevards d'une majesté moins haussmanienne.

Les chemins de fer aidant, Lang-Son ne peut manquer de prendre un développement de jour en jour plus appréciable, surtout lorsque la ligne aura été poursuivie en territoire chinois par Long-Tchéou vers Nanning ou Pé-Sé et le Yun-Nan, ce qui vraisemblablement ne saurait tarder. Nombre de gens estiment même qu'il y aurait avantage, au double point de vue des facilités d'établissement et du rendement futur, à adopter, pour notre première voie de pénétration, ce prolongement de la ligne actuelle, de préférence au tracé empruntant la vallée du fleuve Rouge par Lao-Kaï et Man-Hao.

Par la nature du sol, le climat relativement tempéré, si on le compare à celui du Delta, la contrée paraît devoir se prêter aux entreprises agricoles et à l'élevage. L'altitude moyenne de la vallée est d'environ trois cents mètres, et, dans cet amphithéâtre de montagnes, les terrains de pâture ne manquent pas. Il serait à coup sûr puéril d'insinuer que cette partie du Tonkin est appelée à faire concurrence aux Darling-Downs d'Australie et leur disputera un jour l'ambitieux surnom de « Terre de la Toison d'or ». Il n'en est pas moins permis de supposer que, selon toute probabilité, dans un avenir assez proche, les troupeaux de bêtes à cornes et de bêtes à laine rempliront du bruit joyeux de leurs clochettes ces montagnes dont les échos ont retenti du vacarme des batailles et du crépitement des mitrailleuses.

La situation est admirable. Il suffit, pour en juger, de gravir l'une des cimes environnantes, en particulier celle que couronne le fort Brière-de-l'Isle. De ce belvédère le regard embrasse un panorama grandiose qui, par les contours et la couleur, rappelle à s'y méprendre les horizons de Kabylie. A nos pieds, la grande boucle décrite par le

Song-Ki-Kong, la rivière encaissée ou affleurent les bancs de roches; au delà, le faubourg indigène de Ki-Lua, un éparpillement de huttes grises et, çà et là pointant dans la plaine, des pitons isolés analogues aux soulèvements calcaires de la baie d'Along; enfin l'horizon tumultueux des montagnes nimbées de rose, que dominent les imposants massifs du Cao-May et du Mao-Sen.

J'ai trouvé à Lang-Son le passeport qui m'a été délivré par les autorités chinoises de Long-Tchéou, sur la demande du consul de France. Le consul a eu la bonté de me faire parvenir cette pièce indispensable non par un émissaire indigène, mais par un Français, le jeune garde de la milice attaché au consulat. Il m'attendait depuis la veille, ce qui me permettait de continuer le voyage en agréable compagnie. Le trajet de Lang-Son à Long-Tchéou, une centaine de kilomètres, s'effectue facilement en deux jours, mais le plus souvent en deux jours et demi. En ce cas on part de Lang-Son dans la journée et, après une courte étape de quinze kilomètres, on passe la nuit à Dong-Dang, le dernier poste français. C'est ce que nous sommes convenus de faire. A trois heures, les poneys étaient sellés; les six cavaliers qui devaient nous servir d'escorte attendaient avec nos montures sur l'autre rive du Song-Ki-Kong. A notre tour nous passons le bac pour nous engager bientôt sur l'excellente chaussée, achevée récemment jusqu'à Dong-Dang et qui sera prolongée avant peu sur Cao-Bang et Bi-Ni.

Ce n'est point chose facile de se procurer à Lang-Son un cheval de selle. On ne trouve guère à louer que des animaux de bât ou de trait employés pour les transports militaires. J'ai été tiré d'embarras grâce à la complaisance d'un aimable Langsonien, M. Robert, entrepreneur de travaux publics, qui a mis gracieusement à ma disposition l'un des meilleurs chevaux de son écurie, une bête ardente et robuste avec laquelle je suis assuré de ne pas rester en détresse sur les sentiers chinois.

Le fleuve franchi, nous commençons par défiler lentement dans les ruelles et les carrefours du gros village de Ki-Lua. C'est jour de marché, et l'animation est grande malgré l'heure tardive. Dans la foule bruyante qui se presse autour des tentes, devant les étalages en plein vent, le type Tò domine. J'ai déjà eu l'occasion de remarquer, la veille, quelques représentants de ces peuplades montagnardes, sur la ligne du chemin de fer, à partir de Lang-Nac. La race est forte, très différente de l'Annamite. Ici plus de formes graciles, de chevelures abondantes relevées en chignons. La démarche et la physionomie sont plus viriles. A la place de la tunique flottante tombant jusqu'aux talons, le Tò porte la blouse de cotonnade bleu sombre serrée aux hanches par une ceinture de corde ou de cuir, une façon de pantalon de même tissu et, parfois, des bandelettes de toile grossière emprisonnant la jambe comme une guêtre. Il a adopté la coiffure chinoise, la longue natte pendante ou bien, aux heures de travail, enroulée en turban sur le crâne.

Ces populations d'humeur très douce, mais indépendante, nous sont actuellement de précieux auxiliaires contre la piraterie. Des armes et des munitions leur ont été distribuées en quantité considérable (7 à 8,000 fusils). On a eu soin de respecter leurs coutumes, leurs franchises. Elles n'ont plus affaire aux autorités annamites, s'administrent désormais à leur guise. Chaque village élit son chef. Elles ne connaissent ni les impôts ni les corvées. En échange de ces privilèges on ne demande à ces rudes paysans qu'une chose : faire bonne garde, donner la chasse aux pillards, se protéger en un mot, eux et leurs champs. Ils s'y emploient de tout leur cœur. Ces minuscules républiques villageoises constituent ce qu'on pourrait appeler les *marches* du Tonkin. L'initiative de cette mesure est due au commandant du 2ᵉ territoire, le colonel Gallieni. La tentative, assez hardie, a réussi au delà de toute espérance. Les Tô font à merveille la police de leurs territoires et tiennent à distance respectueuse la plupart des bandes qui jadis infestaient la frontière.

Nous traversons plusieurs de ces hameaux de partisans. Les habitations sont plus propres que dans le Delta, les clôtures mieux entretenues. A l'entrée du village, sur une éminence, se dresse un solide blockhaus en pisé, d'où les veilleurs peuvent signaler les allées et venues de gens suspects, et où les femmes et les enfants se réfugieraient en cas d'alerte. A ce détail près, le paysage est d'une douceur infinie. Au creux des vals, quelques jardins, des rizières; au loin, sur les pentes, où croît la badiane, des bouquets de verdures plus foncées, des feuillages qui reluisent aux dernières clartés du couchant. Les travailleurs rentrent, on ne perçoit dans la paix du soir d'autre bruit que le grincement des chars à buffles, des pesants chars à roues pleines, et le rappel strident des cigales. La paix partout : trêve peut-être, accalmie d'une heure; mais du moins cette heure est exquise. Le moyen d'éprouver la moindre inquiétude devant cette nature assoupie? C'est l'apaisement, la sérénité des champs de France au déclin d'un soleil d'été.

Cependant, à mesure que l'on avance, le pays devient plus sauvage, la vallée s'étrangle, le chemin décrit coup sur coup des contours brusques. Mon compagnon m'invite à presser l'allure. Le jour baisse, il est plus prudent de ne pas s'attarder dans ces parages; il y a là deux kilomètres assez mal famés. La frontière est proche, à quelque cent mètres seulement sur la droite, et des sentiers venant de Chine coupent à chaque instant la route, sentiers fréquentés volontiers par des promeneurs qui ne sont point précisément chercheurs de simples ou pastours inoffensifs. Le lieu est désert, tout disposé pour une surprise. Prenons le galop.

Dix minutes plus tard, nous débouchions du défilé en face de Dong-Dang et escaladions au train de charge la colline au sommet de laquelle sont les belles casernes neuves occupées par la Légion.

Une soirée de bonne causerie sous la véranda, en compagnie du commandant du poste, M. le capitaine de Grandmaison, une nuit de sommeil sans rêves au bercement de la brise fraîche soufflant des cimes, et nous reprenions notre chevauchée dès le petit jour.

Un temps de trot, et devant nous, à cinquante pas, voici la frontière, sur un col défendu par une muraille crénelée. La belle route s'arrête court devant une fondrière. Nous prenons congé de notre escorte, qui fait demi-tour. De l'autre bord du ravin part un étroit sentier, encombré de broussailles et d'éboulis. La pente est si raide que nous préférons mettre pied à terre et traîner nos chevaux par la bride. Le sentier aboutit à une grande arcade à plein cintre près de laquelle deux individus en souquenille jaune et rouge fument leurs pipes. Au-dessus de la porte grimace, en haut relief, une énorme tête de dieu ou de démon, furieusement badigeonnée et destinée apparemment à éveiller chez l'étranger un sentiment de respect mêlé de crainte. Nous passons la voûte et pénétrons dans une vaste cour dallée; une seconde porte, puis une cour encore où des soldats râpés, la pipe aux dents, causent allongés sur les nattes; des lances fichées en terre, des étendards dont la hampe est ornée d'une queue de cheval; tout un *yâmen* de mandarin avec ses piliers laqués de vermillon, sa toiture en tuiles vernissées. L'entrée principale est masquée par un large écran de pierre où s'épanouit une fresque remarquable représentant les ébats de deux dragons à cinq pattes. — Je suis en Chine.

CHAPITRE V

DANS LE KOUANG-SI. — LONG-TCHÉOU.

On demandait récemment à l'un des hommes les mieux placés pour connaître les choses du Céleste Empire quel effet produiraient, suivant lui, dans les habitudes et les idées de cette population de quatre cents millions d'êtres, chez les classes élevées aussi bien que parmi les couches profondes de la nation, les leçons de la guerre sino-japonaise, les rudes enseignements de la défaite. « La Chine, répliqua-t-il, était ainsi. (Et, ce disant, la tête appuyée sur sa main droite, il prenait l'attitude d'un homme assoupi.) Elle dormait : ce coup de tonnerre l'a tirée de sa léthargie. Ce qu'elle va faire? Changer de position et se rendormir... du côté gauche. »

Le mandarin de la Porte de Chine, lorsque je pénétrai dans son yâmen, somnolait, lui aussi. Le maître et la valetaille reposaient, celle-ci allongée sur des nattes au soleil dans la cour dallée, celui-là dans ses petits appartements que plusieurs écrans savamment disposés dérobaient aux regards indiscrets. Un vague parfum d'opium, emplissant l'espace, révélait les occupations de la matinée. Nous fûmes introduits dans une pièce assez présentable, meublée d'un lit de fumeur, d'une table très basse et de sièges en bois guilloché, tandis qu'un des gens de service portait au dignitaire nos passeports accompagnés de ma carte de

TYPE INDIGÈNE DE LA FRONTIÈRE.
Femme Muong.

visite chinoise, trois caractères calligraphiés sur une bande de papier rouge d'un pied de long.

Et nous attendîmes ; pas longtemps. Au bout de trois minutes, le mandarin arrivait la bouche en cœur, avec des inclinaisons de tête sur ses poings ramenés contre la poitrine et des inflexions de voix qui témoignaient d'une courtoisie parfaite. En l'absence de truchement, l'entrevue fut forcément brève, l'entretien réduit à un simple échange de signes et de sourires. On nous versa dans des tasses ébréchées un thé délicieux. Puis, l'infusion de bienvenue sablée, les passeports restitués, nous prenions congé.

Notre escorte de miliciens annamites est remplacée par des réguliers chinois, le piquet de cavalerie par une paire de fantassins. Cela nous permet de voyager dorénavant avec nos bagages. La veille, nous avions dû leur laisser prendre deux ou trois heures d'avance. Maintenant ils nous accompagnent portés par quatre coolies procédant au pas accéléré, leur fléau de bambou sur l'épaule, rythmant la marche par un chant guttural dont la cadence rappelle les versets et les répons des litanies.

Si les soldats qui nous escortent représentent l'armée régulière, je me demande avec inquiétude ce que peuvent bien être les irréguliers. Armement et équipement sont d'une fantaisie qui sent l'opérette. L'un de ces messieurs porte une lance, l'autre une ombrelle. Les uniformes sont à l'avenant. Celui-ci a pour coiffure un chapeau de paille laquée, de dimensions invraisemblables, qui reluit comme un toit de pagode. Il est vêtu d'une chemisette d'enfant qui lui vient à peine jusqu'à la ceinture : en revanche, sa culotte flottante a des ampleurs de cotillon. Son camarade va tête nue et n'a pour tout vêtement que la tunique rouge à larges manches ornée, sur la poitrine et dans le dos, d'un immense disque jaune où sont inscrits en caractères d'enseigne le nom et le numéro du corps auquel appartient l'homme. En campagne cette passementerie est fort utile... pour l'adversaire. Le troupier accoutré de la sorte peut être assimilé, dans l'attaque comme dans la retraite, à une cible ambulante que le tireur le plus myope peut apercevoir de loin sans besicles.

En quittant la Porte de Chine, on descend presque aussitôt un couloir fort raide à travers les roches grossièrement taillées en degrés. Puis, après quelque cent mètres, le chemin s'améliore et pourrait être utilisé comme voie charretière. C'est une route stratégique construite par les soins du général Sou, commandant les troupes du Kouang-Si, et qui relie la frontière tonkinoise à Long-Tchéou, ou plus exactement à un point de la rive droite du Song-Ki-Kong, situé à cinq kilomètres en amont de la ville. La chaussée n'est point large; tracée un peu à la diable, à la chinoise, elle suit toutes les ondulations du terrain. Telle quelle, en dépit de la raideur des rampes et des détours inutiles, elle n'en est pas moins excellente pour le pays C'est là très probablement la seule route digne de ce nom qui soit dans tout l'empire. Par malheur, il n'est possible d'en user que pendant la première partie du trajet, jusqu'à Pin-Siang. Au delà, elle traverse une série de forts, et l'accès en est interdit. Le voyageur, pendant la deuxième étape, de beaucoup la plus longue, est contraint de suivre l'ancien chemin, un affreux sentier de montagne.

Le premier village chinois que nous rencontrons a nom Po-Sa : une vingtaine de misérables huttes blotties au fond d'une gorge entre les rocs écroulés. Bientôt après, le défilé s'élargit sans que, pour cela, le paysage devienne plus riant. Des crêtes tailladées en dents de scie, des bancs de calcaire, des pentes pierreuses. De loin en loin seulement, quelque trace de culture, un coin de terre labourable péniblement conquis sur les éboulis et sur la broussaille.

Une heure de marche nous amenait aux premières maisons de Quang-si-Aï, bourg de six à sept mille âmes qui ne jouit pas d'une très bonne renommée. Quang-si-Aï est la résidence d'un certain général Ma, lequel, dit-on, à l'inverse de son supérieur le général Sou, d'humeur plutôt accommodante, ne nous porte pas précisément dans son cœur. Les sentiments de ce mandarin militaire auraient-ils influé sur l'esprit de la population, ou bien cette population vivant pêle-mêle avec une soldatesque recrutée Dieu sait comment, mal payée et volontiers turbulente, aurait-elle subi l'influence de ce milieu délétère? Toujours est-il qu'elle n'est pas des meilleures. Sans aller jamais jusqu'à l'hostilité ouverte, elle ne se gêne point de vous arrêter au passage, sous un prétexte ou sous un autre, et vous décocher, pendant la halte, des plaisanteries dont le sel n'a rien d'attique.

On voudrait éviter ce mauvais lieu, fût-ce au prix d'un long détour. Impossible; il n'est d'autre passage que le grand chemin, et celui-ci forme l'unique rue de la ville, une passe étroite, pavée de gros blocs mal assujettis sur lesquels les chevaux n'avancent qu'à pas comptés. A droite et à gauche, derrière les habitations, sont les dépendances, cours, parcs à bestiaux, jardins entourés de murs, de fossés ou de haies vives, tout un enchevêtrement de clôtures s'étendant de part et d'autre jusqu'à la montagne. Force est donc de nous engager entre les masures, dans l'étroit boyau où grouille une plèbe sordide et gouailleuse, d'affronter le feu des quolibets et les grimaces. Cela, d'ailleurs, n'est pas bien terrible, et nous nous frayons passage sans trop de peine au milieu des bandes de polissons dont les lazzis provoquent, chez les personnes d'âge respectable groupées sur le pas de leurs portes ou devant les échoppes, des sourires approbateurs.

Nous devions échanger ici nos deux soldats en souquenille rouge pour une nouvelle escorte. Mon compagnon m'avait prévenu qu'on ne manquerait point de mettre à profit la circonstance pour essayer de nous faire attendre en pleine rue plus ou moins longtemps, devant le corps de garde situé au milieu de la ville, à seule fin de permettre aux curieux de s'amuser un brin à nos dépens. Il ajoutait qu'en pareil cas le plus sage était de piquer des deux et de poursuivre imperturbablement son chemin sans paraître comprendre les injonctions des hommes de garde et les invectives du populaire. Il avait toujours procédé de la sorte et s'en était bien trouvé. Ainsi averti, je le suivrai de près, les rênes courtes, les genoux serrés contre la selle, prêt à appliquer l'éperon au moment voulu. Les choses se passèrent suivant le programme indiqué.

A peine arrivions-nous devant la porte que nos deux militaires nous brûlaient la politesse : notre escorte disparue, les badauds nous enjoignaient d'attendre. L'un d'eux même, joignant le geste à la parole, voulut arrêter court le premier poney et, à cet effet, lui allongeait un léger coup de badine sur les naseaux. Peine perdue; l'animal éperonné s'enlevait d'un bond, tandis que le gêneur pirouettait, rejeté assez rudement parmi la foule qui s'esbaudissait de sa mésaventure. Deux minutes après, nous débouchions sans autre incident en rase campagne, où les deux réguliers de relève ne tardaient pas à nous rejoindre à grandes enjambées. Ce n'est certes pas le poids des armes qui peut contrarier leur allure. Ils sont équipés de façon plus sommaire encore que les précédents ; le numéro 1 muni d'un sabre, le numéro 2 d'un éventail !

Et devant nous nos gaillards détalent à pas légers, leurs casaques rouge et jaune éployées dans le vent comme des ailes. On dirait, de loin, de grands papillons butinant le long du chemin sur la lisière des champs de maïs et de sorgho.

Au sortir de Quang-si-Aï, la gorge s'épanouit en vallée, le paysage devient de moins en moins sévère. Sur les pentes inférieures des monts, des cultures s'étagent; dans les fonds, un ruisselet limpide serpente sur un lit de sable et de cailloux blancs. Sur chaque rive se dressent de nombreux appareils hydrauliques en bambou pour l'irrigation des rizières : d'immenses roues à godets qui évoluent lentement et dont les plaintes de chanterelle semblent se répondre d'une extrémité à l'autre de la vallée.

La population, sans être à beaucoup près aussi dense que dans la plupart des provinces du Centre et du littoral, est moins clairsemée que dans la région montagneuse du Tonkin. Le sol est plus ingrat, mais toutes les parcelles de terre utilisable ont été mises en valeur. Les villages, les hameaux se suivent assez rapprochés et n'affectent plus, comme sur l'autre versant de la frontière, l'aspect rébarbatif d'un camp ou d'une redoute. Ici, plus de blockhaus, de fossé ni de palissade; plus de laboureurs allant aux champs la carabine sur l'épaule. Le bétail pâture en liberté ou sous la garde d'un enfant. Rien n'évoque des idées pénibles, le souci constant de la défense, l'appréhension de la maraude et du pillage. De loin en loin seulement, sur les crêtes, quelque fort tout battant neuf, mais de style rococo, ceinturé de murs à créneaux et à mâchicoulis, agrémenté de miradors à toit pointu en tuiles vernissées.

Ces ouvrages où s'est complu la fantaisie mandarine n'ont, malgré leur position dominante, quoi que ce soit de menaçant. On les prendrait plutôt pour des habitations de plaisance, pour des pagodes aériennes où d'heureux bonzes, réfugiés en plein ciel, égrènent leur chapelet dans une contemplation jamais troublée par les bruits de la terre. A ce détail près, tout respire la sécurité absolue, la paix d'un paysage idyllique. Ce contraste entre les deux côtés de la frontière s'explique aisément. Maraudeurs et pillards n'ont point coutume, que je sache, de venir du Tonkin opérer en Chine, bien au contraire. Ne serait-ce point plutôt de ces vallées en apparence si paisibles que les malfaiteurs prendraient leur course vers nos territoires, jouant double rôle, là-bas pirates, ici laboureurs?

Quoi qu'il en soit de ces suppositions, l'aspect de cette campagne est d'une quiétude parfaite. Aux approches du soir, la route s'anime : les paysans vêtus de blouses en grosse cotonnade bleu sombre qui leur donnent une vague ressemblance avec les cultivateurs de chez nous, abandonnent leur charrue primitive dans le sillon commencé, rassemblent leurs bêtes et se dirigent doucement vers leurs chaumes dont les fumées dans l'air calme montent droit vers le ciel. Marchands ambulants, portefaix, charretiers se hâtent vers l'auberge prochaine. Pendant les heures chaudes, ils ont fait halte dans un cabaret, devant la petite maison de thé plantée au haut d'une côte avec sa tonnelle où s'enchevêtrent les plantes grimpantes et qui jette au-dessus de la route un velum de feuillage. Reposés à présent, ils ont repris leur marche, abrités du soleil dans l'ombre allongée des monts.

C'est, pendant les derniers kilomètres, un défilé de véhicules étranges : chariots à roues pleines, tombereaux et brouettes, des brouettes de dimensions colossales, pesamment chargées, que quatre hommes maintiennent en équilibre et que remorquent des attelages composites. J'aperçois, tirant côte à côte, un cheval, un âne et un bœuf. Engins de transport très peu pratiques en somme, aussi encombrants qu'un fourgon et d'une instabilité rare. L'appareil qui oscille, vacille et verse quatre fois par heure en moyenne n'en est pas moins très en faveur, au Sud comme au Nord, chez les rouliers du Céleste Empire

Le soleil couché, nous étions en vue de Pin-Siang,

AUX CHAMPS.

DANS UN VILLAGE DU KOUNG-SI.

place forte de dix à douze mille âmes, de misérable apparence : un mur d'enceinte en ruine, des ruelles aux dalles disjointes, à peine praticables aux bêtes de somme. A cinq cents mètres de la ville, au moment où nous passions devant un petit tertre élevé sur la droite du chemin et que surmonte une sorte d'aire en maçonnerie fort dégradée, mon cheval fit un écart violent. Il y avait là, posée en bordure et émergeant à demi d'une vieille boîte à pétrole, une tête humaine, faciès de supplicié exposé à titre d'exemple salutaire aux regards des allants et venants. Des vols de corbeaux troublés dans leur festin tournoyaient au-dessus de nous, laissant choir parfois quelque lambeau hideux qui s'écrasait à terre et marquait la poussière du chemin d'une tache rouge. Nous nous éloignons en toute hâte de ce macabre étalage. Mais sa puanteur abominable, apportée par le vent, nous poursuivait au campement pendant une partie de la soirée.

Passé la nuit dans une vieille pagode à peu près abandonnée et très sale, à l'entrée de la ville. A peine installés, nous envoyions au gouverneur nos grandes pancartes de visite avec nos compliments. Le mandarin, une demi-heure plus tard, nous rendait la politesse et nous dépêchait un militaire, lequel avait pour consigne de veiller sur notre sommeil. J'ai remis à ce fonctionnaire une piastre pour sa peine : il s'est immédiatement éclipsé, pour revenir bientôt muni de tout ce qu'il faut pour monter agréablement sa garde : un matelas plat comme une crêpe, une lampe, une pipe et de l'opium. Il a établi sa literie au fond de la pagode, aux pieds d'un Bouddha vermoulu, a préparé sa pipette et est parti pour le pays des rêves. On ne l'a plus revu jusqu'au matin. Sa présence nous était seulement révélée par le bruit de sa petite cuisine, le grésillement de la drogue roulée en boulette sur un poinçon et chauffée à la flamme de la veilleuse.

. La nuit fut on ne peut plus calme. Pendant les premières heures, une centaine d'individus des deux sexes se pressaient à la porte et pénétraient même à l'intérieur afin d'assister à notre repas et à notre petit coucher. Curiosité pure : de malveillance pas trace; tout au plus quelques plaisanteries, d'un goût peut-être douteux, mais inoffensives. Puis, peu à peu notre public s'est dispersé, tout est redevenu silence. Étendu sur ma natte, prêt à m'endormir, je goûtais cette béatitude absolue des soirs d'étape, à la fin d'une journée de fatigue. Dans le porche demeuré grand ouvert, le vaste paysage des montagnes s'encadrait baigné d'une lumière bleue. Par les fentes de la toiture, un rayon de lune glissait jusqu'au fond du sanctuaire où, sous la poussière des siècles et les toiles d'araignée, le vieux Bouddha aux dorures moisies souriait vaguement dans la pénombre.

Au delà de Pin-Siang, avons-nous dit, il ne nous est plus permis de suivre la route neuve du général Sou. La défense, bien entendu, n'est édictée que pour les étrangers. Encore faut-il y voir moins une marque de défiance qu'une attention délicate, le désir de leur éviter de mauvaises rencontres. La route passant à travers des forts occupés par des réguliers ou soi-disant tels, on aurait craint que le voyageur européen ne fût molesté par la troupe. Cette précaution équivaut à un aveu pénible : je ne puis m'empêcher d'admirer le peu de confiance qu'inspire aux autorités de ce pays la force armée préposée partout ailleurs au maintien de l'ordre et de la sécurité. Un peu plus, j'imagine, on nous offrirait, comme naguère chez le Roi des Montagnes, quelques pirates sûrs pour nous protéger contre les gendarmes.

Nos porteurs indigènes, qui, eux, n'ont point à redouter les insultes de la troupe, continuent par la bonne route en toute liberté, ainsi que la bande des âniers et des rouleurs de brouettes. Quant à nous, il faut nous résigner à décrire un détour considérable, et par quels chemins ! Partis de Pin-Siang à l'aube, pendant plus de cinq heures nous procédions au petit pas dans le fond des vallons, entre les rizières, sur les digues étroites et glissantes ; puis escaladant les crêtes par un sentier aussi raide, par places, et non moins encombré de pierraille qu'un couloir d'avalanche, nous rejoignions, un peu avant midi, la vallée du Song-Ki-Kong. Halte d'une heure dans un hameau de cinq ou six cases qu'on eût dit suspendu en encorbellement entre la montagne aux parois verticales et la rivière. L'endroit est très isolé ; on pouvait craindre que notre arrivée ne fît événement et que nous ne fussions, plus encore que la veille, en butte aux curiosités importunes. Il n'en fut rien. Rarement j'ai rencontré population plus hospitalière et plus douce. Sans doute, les gens n'ont pas tardé à s'assembler devant la pauvre maison dont la propriétaire, une vieille bonne femme, avait bien voulu nous préparer le traditionnel et frugal lunch du voyageur sous ces latitudes : le riz et le thé. On nous observait avec un intérêt marqué, et les commentaires allaient leur train. Mais le public, si grand que pût être son désir de considérer de près les nouveaux venus, demeurait discrètement au dehors avec un savoir-vivre auquel ne m'avaient point accoutumé mes relations antérieures avec l'indigène, aux pays jaunes comme aux pays noirs.

Nous étions convenus d'achever notre voyage par eau. Précisément deux hommes, de retour de la pêche, venaient d'amarrer leur sampan et s'occupaient à faire sécher leurs filets sur la berge. Le marché fut vite conclu. Moyennant trois taëls — environ 12 francs — les bateliers nous conduiraient à Long-Tchéou, tandis que les boys suivraient, avec les chevaux, par la voie de terre.

Sans plus tarder nous embarquons. Les eaux sont très

basses ; malgré l'impétuosité du courant, et bien que l'ambarcation à fond plat cale tout au plus vingt centimètres, nous n'avançons qu'à grand'peine. Les échouages se succèdent plusieurs fois par heure. Alors l'équipage et les passagers n'ont rien de mieux à faire que de se mettre à l'eau pour alléger la barque et de combiner leurs efforts dans un traînage plus ou moins prolongé sur le sable et sur les galets. Dans ces conditions le trajet est peut-être plus lent encore que par le sentier. En revanche, on jouit mieux du paysage, vraiment grandiose. Cette haute vallée du Song-Ki-Kong, avec ses parois abruptes, ses roches posées en diadèmes au front des montagnes, sa broussaille grêle, le coloris éclatant de ses calcaires, m'a rappelé des sites dès longtemps familiers. Une fois de plus il m'est donné de constater, à des distances énormes et sous des climats bien divers, cette répétition des mêmes formes, des mêmes nuances dans un décor identique. La nature a d'étranges redites. En maint endroit, la gorge, que nous suivons sur une distance de plus de dix lieues, présente tous les caractères de ces déchirures si fréquentes dans la chaîne jurassique, du Rhin au Rhône. Cette rivière pourrait s'appeler le Doubs, l'Ain ou la Bienne. Par moments l'illusion est si complète, les contours des rives, les couleurs des rocs reproduisent si exactement un décor déjà vu, que je ne serais pas autrement surpris d'apercevoir tout à coup, dans un pli de terrain, tel village, telle ferme dont le souvenir évoqué dans ce lieu désert, au fin fond de l'Asie, sur des eaux coulant vers Macao et Canton, a je ne sais quelle saveur imprévue et singulière. Et cependant nos biefs limpides, d'un vert d'émeraude, la Bienne, l'Ain, les cluses profondes du Jura, que tout cela est loin, mon Dieu !

Les méandres de la rivière, les échouages répétés, nous ont pris beaucoup de temps. Il est près de huit heures, il fait nuit noire lorsque enfin le sampan accoste sous de grands arbres, à l'entrée d'un sentier taillé en gradins dans une berge très haute, à quelque cent mètres en amont de Long-Tchéou. Des points lumineux clignotant sur la rive opposée indiquent l'emplacement de la ville. Nous sommes à l'extrémité de la longue presqu'île formée par le confluent du Song-Ki-Kong et de la rivière de Cao-Bang.

Cinq minutes d'escalade dans le noir, à travers bois, et nous voici devant le cousulat où, malgré l'heure avancée, on nous attend pour se mettre à table. Et bientôt la cordialité de l'accueil, le charme enveloppant d'un intérieur parisien, inopinément retrouvé sous le ciel de Chine, nous ont fait oublier les menus désagréments du voyage, les faux pas sur les pentes pierreuses, les lenteurs de la navigation fluviale, les interminables pauses sur les bas-fonds, les bains forcés, les manifestations pacifiques, mais gênantes parfois de la curiosité populaire dans les bourgades et dans les villages. Les bruits de la ville, les effluves désagréables que dégage toute aglomération de Célestes, n'arrivent pas jusqu'à l'habitation consulaire. Sa situation retirée, en plein champ, entre les deux rivières, facilite, qui plus est, la surveillance et la soustrait, en cas de troubles, aux envahissements des foules.

La France est la seule nation représentée à Long-Tchéou par un consul. La position n'a de réelle importance qu'au point de vue politique. C'est avant tout un excellent poste d'observation permettant de signaler aux autorités du protectorat le moindre mouvement suspect dans la direction de la frontière sino-tonkinoise. La mission de notre consul est des plus délicates : elle exige une clairvoyance rare et toutes les qualités d'un diplomate de race. De ses attributions commerciales nous ne parlerons que pour mémoire. Les affaires traitées sur la place se réduisent à peu de chose.

J'ai souvent ouï parler de Long-Tchéou comme d'un marché de premier ordre, vaste entrepôt pour les marchandises importées à destination du Kouang-Si et du Yun-Nan : « Le commerce de Long-Tchéou ; l'avenir de Long-Tchéou ; Long-Tchéou que l'ouverture prochaine de la rivière de l'Ouest va mettre en relation directe et facile avec Hong-Kong ; la nécessité de poursuivre en toute hâte notre voie ferrée du Tonkin jusqu'à Long-Tchéou », que sais-je encore ? En réalité, Long-Tchéou n'est qu'une préfecture des plus modestes ; sa population atteint à peine vingt mille âmes. Elle ne possède aucune industrie, n'importe que juste de quoi suffire à la consommation locale. Elle exportait naguère une certaine quantité de badiane provenant en grande partie du territoire tonkinois et qui, désormais, est expédiée par chemin de fer *viâ* Lang-Son. Comparé à la plupart des cités du Céleste Empire, si affairées et si bruyantes, Long-Tchéou fait l'effet d'une ville morte.

C'est cependant un port, ce dont on ne se douterait guère à ne considérer que le peu de profondeur de la rivière, le faible tonnage et le petit nombre des embarcations amarrées à la berge. Une douzaine de jonques, des sampans de pêche, c'est là toute la flottille. A vrai dire, le mot port, dans le sens que lui donnent les traités et l'administration des douanes impériales, n'implique pas, de toute nécessité, le voisinage immédiat de l'Océan ou d'une voie navigable. C'est ainsi que Ya-Toung, dans l'Himalaya, sur la frontière du Sikkim et du Tibet, et, dans le Yun-Nan, Mong-Tzé, situé à quinze cents mètres au-dessus du niveau de la mer, sont classés parmi les « ports ».

Le trafic de celui-ci n'est pas très actif. Je n'en veux d'autres preuves que les chiffres relevés sur le rapport officiel des douanes chinoises. D'après le *Trade Report and Return* pour l'année 1894, la valeur totale des importations directes de l'étranger se serait seulement élevée, pendant cet exercice, à 153,133 taëls, c'est-à-dire à environ 600,000 francs. Il semble résulter de cette évaluation que le mouvement d'affaires est presque insignifiant. Aussi avait-il été un moment question de supprimer purement et simplement cette station douanière.

En ce qui concerne la branche inférieure du Si-Kiang, par laquelle on accède à Long-Tchéou, considérée comme une voie de pénétration dans les provinces du Sud-Ouest, il suffit de remarquer que cette artère, navigable pendant les hautes eaux, c'est-à-dire durant trois ou quatre mois, est praticable uniquement pour la batellerie indigène. Le contraire m'avait été affirmé au Tonkin par des gens de très bonne foi : l'un d'eux, revenant de Long-Tchéou, prétendait même y avoir vu des embarcations à vapeur. L'erreur est très explicable. On a pu, à distance, prendre pour de petits steamers les trois canonnières chinoises qui sont censées faire la police de la rivière et certaines jonques spécialement affectées au transport des voyageurs. Ces bâtiments en effet ressemblent, dans leurs grandes lignes, à des chaloupes du type *mono-roue*. Le malheur est qu'ils sont mus tout simplement par une équipe de coolies pédalant à qui mieux mieux. Mécanicien et chauffeur sont remplacés par des... cyclistes. En fait, le terminus de la navigation à vapeur est Nanning-Fou, situé à plus de cent lieues en aval. Aucune chaloupe n'est encore montée à Long-Tchéou, et pour cause. Désirant prendre une photographie de la ville vue de la rivière, j'ai eu toutes les peines du monde à mettre à flot une barque : bientôt, de guerre lasse, je me décidais à l'abandonner échouée en plein courant et à poursuivre ma promenade à pied ; à peine avais-je de l'eau jusqu'aux chevilles.

Long-Tchéou n'est point un centre commercial et industriel : ce n'est pas davantage un lieu de transit, du moins pour le moment. La situation peut se modifier du tout au tout d'ici à quelques années lorsque la voie ferrée de Lang-Son aura franchi la frontière. La ligne, au surplus, n'aura toute sa valeur qu'à la condition d'être prolongée bien au delà de Long-Tchéou, d'une part dans l'est jusqu'à Nanning sur la frontière du Kouang-Tong, d'autre part jusqu'à Pé-Sé, à une soixantaine de lieues dans le nord-ouest, aux confins du Kouang-Si, du Yun-Nan et du Kouéi-Tchéou. En effet, à l'encontre d'une opinion trop souvent émise, il ne me paraît pas que notre unique objectif doive être de desservir les régions limitrophes du Tonkin, le Kouang-Si et le Yun-Nan, provinces dont peut-être on s'est exagéré quelque peu les ressources. Certes, s'il fallait s'en tenir à la lecture des cartes et itinéraires dressés par certains explorateurs de nationalités diverses, prompts aux enthousiasmes, documents où fourmillent des annotations alléchantes telles que : *terrains carbonifères, aurifères, argentifères, mines de rubis*, etc., etc., ces contrées seraient tout simplement la terre promise, Eldorado, Ophir. La réalité est moins brillante. A n'en pas douter, le sous-sol est des plus riches. Mais combien d'années s'écouleront avant qu'il soit permis de l'exploiter par les procédés européens ? Nul n'ignore à quel point sont tenaces les préjugés et les superstitions populaires, notamment le *Fêng-Shui*, les billevesées relatives à l'esprit du vent et des eaux, au Dragon souterrain, qu'on ne saurait taquiner ni déranger dans ses habitudes sans danger grave pour le pays. Aussi, que de précautions dès qu'il s'agit de remuer une motte ! Le laboureur ne creuse pas un sillon ; c'est à peine s'il égratigne le sol, crainte que le soc ne blesse un monstre invisible et vindicatif. De même on se gardera bien de pratiquer des fouilles avant de bâtir. Les maisons n'ont point de fondations ; celles-ci sont le plus souvent remplacées par de larges pierres en forme de socles sur lesquelles reposent les piliers de bois ou de maçonnerie et en général tout le gros œuvre de l'édifice. Dans les charbonnages que les Chinois exploitent aux environs de Péking, le mineur attaque le filon avec des délicatesses infinies, pratiquant des incisions timides, s'insinuant à plat ventre dans des galeries pareilles à des trous de rat. Forer des puits profonds, employer la dynamite? Autant d'attentats qui rendraient leurs auteurs justiciables de la colère des dieux et des hommes. Longtemps encore, selon toute probabilité, les entreprises minières conduites suivant nos méthodes seront difficilement tolérées en Chine, si ce n'est à titre exceptionnel, sur quelques points du littoral. Dans le Far-West de l'empire, les résistances seront plus difficiles à vaincre.

A part leurs richesses minières, ces provinces si vastes sont plutôt pauvres : elles comptent parmi les moins peuplées de la Chine et ne renferment, à elles deux, que quatorze millions d'habitants. C'est plus loin, au delà du Kouei-Tchéou, sur la rive gauche du Yang-Tsé, au Sè-Tchouen, que sont les terres fécondes, des populations de soixante à quatre-vingts millions d'âmes, la clientèle à conquérir. A cet égard, Pé-Sé, situé sur le bras supérieur de la rivière de l'Ouest ou You-Kiang, est déjà un centre important. Les marchandises arrivent partie de Hong-Kong et de Canton, par le You-Kiang, partie par Shanghaï et les ports du Yang-Tsé, d'où elles sont acheminées par voie de terre, à dos de bête ou à dos d'homme, en trente ou quarante jours. Le trajet de la côte à Pé-Sé, par l'un ou l'autre de ces itinéraires, exige deux à trois mois en moyenne. Par le chemin de fer tonkinois et son prolongement il s'effectuerait aisément en trois ou quatre jours. Il est donc permis de supposer que la ligne aurait chance de détourner à son profit une bonne part du trafic. Ce projet est dès maintenant à l'étude. Ses promoteurs ne verraient, dans la section de Long-Tchéou, qu'une simple amorce ; la concession a été demandée jusqu'à Pé-

Sé et Nanning; lorsque ces lignes parviendront en France, il y a lieu de croire que les pourparlers engagés à ce sujet avec le gouvernement chinois auront abouti. Les circonstances étaient favorables. Au lendemain du conflit sino-japonais, après notre amicale intervention, qui eut pour effet de faire restituer à la Chine la presqu'île de Liao-Tong, notre diplomatie devait être courtoisement écoutée. Cet état de choses durera-t-il? Aura-t-il pour effet d'assurer à l'industrie française l'établissement et l'exploitation de la première voie ferrée pénétrant au cœur de l'empire? Cela se pourrait.

Si mince que soit son importance commerciale, Long-Tchéou n'est point dépourvu d'intérêt. La contrée environnante est assez pauvre, en ce sens qu'on retire du sol tout ce qu'il peut donner; le produit suffit tout juste à faire vivre le cultivateur. Mais la position de la ville, au centre d'un immense cirque montagneux de près de cent kilomètres de tour, est d'un pittoresque achevé. Il est, à n'en pas douter, des sites autrement agréables sans venir chercher si loin. Très peu, en revanche, affectent un caractère aussi tranché, un coloris plus intense. Dans cet horizon tumultueux, qui fait songer à une mer brusquement solidifiée au plus fort d'un coup de typhon, on cherche en vain à reconnaître les dépressions livrant passage aux deux rivières; on se demande, non sans surprise, comment on est venu, par où l'on sortira. Le paysage, par la singularité des tons et des formes, a je ne sais quoi d'artificiel. Cela rappelle les enluminures de potiche, les montagnes figurées par des protubérances bleuâtres sur l'étendue de la plaine ou du ciel.

Comme la plupart des cités chinoises, Long-Tchéou est divisé en deux parties tout à fait distinctes : la ville marchande et la ville mandarine. Cette dernière est environnée d'une muraille crénelée qui ne paraît avoir été mise là que pour le plaisir des yeux, une enceinte pour rire, comme celle où les enfants font évoluer leurs soldats de plomb; gondolée, éraillée ni plus ni moins qu'un vieux paravent et pas beaucoup plus résistante, j'imagine, en cas d'attaque. Au-dessus de ce rempart se profilent les arêtes incurvées des yâmens, des pans de toitures que décoraient jadis des frises en terre cuite ou en bois ajouré, où maintenant foisonnent les herbes folles.

La ville marchande et bourgoise est située au bord du fleuve que, par endroits, les habitations surplombent d'une vingtaine de mètres. Perchées sur pilotis ou sur des culées de pierres, on les prendrait, à distance, pour le front d'une troupe montée sur des échasses. Sur la rive droite, face à la ville, sont de petits temples, des kiosques de structure élégante plantés parmi les roches. De loin le décor est joli. Dès qu'on approche, tout se désagrège : c'est l'abandon, la ruine, la tristesse des décadences sans remède. Cela même a-t-il jamais été neuf et pimpant? On se représente difficilement une Chine dans tout l'éclat de la jeunesse, avec des laques et des ors immaculés, des rues vierges d'immondices, de brillants cortèges défilant en bon ordre. Il semble que, dans le recul des siècles comme aujourd'hui, cet énorme édifice social devait avoir quelque chose d'inachevé, d'incohérent et de funambulesque; majestueux et biscornu tout à la fois, singulier mélange de splendeurs et d'oripeaux défraîchis, de fantaisie ailée et d'abjection excrémentielle. Ici l'incurie et l'ordure sont à cette heure ce qu'elles étaient il y a mille ans, ce qu'elles seront demain, toujours. C'est, à cette extrémité du continent, de même que dans l'Asie antérieure, l'Orient superbe et loqueteux, le triomphe du haillon, la guenille éternelle.

Parcouru la ville, de jour et aux lanternes. Population fort mêlée : l'élément Tò prédomine, mais moins vigoureux que dans les campagnes, déjà rongé par la sanie des promiscuités sordides. Çà et là seulement quelques types moins difformes, des visages de fillettes et de bambins, épanouis et rieurs sous leur crasse. L'ensemble est plutôt repoussant. Les rues, bien entendu, tiennent lieu d'égouts et de dépotoirs. Le marché est misérable; les boutiques, sortes d'antres sombres, n'offrent qu'un choix d'articles extrêmement restreint : des colonnades, des poteries et des porcelaines communes importées de Canton.

Comme pour accuser davantage le contraste, toujours si frappant en Chine, entre les mots et les choses, ce dédale de ruelles puantes a reçu des appellations poétiques que l'on croirait empruntées à la carte du Tendre. J'ai traversé le *pont de la Paix assurée*, parcouru dans toute sa longueur la *rue du Bonheur conjugal*, pénétré dans la *rue des Souhaits*, enfilé la *rue des Parfums*. Celle-ci, vous vous en doutez, fleure tout autre chose que l'iris ou la marjolaine. En sortant de la rue des Souhaits, je n'ai point manqué d'en exprimer un : ne jamais y remettre les pieds.

Visite au taotaï, un préfet très âgé, très ridé, très cassé, comme il sied au premier magistrat d'une ville aussi décrépite. Le vieillard m'a paru triste. Au moment de nous retirer, nous avons cru devoir lui dire combien nous nous réjouissions des dernières nouvelles annonçant que la paix était enfin rétablie entre la Chine et le Japon. Alors ce fut une explosion de douleur véritable et inattendue de la part d'un mandarin toujours soucieux de sauvegarder les apparences. La Chine avait été vaincue, la Chine acceptait sa défaite. Tout était possible à présent. C'était à bref délai la convulsion suprême, la fin du monde! Le digne homme exagère.

Le consul, un chancelier interprète, un garde de milice, quatre fonctionnaires des douanes impériales, dont un médecin, en tout sept personnes, telle est la colonie européenne de Long-Tchéou. Les Français y sont en majorité, attendu qu'à la douane nous comptons deux de nos compatriotes : le deuxième commissaire et le docteur. Les deux autres agents sont : un Américain, chef du poste, et un Anglais, troisième commissaire. Seul le consul de France est logé de façon convenable. Quant à la douane, elle occupe, à l'entrée de la ville, un temple à demi ruiné, ouvert à tous les vents. Ce n'est point une résidence, mais un campement, et des plus rudimentaires. La guerre a retardé la construction d'un bâtiment pour le personnel. L'heure est au provisoire et à l'économie; les projets d'installation définitive ont été remis à des temps meilleurs. Étrange est l'impression produite par ce petit groupe d'Européens séparés du reste du monde, dans les montagnes du Kouang-Si. La frontière du Tonkin est proche; on est en définitive à moins de quarante-huit heures d'un chemin de fer. Et cependant on éprouve une sensation d'isolement suprême, d'exil très lointain.

Après trois journées passées à Long-Tchéou, je quittais le consulat et mon aimable hôte, M. Dejean de la Bâtie. Celui-ci vient d'être nommé consul à Mong-Tsé, où j'aurai plaisir à le revoir dans quelques mois, lorsque mes pérégrinations à travers la Chine me conduiront de la vallée supérieure du Yang-Tsé vers le Yun-Nan. C'est la caractéristique de ces relations nouées outre-mer : on se sépare pour six mois, pour un an, comme si l'absence devait durer une couple d'heures; on se fixe des rendez-vous à des centaines de lieues, à deux ou trois cents jours de date. Le plus curieux, c'est que l'on se retrouve, au jour et à l'heure dite, sans plus d'étonnement que si l'on s'était quitté la veille. Dans cet Orient où rien ne se fait vite, il semble que peu à peu s'émousse la notion du temps et de la distance.

En selle avant le jour. Au moment où, la vallée franchie, je gravissais les premières pentes, le soleil se levait sur le vaste cirque de Long-Tchéou noyé de vapeurs rosées d'où les pitons émergeaient comme des îlots sur la mer matinale. Et je songeais que tout arrive ; bientôt peut-être le sifflet de la locomotive dissiperait la mélancolie qui pèse sur ces campagnes recluses où le silence n'est encore troublé que par le grincement d'un char à buffles, la voix d'un batelier, le chant monotone des haleurs attelés à la cordelle, le murmure des eaux courantes au fond des gorges. Évidemment, de tous les conservateurs, le Chinois est le plus endurci, le plus incoercible. Il ne prête qu'avec une méfiance extrême l'oreille aux invites de la civilisation occidentale. De prime abord, tout changement ne lui dit rien qui vaille. Il met du temps à se faire une opinion. Mais une fois persuadé que l'innovation doit, en fin de compte, tourner à son profit, il la fait sienne. Il ne boude plus le télégraphe ni les steamers. Lui-même s'est fait armateur ; ses paquebots, ses chaloupes sillonnent les mers et les rivières, de Singapore au Pé-Tchili. Ses préventions à l'égard des chemins de fer tomberont de même. Le jour où il les croira de nature à servir sérieusement ses intérêts, le sens pratique du commerçant et du spéculateur parlera plus haut que les superstitions séculaires. Alors les convois bondés de voyageurs jaunes circuleront librement en dépit du Fêng-Shui, en dépit du Dragon, en dépit des Ancêtres, dussent ces derniers tressauter d'horreur dans leurs tombes.

EN AMONT DE LONG-TCHÉOU.

BATELIER DU SONG-KI-KONG.

CHAPITRE VI

DANS LA VALLÉE DU SONG-THUONG. — A LA CROIX-CUVE
LIER. — UN PROTECTORAT AGRICOLE.

Juillet.

Ma dernière quinzaine au Tonkin, au moins pour cette saison. Voici l'été, l'humide chaleur, les nuits sans brise, nuits d'insomnie, plus pénibles que les journées. Après huit mois d'excursions indo-chinoises, on se prend à souhaiter non le repos, mais une fraîcheur relative, un autre ciel que n'incendie point, dès le petit matin, un implacable soleil, de nouveaux horizons aux teintes plus douces, d'autres frondaisons que les aréquiers et les bambous. Mais ceci n'est pas un adieu. Ne me reste-t-il pas à parcourir, après le plantureux Delta, après le Yen-Thé et Lang-Son, les frontières montagneuses du Yun-Nan, la haute vallée du fleuve Rouge? Dans quelques mois je les atteindrai, arrivant du nord cette fois après avoir, s'il plaît à Dieu, traversé de part en part le Céleste Empire, remonté le fleuve Bleu sur deux mille quatre cents kilomètres, battu les sentiers du Sé-Tchouen, vu Tchoung-King et Tcheng-Toû, la grande cité de l'Ouest plantées sur les contreforts des monts tibétains. Actuellement, le mieux est de se réfugier dans le Nord, vers le Japon, et d'y attendre patiemment l'automne, époque la plus favorable pour aller à Péking prendre mes passeports.

En dépit de la canicule, ces quinze jours compteront parmi les plus agréables que j'aie passés dans les colonies. Au retour de mon excursion dans le Kouang-Si, la charmante hospitalité du vice-résident de Phu-Lang-Thuong, M. Quennec, me retenait une semaine; puis l'occasion m'était offerte de visiter une très importante et fort curieuse exploitation agricole, le domaine de la Croix-Cuvelier, dans la vallée du Loch-Nam.

S'il est un reproche qu'on ne puisse faire au Tonkin, c'est de manquer d'imprévu. A l'inverse de ce qui a lieu dans la plupart de nos colonies intertropicales où l'existence se traîne tant soit peu monotone et comme alanguie sous l'influence du climat, le retour des mêmes heures appelant les mêmes actes, les mêmes bavardages sur des thèmes presque invariables avec une précision quasi mécanique, ici les jours se suivent et ne se ressemblent guère. L'imprévu? Il est partout : dans les êtres et dans les choses, dans le décor comme dans les acteurs. D'une minute à l'autre, les impressions varient, les imaginations s'emballent sur une piste nouvelle. Lors de mon départ pour Long-Tchéou, j'avais laissé Phu-Lang-Thuong fort calme, dans sa quiétude de coquette petite ville provinciale, où le chemin de fer récemment inauguré met une pointe d'animation joyeuse. On escomptait avec un certain orgueil l'avenir. Dans les cercles et devant les cafés les conversations roulaient sur le rendement futur de la ligne; on fixait des dates, des chiffres. On parlait commerce, transit, colonisation, de tout enfin, si ce n'est piraterie et pirates.

Depuis trois semaines, quel changement! Désormais il n'était plus question que de maraude et d'embuscades. Le crépuscule venu, on ne pouvait, paraît-il, s'aventurer pour prendre le frais, au bord de la rivière, à quelque cent mètres de la ville, sans courir le risque d'être détroussé ou enlevé bel et bien. Fût-ce en plein jour, disait-on, les chemins n'étaient plus sûrs. Même la route de Phu-Lang-Thuong à Bac-Ninh, ces dix-huit kilomètres de belle chaussée où circulent du matin au soir, en files interminables, cavaliers et piétons, portefaix, paysans se rendant au marché, chars à buffles, pousse-pousse et brouettes, cette route si passante, si peu propice aux guets-apens, déroulée sur la plaine à perte de vue, au grand soleil, était elle-même assez mal famée. La prudence voulait qu'on ne s'y risquât pas sans escorte. Dissimulés parmi ces foules, de mauvaises gens rôdaient : l'inoffensif porteballe, le charretier d'apparence débonnaire pouvaient se transformer soudain en agresseurs redoutables. Telles étaient maintenant les rumeurs pessimistes qui agitaient la jolie bourgade aux maisons blanches allongée au bord du Song-Thuong.

En fait, la situation, sans être des meilleures, ne justifiait point tant d'alarmes. Il y avait bien eu, quelques semaines auparavant, une échauffourée déplorable à Bach-Ninh. Sur les dix heures du soir, des voleurs avaient pénétré par effraction chez un marchand chinois dont ils saccageaient la boutique. Attirées par les hurlements du volé, quelques personnes étaient accourues. Les malfaiteurs dérangés dans leur besogne, de battre aussitôt en retraite, mais non sans faire, au préalable, le coup de feu, au petit bonheur. La décharge avait été meurtrière. Trois des intervenants gisaient au milieu de la rue, deux tués raide, l'autre grièvement atteint. De plus, un certain nombre d'individus, épaves de la troupe de Ba-Ky que la colonne dirigée par le colonel Gallieni venait de débusquer de son repaire à Ké-Thuong, s'étaient rabattus sur le Delta, cherchaient à fuir, mais, serrés de près par la milice, à bout de ressources, mourant de faim, erraient dans le pays, aux environs des villages, prêts à toutes les audaces que l'instinct de la conservation suggère aux désespérés. Enfin, une sécheresse de près de sept mois et, par suite, la perspective d'une maigre récolte n'avaient pas peu contribué à éveiller chez quelques-uns des cultivateurs les plus menacés l'idée de s'indemniser par avance sur le bien d'autrui. Autant de motifs plus que suffisants pour expliquer l'insécurité momentanée des routes et les inquiétudes des honnêtes gens. De là à un mouvement sérieux il y avait loin. La situation sans doute était troublée, mais non point critique, tant s'en faut. Des actes de simple brigandage tels qu'il s'en produit trop souvent ailleurs qu'ici, dans des sociétés mieux policées ; des méfaits isolés n'impliquant nullement chez leurs auteurs une action concertée, l'obéissance à un chef. Rien de la grande piraterie armée en guerre, des bandes organisées en commandite, à la chinoise, pour les enlèvements d'Européens, analogues à celles qui naguère opéraient dans le Yen-Thé et le Caï-Kim, sur les chantiers de la ligne de Lang-Son, à celle qui, en avril dernier, s'emparait de la famille Lyaudet, à Ké-Bao. De vulgaires détrousseurs, brigands de petite marque travaillant chacun pour son compte, un laisser-courre de malandrins, quelque chose comme un vol de sauterelles apporté par un vent d'orage et que la prochaine brise emportera.

C'est précisément dans ces périodes de malaise qu'il est intéressant d'étudier la physionomie du pays et de l'habitant. Aussi ai-je accepté de grand cœur l'invitation qui m'est faite par mon aimable hôte de l'accompagner pendant une de ses tournées : une rapide chevauchée de trente à quarante kilomètres dans la vallée du Song-Thuong. Nous pousserons jusqu'au grand village fortifié de Dao-Quan et reviendrons par Kep.

A cheval dès l'aube avec nos six hommes d'escorte.

Cheminé d'abord pendant une heure et demie, sur les digues étroites entre les rizières, au hasard des sentiers capricieux qui serpentent à travers les champs de ricin et de maïs. Ensuite côtoyé la rivière profondément encaissée, aux berges de glaise taillées à pic.

L'aspect de la campagne est triste à mourir ; la sécheresse a tout dévasté. Et cependant il semble qu'avec tant soit peu d'initiative et de vouloir, le travail de l'homme eût pu réussir à atténuer dans une large mesure les ravages du fléau. Une portion de ces terres serait aisément irrigable au moyen de ces appareils élévatoires de structure si simple tels que j'en ai vu à chaque pas dans le Kouang-Si. Là-bas aussi la saison s'annonçait menaçante, la sécheresse sévissait impitoyable. Mais le long des biefs profonds les immenses roues à godets évoluaient, envoyant aux échos leur plainte de chanterelle, jour et nuit, sans trêve. Et l'eau de courir, de s'épandre de rigole en rigole, les jeunes pousses de monter dru, les carrés de cultures inondés se détachant sur l'horizon brûlé des montagnes comme une parure d'émeraudes serties dans l'or. Ici également l'eau est proche, le bambou géant se propage sur les rives avec une vigueur d'herbe folle. En quelques heures, le premier venu, jouant du coupe-coupe, eût construit le moteur et les accessoires. Mais non. Nul ne paraît y songer. On préfère attendre docilement l'aide des puissances invisibles, l'effet des conjurations et des sortilèges. La rivière s'écoule inutile, tandis qu'au loin, dans les pagodes, devant les bouddhas ventrus, le gong résonne, la fumée des baguettes odorantes monte en spirales vers le ciel sourd. En cela s'affirme le caractère passif de la race : laborieuse cependant, comptant pour peu de chose le temps et la peine, et, avec cela, lorsqu'il lui plaît, d'une ingéniosité réelle. Mais, avant tout, patiente, soumise, acceptant avec une résignation égale la tyrannie des éléments et celle de l'homme.

Nous traversons un premier village-redoute, Xuan-Man, que protègent des remparts de terre battue, des haies de bambous enchevêtrés, des fossés, des chevaux de frise, tout un système de palissades très compliqué.

Le chef est venu au-devant de nous et nous accompagne jusqu'aux limites de son territoire. Son nom est Bang-Ching. Autrefois l'un des lieutenants du Dé Than, il faisait, en cette qualité, partie de la bande qui, en mars 1894, enleva M. Chesnay en attaquant le train non loin de Kep et tuant ou blessant une quarantaine de personnes. Aujourd'hui il a, comme son ancien patron, pris sa retraite. Remis en possession de son titre et de ses biens, il mène une existence de gentleman farmer. L'homme a la figure pateline, le regard faux. Il est assez élégamment vêtu d'une tunique de soie mauve et monte un joli cheval.

Onze heures. Le soleil pique terriblement. Nous approchons de Dao-Quan. Voici d'abord le marché, très animé. Le village est à deux kilomètres plus loin. L'usage est que, presque partout, les marchés soient établis à une certaine distance des localités. Mesure de précaution contre la piraterie. Dans ces réunions populaires, des mécréants peuvent en effet survenir en nombre, sous des déguisements quelconques, se mêler à la foule sans attirer les soupçons, puis, à un signal convenu, se grouper et procéder à une razzia en règle. Les conséquences seraient autrement graves si la réunion se tenait dans le village même. En ce cas, non seulement les étalages, mais encore les habitations seraient à la merci des bandits.

Dao-Quan est une véritable petite forteresse. Près de la poterne, des factionnaires font bonne garde. Dans l'enceinte se trouvent de grands parcs à bestiaux, des greniers à riz, des cultures potagères très étendues, de vastes jardins. La place pourrait soutenir un long siège.

Le chef, ou comme on le désigne ordinairement, le *commandeur* de Dao-Quan a nom Ngùyen Van Cé. Son véritable titre est *Bam Bièn* (chef de la rivière). Lui et sa famille nous furent toujours dévoués. L'habitation et ses dépendances, d'une propreté rigoureuse, donnent une idée assez nette de ce que devait être le genre de vie d'un riche Annamite des anciens jours. Une vie d'une simplicité presque patriarcale, non sans grandeur. La maison du maître au centre, clef de voûte de l'édifice. Alentour, la domesticité, libre d'allures, tout en conservant jusque dans ses familiarités une nuance de respect. Gens et bêtes allant, venant comme bon leur semble; des cuisines immenses avec des foyers où pourrait rôtir un bœuf, des hangars où soixante chevaux s'ébattent parmi des monceaux d'herbe fraîche, des porcheries grouillantes, des étables aussi spacieuses que des temples où, dans la pénombre de la toiture surbaissée reposant sur d'énormes piliers en bois dur, quarante paires de buffles aux cornes démesurées, le regard béat, ruminent.

Je ne sais par quelle singulière association d'idées la vue de cet intérieur m'a fait songer aux *Récits des temps mérovingiens*. Il en devait être ainsi chez Clodion et chez Mérovée, chez les chefs chevelus aux tresses blondes qui traquaient l'auroche, sablaient l'hydromel, rassemblaient autour d'eux leurs troupeaux et leur maisonnée et, assis sur des blocs de chêne, la hache au flanc, devant le brasier où grésillait la venaison, au milieu de leurs hommes d'armes, de leurs fauconniers, de leurs valets de charrue évoquaient dans leurs causeries les jours de chasse et les jours de bataille.

Déjeuné chez le Bam Bièn, jeune homme de mine avenante, tout de blanc vêtu, en signe de deuil. Son père est mort il y a trois mois. L'appartement du défunt a été tendu de draperies blanches couvertes de caractères. Ces inscriptions célèbrent des vertus, les principaux épisodes d'une longue carrière; ou bien ce sont encore des maximes tirées des classiques, des citations de Confucius et de Dja-Nin, des formules propitiatoires extraites des livres bouddhiques. Au fond de la pièce d'entrée, sur une sorte d'autel où des faisceaux de baguettes d'encens, s'effritant en braise dans les brûle-parfums de bronze, mettent des lueurs de chapelle ardente, est placée la tablette qui personnifie l'absent. La chambre est ouverte, accessible à tous, à toute heure du jour, au maître comme à la valetaille, qui viennent rendre hommage à l'ancêtre divinisé par la mort. Dans ces blancheurs, une seule note vive : au-dessus de la tablette, sur la tenture immaculée se détachent le ruban rouge et la croix de la Légion d'honneur que l'ancien Bam Bièn avait reçus en récompense de son inaltérable fidélité et des services rendus à la cause française. Le vieillard, semble-t-il, toujours présent bien qu'invisible, participe encore à la vie commune et, par la porte grande ouverte sur la cour ensoleillée, surveille les allées et venues des serviteurs, la rentrée des récoltes, l'entretien des animaux, le lent défilé du bétail revenant, le soir, des pâturages ou du labour. Ces aménagements funéraires sont installés pour de longs mois. Trois années durant, la chambre mortuaire restera parée de la sorte. Et ce deuil n'est point triste; pour ces gens, la famille est encore au complet, rien n'est changé dans la maison.

Comme la nuit tombait, nous étions de retour à Phu-Lang-Thuong, après une course de dix lieues, sans avoir fait de mauvaise rencontre.

Cependant il n'est guère de jour où l'on n'arrête aux abords de Phu-Lang-Thuong quelque individu à figure patibulaire. Le rôdeur est amené à la Résidence, puis, après un interrogatoire sommaire, va prendre place dans la geôle qui commence à être assez bien garnie. Mais quels pauvres pirates, Seigneur! Délabrés, hâves, miséreux, traînant des haillons extraordinaires. En vérité, ce métier-là n'enrichit pas son homme.

Et leurs armes! Un choix de ferrailles des plus variés, de quoi faire la joie d'un collectionneur. Celui-ci porteur d'un vieux pistolet d'arçon, celui-là d'un coupe-choux. D'autres trimbalent des lances; quelques-uns n'ont que des triques. Le dernier qui a comparu possédait pour tout instrument de travail une perche en bambou au bout de laquelle flottait le pavillon du protectorat. Esprit inventif auquel répugnaient les procédés vulgaires, le vol banal à main armée, il avait trouvé plus ingénieux d'établir à son profit un droit de péage sur le Loch-Nam. Tranquillement installé sur le seuil de sa paillote au bord de l'eau, il guettait l'approche des embarcations indigènes. Point de mise en demeure brutale, point de menaces. Il se bornait à hisser son pavillon et à enjoindre, avec un sérieux imperturbable, au propriétaire de la jonque ou du sampan, d'avoir à avancer à l'ordre pour « acquitter les droits ».

Je ne sais quel économiste anglais prétendait avoir procédé non sans succès à l'expérience suivante. Il avait fait fixer sur sa porte un tronc orné d'une plaque où étaient gravés ces simples mots : *Ici l'on souscrit*. Pour qui, pour quoi cet appel de fonds? Questions oiseuses. Toujours est-il qu'il affirmait n'avoir jamais ouvert la boîte sans y découvrir quelque monnaie, parfois même une somme assez ronde. Les bateliers du Loch-Nam, paraît-il, ne témoignaient pas plus de curiosité que les bourgeois londoniens et s'exécutaient d'aussi bonne grâce. La barque accostait, et le patron déposait, sans surprise aucune, un certain nombre de sapèques entre les mains du gabelou improvisé. Cet état de choses durait depuis quatre ans et aurait duré bien davantage si notre homme n'avait eu l'idée fâcheuse de vouloir mettre à contribution les habitants du village situé sur l'autre rive, juste en face de sa cahute. Ceux-ci jusqu'alors avaient été exempts de tous droits et, par suite, laissaient faire, s'inquiétant peu que des étrangers eussent à payer pour naviguer sur la rivière. Peut-être même trouvaient-ils l'opération des plus ingénieuses et tenaient-ils son inventeur en haute estime. Mais, du jour où ils se virent molestés, ce fut une autre affaire. Ils poussèrent des cris d'aigle, et la milice avertie vint cueillir le péager. Ce dernier ne paraît pas affecté outre mesure par ce dénouement qu'il devait prévoir. Il est actuellement préposé, sous la surveillance d'un milicien, à l'arrachage des mauvaises herbes dans le jardin de la Résidence; il accomplit sa tâche sans entrain, mais avec une philosophie parfaite.

Ces brigands ont peu de linge, des armes dérisoires. Tous, en revanche, ont des papiers, des paperasses, à profusion, des liasses de pièces compromettantes au point de ne laisser aucun doute sur la profession exercée par leur possesseur. Jamais, chez nous, gibier de cour d'assises ne serait assez naïf pour garder sur lui, précieusement serré dans sa ceinture, un document où se liraient des indications de ce genre : « Le porteur de la présente se nomme un tel. Il doit se présenter sur notre ordre, chez Mme une telle, propriétaire, à l'effet de lui faire signer quelques billets de complaisance. » Ici c'est différent. Les papiers saisis sur le coquin disent en termes explicites qui il est, d'où il vient et ce qu'il va faire. Cela est exprimé le plus souvent en style pompeux, agrémenté de titres et de grades imaginaires, mais fort net. Témoin le billet que voici. Je l'ai transcrit, mot pour mot, sous la dictée du traducteur :

« Tiën-Quàn Chanh Canh Binh (le colonel des troupes

« de l'avant-garde) ordonne à ses hommes de se présenter
« au hameau de Lac-An, du village de Hoong-Vàn, chez
« Bà Xuong, pour exiger de celle-ci une somme de
« 50 piastres et deux rouleaux de soie en crêpon noir.
« Car, dans cette maison, il y a des étrangers qui s'y sont
« installés pour faire leur commerce. La propriétaire est
« dans l'aisance, attendu qu'elle dépense assez d'argent. Si
« elle refusait d'obéir ou si elle tardait à satisfaire à cette
« exigence, elle serait mise en état d'arrestation, avec
« cangue au cou, pour m'être livrée.

« Les porteurs de cet ordre pressant se nomment Dac
« et Trac. L'ordre est destiné à Bà Xuong. »

Notez que les susdits Dac et Trac, chargés de transmettre cette requête et, le cas échéant, de s'emparer de la destinataire récalcitrante afin de l'emmener, *la cangue au cou*, ne disposaient à eux deux, pour appuyer leurs dires, d'autre argument persuasif qu'un antique mousquet auquel manquaient le chien et la gâchette. Avec cela, pas fiers du tout, Dac et Trac, émaciés par de fréquents jeûnes et fort dépenaillés. Si ces gaillards-là constituent les troupes de l'avant-garde, que peut bien être le gros de l'armée? J'ignore si Dac et Trac ont réussi dans leur mission. C'est très possible. Rien de plus étrange que la facilité avec laquelle deux loqueteux n'ayant pour arme qu'un fusil démantibulé, parfois même seulement une paire de gourdins, parviennent à terroriser tout un village. Au lieu d'empoigner les gredins et de les conduire sous bonne escorte au violon le plus proche, les habitants se laissent faire, donnent ce qu'on leur demande. J'ai vu des moutons regimber davantage sous les ciseaux du tondeur. Si ces populations, en immense majorité honnêtes, laborieuses, mais d'une passivité désespérante, avaient seulement conscience de leur force et apprenaient à faire, au besoin, leur police elles-mêmes, la piraterie aurait vécu ou du moins serait fort malade. C'est une éducation qui vaut la peine d'être essayée, et toute tentative en ce sens est intéressante au premier chef.

Aussi désirais-je vivement visiter la vaste concession de M. Thomé, dans la vallée du haut Loch-Nam. Le domaine s'appelle la Croix-Cuvelier, la ferme étant située à quelques pas du monument élévé à la mémoire du capitaine Cuvelier et des soldats français tués en 1885 en donnant l'assaut aux positions chinoises. L'habitation fortifiée a été construite sur l'emplacement même de l'ancienne redoute. Là se poursuit depuis trois années une expérience extrêmement curieuse de grand métayage qui a réussi au delà de toute espérance.

Le système adopté consiste à fixer sur la concession une population indigène, subvenir à ses besoins, lui donner du riz pour se nourrir au début en attendant la première récolte, lui fournir des semences, des buffles, des instruments agricoles et les matériaux nécessaires à la construction des villages, lui rendre la confiance, la protéger enfin, dans le sens vrai du mot, la mettre en état de se protéger elle-même s'il le fallait. En retour de ces avances, de la prospérité et de la paix assurées, on demande aux cultivateurs une part de leur récolte et des journées de travail destinées à être consacrées tant à l'établissement et à l'entretien des routes qu'à des essais de cultures riches entreprises suivant des méthodes inconnues de l'indigène.

En juin 1893, quatre villages comprenant soixante-cinq familles étaient déjà créés aux environs de la ferme installée depuis huit mois à peine. Les avances en bétail, semences, outillage agricole, s'étaient élevées à environ 6,000 francs. Un an après, à la première récolte, les habitants versaient une redevance en nature de 35,000 kilogrammes de paddy évaluée à 1,800 francs.

En présence des résultats si vite obtenus, d'autres familles d'accourir; les demandes d'admission affluaient. C'est alors que, sur la proposition du colonel Gallieni, commandant le 1er territoire militaire, M. de Lanessan, gouverneur général de l'Indo-Chine, prit une mesure que pourront critiquer les partisans de la centralisation à outrance, mais de nature à favoriser singulièrement le développement de cette entreprise coloniale. La concession, détachée du 1er territoire militaire, devenait un canton distinct placé sous l'autorité directe de M. Thomé. Celui-ci cumulerait les fonctions d'administrateur, de juge de paix et d'agent du fisc. Ce colon prendrait des arrêtés, aplanirait les litiges, ferait rentrer l'impôt. C'était un protectorat dans le Protectorat, mais un protectorat d'un nouveau genre, ce qu'on pourrait appeler un protectorat agricole. L'effet produit fut décisif. Une commune de 1,000 habitants, Tam-Ry, demandait et obtenait que son territoire fût englobé dans la concession de la Croix-Cuvelier. Le domaine comprend, à l'heure actuelle, dans ses 5,000 hectares, 22 villages, 400 familles, une population désormais fixée, d'autant plus confiante et dévouée qu'elle échappe à l'autorité mandarine, dont les exigences sont parfois dures. Cette superbe vallée, naguère une des régions les plus désolées du Tonkin, dépeuplée par la piraterie et que sillonnaient les bandes circulant entre les massifs montagneux du Bao-Day et du Dong-Trieu, est aujourd'hui parfaitement paisible. Les villages se multiplient, les cultures s'étendent, les rizières reverdissent, l'homme reprend possession de la terre abandonnée.

J'avais écrit à M. Thomé pour lui annoncer ma visite. Deux jours plus tard, je le voyais arriver à Phu-Lang-Thuong dans sa petite charrette anglaise, et le lendemain, de bon matin, nous étions en route. La distance est de 40 kilomètres. A la limite de la concession, au village de

Tam-Ky, nous prenons congé de notre escorte, inutile à présent. Les bandits ne se hasardent plus dans ces parages où le paysan a appris à faire bonne garde et à défendre son bien.

Tandis que nous roulons, j'interroge mon aimable compagnon au sujet de l'administration intérieure du domaine, sur les cultures qu'il croit possible d'entreprendre, sur le revenu moyen, et mille autres choses encore. Et, tout en poussant son cheval, il répond à mes questions de la meilleure grâce du monde. Notre idée, me dit-il, c'est de créer, avec un capital déboursé peu important, une réserve de main-d'œuvre et, pour ainsi dire, un accumulateur de travail. Pour les travaux agricoles qui demandent des soins méticuleux, qui exigent la répartition, par petits groupes, des travailleurs sur des champs souvent éloignés des uns des autres, la main-d'œuvre des coolies payés à la journée n'est pas pratique : le coolie, généralement paresseux et insouciant, ne travaillera bien qu'autant qu'il se sentira surveillé ; il faudrait donc, en employant ce système, engager un personnel de surveillants européens nombreux et très coûteux. En outre, le coolie est un être essentiellement nomade ; on est exposé à le voir quitter la plantation au moment où une récolte est à faire, la besogne urgente. En employant, au contraire, une population fixée définitivement sur notre sol, nous avons toujours affaire aux mêmes travailleurs, nous pouvons les dresser, perfectionner leurs méthodes, les intéresser à la production en leur laissant une part de la récolte qu'ils font pour nous et en leur achetant cette part.

— Un servage atténué.

— Mon Dieu ! oui. Les habitants de la concession sont mes serviteurs et se considèrent eux-mêmes comme tels. Je ne fais qu'appliquer, d'une manière plus paternelle, le régime auquel des siècles de féodalité les ont accoutumés.

— Et le rendement?

— Un hectare de rizière donne, comme rendement, suivant les années et la qualité du terrain, de 1,000 à 4,000 kilogrammes. En prenant pour base le chiffre minimum, la concession peut produire par an 1 million 1/2 de kilogrammes. Il faut 300 kilogrammes de riz pour la nourriture d'un homme pendant un an; dans les moins bonnes années le domaine pourrait donc nourrir cinq mille personnes. J'ajouterai que nos gens ne s'adonneront pas exclusivement à la culture du riz. Une fois les anciennes rizières remises en valeur et agrandies sur tous les terrains disponibles de la plaine, la population peu à peu entreprendra, sur les terres élevées, de cultiver le coton à longue soie, le ricin vivace, le jute, le pavot à opium, le café, le tabac, que sais-je! Il n'y aura plus alors qu'à lui acheter ses produits. Nous les obtiendrons ainsi à plus bas prix que par la culture directe à l'aide de coolies payés à la journée. Quant au revenu moyen du métayage en ces contrées, je vous dirai qu'étant donnée, par exemple, une avance de capitaux de 20,000 francs, on peut compter sur une redevance annuelle de 5 à 6,000 francs en récolte. En ne demandant comme travail que vingt journées d'hommes par an et par famille, chiffre très modéré, je pourrais disposer de 6,000 journées pour les essais directs de diverses cultures. Ces redevances en travaux représenteraient certainement 2 à 3,000 francs. En outre, mes villages construisent et entretiennent les ponts, les routes, les chemins d'exploitation, exécutent tous mes transports.

— Et ces corvées ne sont pas trop impopulaires?

— En aucune façon. L'usage en est établi chez ces peuples de temps immémorial. D'ailleurs, afin qu'on s'y prête de bon cœur, je délivre généralement une ration de riz par jour et par travailleur ou quelque autre gratification en nature, telle que du vin de riz, un panier de thé ou de poisson sec, après achèvement d'un travail d'ensemble, route, transport de marchandises ou défrichement. Les indigènes sont très sensibles à ces petites générosités qui ne coûtent pas cher et auxquelles leurs mandarins ne les avaient pas habitués. Je puis ainsi obtenir beaucoup. Tenez : j'ai fait exécuter en 1893 plus de 10 kilomètres de chemins d'exploitation de 2 mètres de large, sans bourse délier.

— Mes compliments!

Tout en causant, nous étions arrivés à la Croix-Cuvelier et descendions de voiture pour gravir la rampe assez raide qui conduit à l'habitation. Celle-ci est située sur un mamelon isolé du haut duquel le regard embrasse un panorama superbe : toute la vallée du Loch-Nam, la rivière sinueuse et limpide, les croupes imposantes du Bao-Day et du Dong-Trieu où de larges espaces découverts échancrent les forêts, à la façon des prés-bois de nos régions alpestres. Le paysage, au déclin du jour, a des demi-teintes exquises.

La ferme et ses dépendances sont entourées d'une enceinte palissadée et d'un fossé. La maison tient de blockhaus, en ce sens que les pièces du rez-de-chaussée ne prennent jour que par des meurtrières. C'est là que, le repas du soir achevé, nous nous enfermons. Aucun domestique n'habite dans le corps de logis principal; boys et gardiens ont leurs logements particuliers à quelques pas de là, près de l'enceinte. Mesure de prudence, indispensable dans les premiers temps, aujourd'hui passée en habitude, mais parfaitement superflue, les cinq mille hectares de la concession jouissant, depuis de longs mois, d'une sécurité complète.

J'ai passé là deux charmantes journées, parcourant les défrichements, visitant les nouveaux villages où les allures franchement cordiales de la population, les figures épanouies attestent la confiance revenue, une prospérité réelle. Tous ces gens-là ont déjà une réserve de paddy, suffisante pour parer aux éventualités d'une récolte mauvaise; des buffles dans leurs étables, du bien au soleil. Ils ne sont plus hantés par la crainte du pirate, et malheur au bandit qui s'aventurerait sur leurs terres. C'est un coin de vie patriarcale inattendu et bien curieux, cette petite province tonkinoise, absolument autonome, travailleuse, paisible, dirigée par un seul homme, par un simple particulier! L'innovation est vraiment heureuse et fait honneur à ses promoteurs. Cela ne signifie point, tant s'en faut, qu'elle pourrait être tentée partout avec le même bonheur. Le succès, en pareil cas, dépend des circonstances et, surtout, de l'homme. Cependant il n'est pas douteux que des mesures analogues, prises avec prudence, auraient chance de donner de bons résultats sur d'autres points de la colonie. C'est ainsi qu'une concession a, tout récemment, été obtenue par MM. Gobert aux environs de Than-Nguyên à l'effet de procéder à une expérience du même genre. Il y a tout lieu de croire que, là-bas comme ici, elle sera concluante.

L'administration de ce protectorat agricole est la simplicité même. Les villages de la concession forment autant de communes ayant chacune, à leur tête, un maire et des notables, sorte de conseil municipal. Un chef de canton choisi parmi les maires a l'autorité sur tous les villages. Lui-même relève directement d'un grand chef, M. Thomé.

Un détail m'inquiétait, je l'avoue. Des avances en argent, bestiaux, semences, instruments agricoles, voilà qui est bien; mais si le colon, une fois nanti, déménageait à l'improviste! Renseignements pris, ces défections ne sont pas à craindre, et cela pour une bonne raison. Chaque commune constitue une sorte de ferme dont tous les habitants sont solidaires. En France, l'unité de ferme ou de métayage est une famille : ici, cette unité est un village, un groupe de familles. Les avances sont faites à la commune; le maire et les notables en effectuent la répartition. Un compte est ouvert à chaque village; y sont inscrites, d'une part, toutes les avances consenties au fur et à mesure des besoins; d'autre part, les redevances fournies en récoltes ou en travail. Une famille pourrait disparaître sans tenir ses engagements. La chose est impossible avec un village entier. Une pareille agglomération ne pourrait décamper en bloc. Si quelques familles étaient tentées de le faire, les autres, responsables de la dette, sauraient bien les en empêcher.

Telle est, dans ses grandes lignes, l'organisation du travail à la Croix-Cuvelier. Quant à la sécurité et à la police, elles sont assurées en premier lieu par l'habitant lui-même. Les villages ont reçu des armes; chaque localité possède de six à dix fusils suivant son importance. Ensuite, le soin de maintenir le bon ordre et la paix est confié à cinquante *linh-cô* (milice mandarine). Cette troupe a été recrutée, équipée par le gouvernement. Leur solde reste à la charge du chef de la concession. Ces hommes dépendent de lui seul, fournissent les gardes nécessaires et des veilleurs de nuit aux villages éloignés, pour peu que les émissaires signalent des rôdeurs dans la montagne. Ils prennent part, qui plus est, à tous les travaux, font le service de la ferme, de la poste, des écuries, s'occupent à l'entretien des bâtiments et du matériel. Plusieurs se sont spécialisés : tel est faucheur, tel autre charpentier, berger. Enfin, le soldat laboureur.

La veille du départ je restai bien avant dans la soirée à parler de toutes ces choses avec mon hôte, assis en plein air, devant la maison, sous la nuit bleutée par le clair de lune. Puis la conversation tomba, et, longtemps encore, nous demeurâmes ainsi, immobiles, sans nous apercevoir de la marche des heures, sans nous douter qu'il était déjà plus de minuit. Il y a de ces moments où le silence semble la suprême douceur. Je pensais à cet homme assis près de moi, perdu lui aussi dans des rêves, à cet homme dans toute la force de l'âge, d'une distinction rare, qui, depuis de longs mois, vit seul ici, loin des êtres chers, de sa jeune femme et de ses enfants. Ceux-ci attendent en France le moment d'aller le rejoindre, et ce moment paraît proche. Le domaine est sûr maintenant, l'habitation prête.

Je songeais aussi aux changements opérés en si peu de temps dans cette vallée qu'ensanglanta une guerre farouche, où traînent encore, dans les sillons, des débris d'armes, des douilles vides, des lambeaux d'équipement et d'uniformes, tout le décrochez-moi ça hideux de la bataille.

La nuit était d'une paix souveraine, d'une tiédeur que tempérait un souffle de brise tombant des cimes du Dong-Trieu. Un frisson passait sur les rizières; de loin en loin, un appel de veilleur, le grelot de bois d'un buffle à l'entrave, rien de plus. Sur le mamelon, à la place où tombèrent le capitaine Cuvelier et ses hommes fauchés par les balles chinoises, la croix se dressait, très blanche, comme agrandie sous la lueur astrale. Non, ce n'est point en vain que ces braves ont succombé. De la terre qui but leur sang monte l'espoir des moissons prochaines. Et c'est la paix, cela, le renouveau, le recommencement éternel, la mort vaincue, la vie de demain qui s'élabore sur les tombes.

***

Quelques heures encore, et j'aurai quitté le Tonkin. Déjà mon embarcation s'engage dans la dernière boucle du Lach-Tray; Haïphong émerge de la brume matinale.

Au départ de Phu-Lang-Thuong, les autorités du protectorat avaient bien voulu mettre à ma disposition une petite chaloupe à vapeur, ce qui m'a permis de visiter les parties extrêmes du Delta; une excursion de huit jours, qui en eût exigé vingt par les bateaux des correspondances fluviales. J'ai vu Nam-Dinh, Ninh-Binh, Phu-Li, parcouru, à Ké-So, le vaste établissement agricole et scolaire des Missions, les carrières de marbre et la belle exploitation caféière de MM. Guillaume : 400,000 pieds en plein rapport. Cette plantation montre ce que de patientes études, des capitaux judicieusement employés, une volonté inébranlable peuvent obtenir de cette terre tonkinoise si merveilleusement variée, tour à tour plaine alluviale où le riz foisonne, puis sol montagneux, propice à la culture du thé de l'Inde et du moka. Elle indique aussi ce que des initiatives intelligentes retireront quelque jour de l'Annam trop oublié.

Voici ensuite, sur un sol mouvant, parmi les ajoncs et les marécages, tout près du golfe dont on entend le flot fouetter la grève, le grand village de Phât-Diêm, ou plutôt une série de villages; une population de quinze mille âmes gouvernée par une sorte de prince-abbé, le père Sixt, vénérable Annamite élevé par la cour de Hué à la dignité de mandarin de première classe avec le titre d' « envoyé du roi », et qui m'a souhaité la bienvenue dans la langue de Cicéron. Communauté étrange, bien ignorée des touristes, en dépit de sa monumentale église de style composite, moitié basilique, moité pagode, amenée pierre à pierre des monts du Thanh-Hoa, par les canaux, sur des radeaux de bambous. Ignorée, malgré ses immenses cultures de roseaux, son industrie si active, ses ateliers-paillotes où tout un peuple est occupé à tisser les nattes multicolores expédiées de là sur Hong-Kong, d'où elles partiront pour la France sous le nom de nattes de Chine.

Maintenant, à perte de vue, c'est la mer, la mer ondoyante, d'un bleu pur, pailletée de flammes. Tandis que, dans la lumière réverbérée, le bâtiment poursuit sa route, je m'efforce d'analyser mes sensations du Tonkin. L'impression éprouvée peut se traduire en quelques lignes : une magnifique possession trop longtemps dénigrée, à laquelle, semble-t-il, on rend enfin justice, bien que ce retour d'opinion reste, en fait, purement platonique. On parle beaucoup du Tonkin et, quoi qu'on dise, on y vient peu. C'est à peine s'il y a ici, défalcation faite de l'élément militaire, deux mille Français; et, dans le nombre, les quatre-vingt-dix-neuf centièmes sont des fonctionnaires ou des marchands au détail établis dans les villes. Au point de vue de la multiplicité des postes administratifs, le Tonkin n'a plus rien à envier à la Cochinchine. Les agents de tout grade s'y précipitent. De cette catégorie de colons nos colonies n'ont jamais manqué et ne manqueront jamais. Mais les autres, les vrais, ceux qui cultivent, créent quelque chose avec leur argent ou leurs bras, combien sont-ils? Une quinzaine. Et les succès dus aux efforts de cette poignée d'hommes font regretter davantage qu'ils trouvent si peu d'imitateurs. On ne les suit guère de France autrement que par la pensée et par la parole. On se dépense en projets, en évaluations, en statistiques bourrées de chiffres. La plupart colonisent surtout à domicile et n'ont pas souvent foulé le pont d'un bateau. Pendant la période de conquête, c'est une autre affaire; les volontaires affluent. C'est à qui partira ; on refuse du monde. L'expédition terminée, les gens et les capitaux ne passent pas volontiers l'isthme de Suez.

On ne saurait sérieusement alléguer que si l'esprit d'entreprise fait défaut, cela tient à l'état même du pays, lequel manque de voies de communication et n'offre point encore, au point de vue de la sécurité, des garanties suffisantes. En fait, il existe peu de colonies naissantes où les travaux de premier établissement incombant à la mère patrie aient été accomplis dans une mesure plus large. Il reste évidemment beaucoup à faire. Mais l'essentiel existe. Le pays est ouvert, facilement accessible, suffisamment sûr. Lorsqu'il s'est agi de frayer la route au colon, la France ne s'est pas montrée inférieure à d'autres peuples réputés experts en l'art de mettre en valeur leurs conquêtes exotiques. La sécurité est désormais tout aussi complète en Indo-Chine que sur nombre de points des possessions britanniques. Des routes ont été créées, des services réguliers de bateaux à vapeur établis sur tous les cours d'eau. Les postes de la milice et la gendarmerie assurent d'une façon, je ne dirai pas absolue, — la perfection n'est pas de ce monde, — mais, à tout prendre, satisfaisante, la protection de la propriété urbaine et rurale. L'industriel et le cultivateur trouveraient au Tonkin, pour la tranquillité de leurs exploitations, sinon les mêmes garanties qu'en Europe, du moins des conditions à peu de chose près aussi favorables que dans beaucoup de contrées sur lesquelles afflue l'émigration anglo-saxonne, allemande ou batave.

En vain voudrait-on donner comme excuse aux hésitations des aspirants-colons l'état par trop rudimentaire des moyens de transport, l'absence de voies ferrées. Il serait aisé de répondre qu'ailleurs le mouvement colonial ne s'est point laissé arrêter par des *impedimenta*. Les planteurs de thé de la vallée de la Kangra ou de l'Assam n'ont pas attendu, pour commencer leurs défrichements, la venue des ingénieurs. Lorsque je parcourais Java, il y a de cela treize ans, la plupart des lignes qui desservent à présent la grande île étaient encore à l'état d'ébauche ou de projet. Cependant les colons avaient pris les devants, portant déjà la hache dans les forêts de l'intérieur, multipliaient dans les Préangres les plants de caféiers et de quinquina. Le Tonkin et l'Annam, même à l'heure présente, ne sont pas beaucoup plus mal desservis que tant d'autres pays où les entreprises coloniales et industrielles s'étendent d'année en année : la presqu'île de Malacca, l'archipel de la Sonde, Bornéo, les Célèbes et les Moluques. A quoi donc faut-il attribuer l'indifférence qu'on leur témoigne dans la pratique? Car Dieu sait qu'en théorie ils ont déjà cause gagnée. Ils sont légion, ceux qui les apprécient, en célèbrent la valeur par la voie du livre ou de la conférence.

La vraie raison, — n'ayons point honte de l'avouer, — c'est que, plus que les autres peuples, nous subissons la tyrannie très douce, le tout-puissant attrait du sol natal, de ce terroir sur lequel s'est formée la race. Hardis pour l'aventure et pour la découverte, nous ne répugnons point aux expéditions lointaines. Mais l'absence prolongée, l'émigration, l'installation définitive sous un autre climat, sous un autre ciel, la famille déracinée, transplantée au delà des mers, cela nous donne à réfléchir. L'épreuve nous est plus pénible qu'à nos voisins d'outre-Manche et d'outre-Rhin. Faut-il, en définitive, nous plaindre ou nous féliciter de ce qui constitue l'un des traits marquants de notre tempérament national? Émigrer est chez nous le fait d'un petit nombre, d'une élite si l'on veut. Ceux-là mêmes qui la saluent, au départ, de leurs discours approbateurs ne se décident point encore à la suivre ; ce sera pour plus tard, dans un avenir plus ou moins vague. Ils iront peupler les possessions françaises quand la France aura fait l'impossible pour y assurer au « vaillant pionnier » l'existence facile, plantureuse, exempte des soucis qui assombrissent la vieille Europe, lorsqu'en un mot l'existence coloniale sera comme un avant-goût du paradis. Cela demandera du temps.

Si l'on pouvait adresser un reproche à la métropole, ce n'est point d'avoir, depuis notre installation au Tonkin, négligé les intérêts de ce facteur hypothétique et si ardemment désiré : le colon. Peut-être, en revanche, ne s'est-elle pas assez préoccupée de l'indigène pour qui les bienfaits du protectorat se sont surtout traduits par l'augmentation des impôts et des corvées. Telle est l'impression que j'avais rapportée de mes premières excursions dans le Delta. Elle ne s'est pas modifiée avec le temps. Dans les projets d'emprunts, dans les programmes de travaux publics, à côté des sommes affectées aux docks, appontements, à des chemins de fer qui ouvriraient aux colons l'accès d'un sanatorium ou de territoires propices aux cultures riches, je cherche en vain mention quelconque de travaux d'une urgence non moins manifeste et intéressant d'une manière plus immédiate nos millions de sujets asiatiques : travaux d'irrigation ou de défense contre les eaux sauvages, réouverture et entretien des anciens canaux, construction de digues, que sais-je (1)?

---

(1) Ces entreprises d'utilité première si longtemps différées vont enfin recevoir un commencement d'exécution. Dans la séance du 24 décembre 1898, le Sénat, sur le rapport de la Commission des finances, adoptait un projet de loi déjà voté par la Chambre et relatif à l'emploi du reliquat de l'emprunt de 80 millions de francs contracté par le Protectorat de l'Annam et du Tonkin en vertu de la loi du 10 février 1896. Sur les 6 millions constituant le solde disponible, le projet affecte une somme de 2,500,000 francs à des irrigations, dessèchements et autres travaux utiles à l'agriculture.

Le Delta tonkinois, qui devrait être, avec la Cochinchine, un des plus grands marchés d'exploitation du riz, ne suffit même plus à l'alimentation régulière du paysan annamite. Le Tonkin, l'une des régions les plus fécondes et les mieux arrosées de la terre, reste sous la menace de ces deux fléaux alternés : l'inondation et la sécheresse. Il est dur de penser que, pour combler les vides de cet ancien grenier d'abondance, nous en sommes trop souvent réduits à importer du riz cochinchinois ou japonais. Les chemins de fer, il est vrai, en cas de mauvaise récolte, permettront dans une certaine mesure de prévenir la disette en amenant promptement les grains sur les régions menacées. Le plus simple serait, par un judicieux aménagement du régime des eaux, de n'avoir plus à compter avec cette éventualité redoutable. Le chemin de fer d'ailleurs ne peut suffire à tout. L'Inde anglaise abondamment pourvue de voies ferrées n'en a pas moins connu tout récemment les horreurs de la famine. Ceci, par parenthèse, tendrait à prouver que tout n'est pas pour le mieux dans cette administration des colonies britanniques dont on met en lumière les mérites sans en divulguer les tares.

Il est assurément très légitime et très sage de solliciter l'attention d'un public qui s'intéresse de trop loin aux choses coloniales, de dresser à son intention l'inventaire de territoires réputés propices à ce qu'on est convenu de désigner sous le nom de cultures riches : le thé, le cacaoyer, la vanille, etc., etc. Je ne puis cependant m'empêcher de songer que ces affirmations reposent en grande partie sur de simples conjectures. Combien, parmi les rédacteurs de rapports officiels, eurent l'occasion d'étudier en personne ces sortes d'exploitations? On croirait, à les lire, que l'agriculture est la chose la plus simple du monde, un jeu d'enfant. Il n'en est pas ainsi; même en Europe, hélas! J'en prends à témoin tous ceux qui, faisant valoir leurs terres, savent par expérience ce que suppose d'aléas et de soucis l'aménagement d'un carré de vignes ou d'un champ de blé. Subsister, que dis-je ! — s'enrichir du produit de la terre est une tâche plus délicate encore sous le tropique. Ce qui m'a toujours frappé, lors de mes séjours dans l'Amérique centrale, à l'Équateur, au Pérou, au Brésil, c'est la somme d'énergie et de patience, la grandeur de l'effort, l'importance aussi des capitaux exigés par les entreprises agricoles.

Un détail aussi me ferait supposer que les données relatives à l'acclimatation possible de tel ou tel plant sur telle ou telle zone sont fournies un peu à la légère : je veux parler de la complaisance avec laquelle on s'étend sur les aptitudes par trop multiples de ces terrains privilégiés. On insistera non seulement sur les qualités du sol, mais encore sur les avantages qu'il présenterait sous le rapport sanitaire, sur l'altitude, le climat tempéré. Il conviendrait, paraît-il, tout à la fois aux cultures riches nécessitant une mise de fonds considérable et à la petite culture à la portée des colons peu fortunés. Ces conditions semblent s'exclure. Leur réunion sur le même point du globe, dans les régions intertropicales, constituerait un fait d'une importance exceptionnelle. Tout porte à croire qu'il y a loin de ce rêve à la réalité.

Certes les cultures riches ont du bon. Toutefois ne négligeons pas la culture indigène et vulgaire, peu prestigieuse, d'un médiocre effet pour la réclame, mais peu dispendieuse. C'est sur elle que devra surtout compter la majorité des colons futurs. C'est du limon fécond des fleuves, c'est de la boue des rizières que pourra naître quelque jour la prospérité tonkinoise.

Ces colons viendront-ils jamais ? J'en ai le ferme espoir, je voudrais dire la certitude. Non pas que je raisonne en pessimiste et que je méconnaisse les ressources latentes de cet admirable pays trop délaissé. Mais enfin force m'est de constater que jusqu'ici, en dépit des avantages offerts à l'immigrant, en dépit de la sécurité de moins en moins douteuse, malgré des moyens de communication imparfaits encore et trop lents, mais relativement aisés, les amateurs n'abondent point. Un chiffre s'impose, significatif et brutal. Quinze colons, faisant véritablement œuvre coloniale. Car — je ne saurais jamais assez le répéter — il m'est difficile de considérer comme tels les négociants au détail de Hanoï et d'Haïphong, collectivité respectable, très digne d'intérêt, mais ne contribuant guère au développement économique du pays. Il paraît qu'en exprimant cette opinion, j'ai mécontenté un certain nombre de nos compatriotes du Tonkin. Ce m'est un chagrin réel d'avoir froissé, sans le vouloir, de fort braves gens. Mais je ne puis en vérité, par égard pour des amours-propres peut-être un peu trop chatouilleux, accorder à ces citadins un titre auquel ils ne sauraient prétendre, quels que soient d'ailleurs leurs mérites.

Quinze colons! Ce n'est guère. Au prix que nous a coûté notre conquête, chacun de ces pionniers de la première heure représente une jolie somme. Je veux admettre qu'ils seront avant peu suivis de beaucoup d'autres. Il serait également à souhaiter que notre grande industrie jusqu'alors hésitante consentît à honorer d'un regard moins défiant le champ d'action que lui réserve la France indo-chinoise. Peut-être, après tout, n'attend-elle pour se décider que l'ouverture de quelques voies de transport plus rapides. Néanmoins, il est très remarquable que dans cette question même des chemins de fer, où elle est appelée à jouer un rôle des plus actifs, son initiative n'apparaît point. Tandis que je poursuivais mon tour d'Asie, un important programme de travaux publics a été élaboré en Indo-Chine. A l'heure où paraîtront ces pages, le Parlement aura, selon toute vraisemblance, autorisé l'emprunt de 200 millions demandé par le Gouvernement Général pour l'accomplissement de ces grands desseins. Sans entrer dans la discussion des divers projets, il est loisible de faire observer que, parmi les lignes à l'étude, plusieurs présentent surtout, à l'heure actuelle, un intérêt politique ; par suite, leur exploitation ne peut manquer d'être onéreuse, du moins au début. Il en est, par contre, et notamment — pour n'en citer qu'une — la ligne de Hanoï à la frontière d'Annam par Nin-Binh et Nam-Dinh, dont le trafic promet d'être considérable et des plus rémunérateurs. S'il est admissible que l'industrie privée laisse au gouvernement le soin de construire les voies coûteuses et d'un rendement problématique, comment s'expliquer qu'elle n'ait point sollicité comme une faveur le droit d'établir à ses frais et d'exploiter une ligne de près de 400 kilomètres destinée à desservir les régions les plus peuplées et les plus fertiles du Delta? Une telle abstention souligne avec une ironie cruelle le peu d'enthousiasme ou, pour parler net, la timidité regrettable des capitaux français à l'égard des entreprises coloniales. C'est là un symptôme fâcheux dont les plus optimistes sont bien forcés de tenir compte et qui n'a rien d'encourageant pour l'avenir.

Mais à quoi bon insister? Qu'il s'agisse d'opérer sur la terre ferme ou sur l'Océan, l'initiative individuelle est également rétive. Voyez sur ces mers ; parmi tous ces vapeurs qui font le grand cabotage de Tien-Tsin à Singapore, combien battent pavillon français? Chaque jour, nous croisons des Anglais, des Allemands, des Américains, des Norvégiens, des Danois. Je cherche en vain sur l'horizon quelque navire de commerce arborant nos trois couleurs. Au millier de caboteurs anglais, aux trois cents allemands, nous n'avons à opposer annuellement que les cinquante-deux paquebots-poste des Messageries maritimes. Qui donc nous empêche de commercer dans ces eaux, de faire comme les gens de Christiania, de Brême ou de Hambourg? Je ne veux pas dire les grandes compagnies de navigation, mais tels petits bourgeois, rentiers, boutiquiers qui se cotisent, achètent un steamer de rencontre, embauchent un équipage bigarré et envoient le bâtiment sillonner les mers lointaines d'où il ne reviendra jamais. Pourquoi ne pas agir de même? La faute, a-t-on répété maintes fois, en est à nos règlements maritimes qui exigent un personnel de commandement et un équipage composés pour les trois quarts de marins français. Dans de pareilles conditions, les frais seraient considérables. Le moyen de faire concurrence à des bateaux naviguant avec des équipages indigènes très peu payés?

Or, il existe — on ne semble pas s'en douter — une circulaire du ministre de la marine en date du 25 novembre 1885 qui reconnaît la nécessité d'accorder certaines facilités aux bâtiments appartenant au moins pour moitié à des Français et qui, naviguant exclusivement dans les mers lointaines, ne rentrent pas en France. « Ces navires, y est-il dit, sont autorisés à arborer le pavillon français sous la seule condition d'obtenir de l'autorité consulaire ou coloniale un permis de navigation et d'être commandés par un capitaine français. » Un Français, pas davantage; les matelots peuvent être de toutes les nationalités et de toutes les couleurs. J'ajouterai que ce document n'est que le rappel d'une circulaire de 1865. Trente ans! Il ne paraît pas que nos compatriotes se soient beaucoup hâtés de mettre à profit ces tolérances.

Non, la vérité est que l'on n'est point mal en France; là, plus qu'ailleurs, il est possible, avec des ressources modestes, de s'assurer un certain bien-être. Pourquoi dès lors courir le monde quand on peut vivre tranquillement de ses petites rentes? Le malheur est que cet état de choses ne durera pas toujours. L'intérêt de l'argent tend à diminuer d'année en année. Un homme était riche : ses fils sont tout au plus à leur aise; les petits-fils vivront chichement. Le jour où l'existence deviendra par trop dure dans la mère patrie, il faudra bien chercher pâture au dehors. Le remède serait ainsi dans l'excès même du mal. Alors peut-être nos arrière-neveux n'auront plus le chagrin de voir nos colonies trop vides, notre pavillon trop rare sur les mers.

TABLE

A Monsieur Adrien Hébrard, directeur du Temps.

PREMIÈRE PARTIE
COCHINCHINE. — CAMBODGE. — SIAM.

CHAPITRE PREMIER
Sensations d'arrivée. — Cochinchinoiseries. — Une séance du Conseil colonial. — Saïgon de jour et aux lanternes. . . 1

CHAPITRE II
Paysages de banlieue. — Sur le Donnaï. — Les rapides de Trian. 24

CHAPITRE III
Chez les Moïs. 38

CHAPITRE IV
De Saïgon à Pnom-penh. — La route d'Angkor. 57

CHAPITRE V

Angkor. 80

CHAPITRE VI

Bangkok à vol d'oiseau. 99

DEUXIÈME PARTIE

ANNAM.

CHAPITRE PREMIER

La Côte de Fer. — Tourane et les Montagnes de Marbre. — Sur la route mandarine. 125

CHAPITRE II

Hué et ses environs. — Les missions d'Annam. — Kim-Long. — Une foire laotienne. 147

CHAPITRE III

Logis royaux. — La fête du printemps. — Une représentation de gala à la cour de Hué. 164

CHAPITRE IV

Silhouettes mandarines. — Chez le prince Touli. — Un repas de noces. — Nguyên-Trong-Hiép. — Les impressions de voyage du troisième Régent. 195

TROISIÈME PARTIE
AU TONKIN.

CHAPITRE PREMIER
Les approches. — Haïphong. — La baie d'Along. — Hongay et Kébao.......................... 213

CHAPITRE II
Hanoï................................... 234

CHAPITRE III
Sur la route du Yen-Thé. — Chez le Dé-Than. — Un pirate retiré des affaires..................... 249

CHAPITRE IV
Le premier chemin de fer tonkinois. — De Langson à la Porte de Chine........................ 266

CHAPITRE V
Dans le Kouang-Si. — Long-Tchéou............ 280

CHAPITRE VI
Dans la vallée du Song-Thuong. — A la Croix-Cuvelier. — Un protectorat agricole..................... 301

12 Juillet

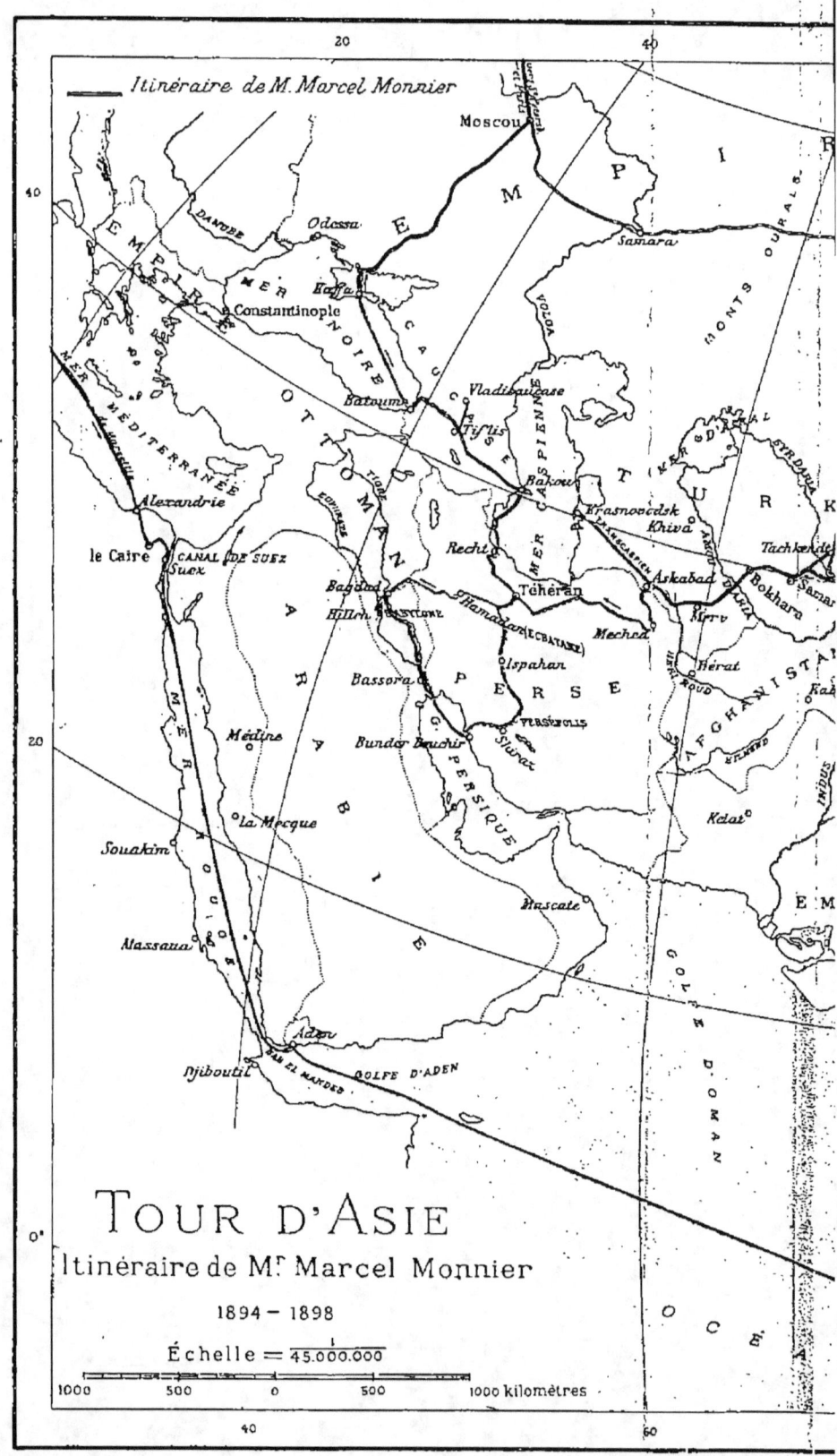

PARIS

TYPOGRAPHIE DE E. PLON, NOURRIT ET Cie
Rue Garancière, 8.

A LA MÊME LIBRAIRIE :

Souvenirs d'Annam, par BAILLE, ex-résident de France à Hué. Un vol. in-18. Prix. 3 fr. 50

Le Royaume d'Annam et les Annamites. Journal de voyage de J.-L. DUTREUIL DE RHINS. 2ᵉ édition. Un joli vol. in-18 avec cartes et gravures. Prix. . . . . 4 fr.

Au Tonkin. Un an chez les Muongs. *Souvenirs d'un officier*, par Frédéric GARCIN, ancien lieutenant d'infanterie de marine. Un vol. in-18, accompagné de gravures et de cartes. . . 4 fr.

Au Tonkin et dans les mers de Chine. Souvenirs et croquis (1883-1885), par M. ROLLET DE L'ISLE, ingénieur de la marine. Un beau vol. in-8º illustré de plus de 500 dessins en noir et en couleur, élégamment relié. Prix. . . . . 12 fr.

Un voyage au Yunnam. par le docteur Louis PICHON (de Shanghaï). Un vol. in-18 accompagné d'une carte. . 3 fr. 50

Du Tonkin au Havre. *Chine — Japon — Iles Hawaii — Amérique*, par Jean D'ALBREY, ancien élève de l'École polytechnique. Un vol. in-18 accompagné de cartes. Prix. . . . . . . 3 fr. 50

Un voyage au Laos. par le docteur E. LEFÈVRE, membre de la mission Pavie. Un vol. in-18 avec trente-deux gravures et une carte. Prix. . . . . 4 fr.

Le Fleuve Bleu. Voyage dans la Chine occidentale, par Gaston DE BEZAURE, interprète-chancelier en Chine. Un vol. in-18 enrichi de gravures et d'une carte. Prix. . . . . 4 fr.

Chine et Extrême-Orient, par le baron G. de CONTENSON, ancien attaché militaire en Chine. Un vol. in-18. Prix. 3 fr. 50

Les Japonais, leur pays et leurs mœurs. — Voyage autour du monde, par le comte Raymond DE DALMAS, avec une préface de Henri DUVEYRIER, vice-président de la Société de géographie. Ouvrage orné de gravures et accompagné d'une carte. Un vol. petit in-8º. Prix. . . . . 5 fr.

Pékin. *Souvenirs de l'Empire du Milieu*, par Maurice JAMETEL, chargé du cours de langue chinoise à l'École des langues orientales. Un vol. in-18. Prix. . . . . 3 fr. 50

Voyage de la corvette « la Bayonnaise » dans les mers de Chine. par le vice-amiral JURIEN DE LA GRAVIÈRE, de l'Académie française et de l'Académie des sciences. 4ᵉ édition, enrichie de deux grandes cartes et de dix dessins de Saint-Elme Gautier gravés par Méaulle. Deux vol. in-18. . . . 8 fr.

PARIS. TYP. DE E. PLON, NOURRIT ET Cⁱᵉ, 8, RUE GARANCIÈRE. — 4795-29.

www.ingramcontent.com/pod-product-compliance
Lightning Source LLC
Chambersburg PA
CBHW071902230426
43671CB00010B/1446